The Archipelago

A Balkan Passage

The Archipelago

A Balkan Passage

Robert Isenberg

Autumn House Press Staff
Editor-in-Chief and Founder: Michael Simms
Executive Director: Richard St. John
Community Outreach Director: Michael Wurster
Co-Founder: Eva-Maria Simms
Fiction Editors: Sharon Dilworth, John Fried
Editor: Kriscinda Meadows
Associate Editor: Ziggy Edwards
Media Consultant: Jan Beatty
Publishing Consultant: Peter Oresick
Tech Crew Chief: Michael Milberger
Intern: Adrienne Block

This project was supported by the Pennsylvania Council on the Arts, a state agency, through its regional arts funding partnership, Pennsylvania Partners in the Arts (PPA). State government funding comes through an annual appropriation by Pennsylvania's General Assembly. PPA is administered in Allegheny County by Greater Pittsburgh Arts Council.

ISBN: 978-1-932870-44-2
Library of Congress: 2010936760

To tomorrow,

and all the good people I get to share it with.

Author's Notes

This is a work of creative nonfiction. All the events are as true as I remember them. I took copious notes along the way and consulted a small library of secondary sources. Still, most of the dialogue is reconstructed from memory. I have done my best to stay accurate to the tone, subject and phrasing of the original conversations. Like all nonfiction, these moments are subjectively interpreted and are by no means "objective."

That said, most of the names have been changed, particularly the names of people who were unaware I was writing about them. Although I'm a stickler for accuracy, I am equally adamant about privacy. Places and public figures retain their original names.

It is important to note that this book does not explain "what happened" during the Yugoslav Wars. There are many excellent history books that explore the origins of the wars and the awful events that transpired—and the best of these books, I imagine, are not written in English. The Balkans is a complex region—on that, pretty much everyone agrees—and even a seasoned journalist cannot expect to learn such intricacies during a two-week visit, much less years of research. Many people have strong feelings about the wars and their aftermath, and they might disagree with my interpretation of events. This is a good thing. Varying perspectives are how we refine our understanding of the past.

Instead of a wrought history lesson, I hope you will enjoy an earnest travelogue that bridges the gap between American curiosity and Balkan reality. What began as a far-fetched idea has ballooned into a labor of love, and I am delighted that you're coming along for the ride.

"All wars are civil wars, because all men are brothers."
François Fénelon

"I think war may be God's way of teaching us geography."
Paul Rodriguez

Contents

Prologue

I grew up with Sarajevo.

I was thirteen, and I feared getting shot. Some kids bragged about their guns. They smoked cigarettes and pot outside the middle school, lighting up the winter dark with their cherries. In the halls, they recited gangsta rap lyrics as they sauntered down the tile. They called me *queer* and mimicked punching me in the face, but their fists stopped at the bridge of my nose, and they laughed.

On the bus, this one kid Dirk spat on me as he passed, every ride. He flicked his tongue so that it sprayed across my hair. But I was a pacifist so I just stared straight ahead. He couldn't get me to respond, no matter what he murmured behind my back. Dirk just wanted to fight, and I wouldn't give him the pleasure.

In every room, anarchy reigned: In biology, one kid put his lighter next to a girl's face in class and her hair-spray combusted. She ran from Earth Science, screaming, leaving the scent of burnt hair behind. Anything could happen, at any moment. During tornado drills, guys pushed each other in the halls. In the locker rooms, the briefest eye contact could lead to bodies slammed against lockers.

For family reasons, I lived in St. Paul, Minnesota, for one full year. I didn't belong here, but there was nowhere else to go. Friendless, fearful, I was a refugee in my own country.

In homeroom, I watched Channel One. The big story: Yugoslavia was falling apart.

None of the other students listened—instead they threw pencils across the room, overturned desks, shattered bottles of paint. Some slept with their faces pressed into desks. One kid jumped out the window and ran away. Every few days, somebody pulled the fire alarm.

But I watched the TV with rapt attention. This was *important*. Until now, Yugoslavia was only a name on a map. Now the country was breaking up. I saw grainy footage of civilians dodging shells and snipers. Adults backed against walls as they gathered the courage to cross the streets. Tanks rumbled through the ruins of neighborhoods. I heard phrases like "ethnic cleansing" and "ancient hatreds" and "peacekeeping forces." Maps showed new borders, the hatched lines of no-fly zones. The camera panned across the barbed wire of internment camps, starving men, women weeping in the streets.

Then I looked around. Fist-fighting in the cafeteria—Black on White, Hmong on Latino, pushing, gouging, wrestling on the floor.

Was this the future? Fractured maps? Racial violence? Was this all there was to look forward to?

One afternoon, I stumped into the school bus. My head rested against the greasy window. Dirk stood outside, on the sidewalk, just below me. He was yelling at another kid, a skateboarder named Max. "Nice board, faggot!" he screeched.

Max kept walking, until Dirk grabbed his collar. Max whirled around, skateboard in hand. Dirk was skinny, wore tie-dyed T-shirts and plastic winter coats. His hair was always buzz-cut. He was a lanky kind of bully; he'd never been challenged. As Dirk held Max's collar, he tried to grab the skateboard. They played tug-of-war, yanking the board back and forth. And then, Max *pushed*.

Dirk lost his balance, took a step back, and in that moment, Max reared back with the skateboard and swung it like a club. The board whipped across Dirk's face, knocking him to the ground. Dirk's face burned red—not only from the strike, but also from the bitter Minnesotan cold. He looked up, dazed, as Max swung the board again and smashed Dirk's forehead. Then Max kicked Dirk—in the stomach, in the legs, shoulders, ribs. He kicked so hard that Dirk's hands couldn't protect him; Max's boots lacerated his face, tore the skin. When Max finally stopped, he blew quick clouds of breath. He grappled the skateboard with his elbow, looked around to make sure no teachers had seen the fight, and walked off. As if nothing had happened.

Dirk pealed himself off the ground. His face was smeared with blood; the fresh wounds bled violet. He limped aboard the bus, eyes wide. As he slinked past me, I smirked, because I loved watching him in pain. Max had executed revenge on my behalf, and now I relished Dirk's humiliation. I prayed his nose was cracked and he'd twisted an ankle. If I'd had my way, Max would've killed him. Right there, on the sidewalk. All I'd have felt was pleasure, watching him die.

That same day, someone died in Bosnia, to the satisfaction of his sniper.

A year later, high school. My family moved back to Vermont, where I'd lived most of my youth, but life didn't improve. I still flashed back to that inner city middle school. I failed algebra and did little better in social studies, literature, art. I made a few friends, but I was still an outsider. I wore pleated pants and sweaters; I was skinny and pale. My hair was parted and I spoke in stilted English. Guys still called me queer.

In the first weeks, death threats poured into my locker—from football players, most likely—so I stopped storing my books there. I trudged through the dark hallways, among the flannel and gothic crowds, trying not to be noticed. Like everyone, I was waiting. But for what? What could I expect of life? Wasn't the future just a rehash of the present, a spiral of fury and violence? In this molested world, wasn't each day of life just a liability?

As I pondered this each night, staring at my dark bedroom ceiling, Yugoslav soldiers buried landmines in the ground, hoping they would blow off the legs of their enemies.

It was 1994, and Sarajevo was under siege. People died every day. Thousands of shells rained down on the city, and there was nothing I could do about it.

I flipped through my Dad's *Time* magazine and saw pictures of emaciated children. I saw the dirt-smudged faces of adults who lived in basements and prayed to survive. The map of Yugoslavia was tattered—now there were new countries, like Croatia, Bosnia, and Serbia, and I wondered where these names came from. Somehow the Serbs seemed to be the aggressors, but I didn't know why. President Clinton remarked about this conflict in his TV speeches, but what were they fighting about? Why was this happening?

This was my first real war: Europeans, who looked and dressed like me, slaughtering each other with bullets and bayonets. Nastier than Kuwait. Bloodier than Haiti. A prolonged conflict fought on the same soil as World War II. History felt circular. In the U.S., I heard about cults and serial killers, race riots in L.A., and lynching in the South.

Were we doomed to the same fate? Should we all become Balkanized? I was an anxious teen. I gripped my backpack-straps too hard. I held my breath.

In phys ed, I met my first Bosnian refugee. She was a girl named Anja, and she was nearly silent. Her eyes were wide and fearful, and she avoided every sport. When she could, she sat on the bleachers, saw others play dodge ball. Stone-still, she watched Americans hurl rubber balls at each other. Once hit, they were sent to the sidelines.

I never heard Anja utter a word.

By tenth grade, I had changed. I decided to study harder, to ace classes, to enjoy geometry and Western Civ. What else was I doing, after all? If the world fell apart, then the world fell apart. But in the meantime, I should try, try *anything*.

I made some friends, and we spent weekends playing video games and joking around and eating too many Doritos. I dared to speak to girls, and at last people stopped presuming I was gay, which would be a dangerous way to live, even if it were true.

I met Amila in my homeroom. She was another Bosnian refugee. There were several refugees now, but Amila was warmer, more talkative. Her English was prodigious. She made friends quickly—mostly hippies, art nerds, the girls who ran the literary magazine. I didn't talk much with Amila, but I liked her—her quiet demeanor, her expressive eyes. I was happy to see a survivor—someone who had escaped unknowable horrors. I knew how different we were; my adolescence merely felt bitter, while she had struggled through full-blown war. But we were both outliers: People hated us, threatened to murder us, we had lived fearfully and alone, and now life was getting better. If only I could tell her this—in my own tiny way, I understood, we had things in common.

Instead, I admired her from afar. She started to smile. She hugged friends. We were melting into our new lives, faster than we expected. Maybe we'd live a long time after all.

But Anja disappeared. I had no idea where to. One day, she was simply gone.

By senior year, I stood on two feet. I fenced epée and competed in two Junior Olympics. I was skinny but athletic. I studied French, German and Latin. I had plenty of friends, and I was twice invited to prom. I played Renfield in a community theater production of *Dracula*, and the entire town loved it.

Field hockey girls confided in me, as if they've forgotten what a loser I once was. I was accepted to the University of Pittsburgh—I was the first in my class to register for college—and now I was ready to get the hell out of my podunk town.

The Balkans still attracted me, even as the fighting died down. I watched the news and read the papers. The shooting slowed in Yugoslavia. The borders grew firm, and the siege of Sarajevo lifted. Thousands had died in the conflict—sometimes live on CNN—but peacekeepers finally intervened: NATO, the United Nations, the United States. They fired smart bombs into invading forces, blew up supply lines, decimated "military targets."

There was a lot of controversy: Some critics were furious about foreign invasion, others were furious it came so late. Either way, the fighting ended. Mass graves were dug up. Rape camps were exposed. The world recoiled at these horrors—the most extreme case of ethnic cleansing since the Holocaust. War criminals were captured and prosecuted. The world raged against Slobodan Milošević, president of Serbia, whose name became synonymous with violent nationalism. He was tried at The Hague, but he died in prison, to the relief of millions.

For the first time in my adolescent life, I dared to believe peace was possible. Maybe countries weren't destined to fall apart; maybe innocents weren't required to die in sordid ways.

We graduated. I celebrated with the Class of 1997. I probably hugged Amila, because everybody hugs on graduation day—as if our suspicions and bigotries never meant a thing. This was the last time I saw Amila. Every Christmas, I returned to Middlebury, but we never spotted each other on the street, never called, never wrote.

Then, nothing from the Balkans. Not one headline. Not a blip on MSNBC. Hardly a Hollywood movie. As if nothing ever happened there.

My life proceeded. I went to college, traveled around the world, started writing for newspapers. I learned to make sushi. I dated interesting women. I skydived for the first time. My first play was produced by a local theatre festival, then another.

I started to live the life I'd always wanted. I forgot about high school and the petty cruelties of my hometown. Instead I lived in ruddy Pittsburgh apartments, cultivated friendships, attended rooftop parties, biked long distances, rode trains, tried ganja, learned to box.

On September 11th, I watched the second plane hit, and I went into shock. The world recoiled in dread and woe—but I forced myself to take a breath. Knowing my propensity for apocalyptic moods, I refused to regress. My friends and family were safe. Yes, the year of the Patriot Act was rough, but I dug into Pittsburgh, got serious. I cycled through cell phones, learned to cook well, courted women, broke up, traveled more, wrote more, bought a house, refused to drive a car. Life went on. I stayed optimistic, one day at a time.

The U.S. invaded Afghanistan, then Iraq. The world forgot about its smaller troubles, the less fashionable sufferings of the recent past. All eyes shifted to the Middle East.

Still the question lingered: What happened to Yugoslavia? Were the wars truly over, or did we just not care? I heard about Kosovo breaking away, and I feared the conflict would flare once more. Montenegro gained independence. One summer, my friend Josh visited Croatia with his glee club and *loved* it. "It's the most beautiful place in the world," he boasted, before inserting a Croatian cigarette. "Cheap, too," he added, and lit up.

Ads for Macedonia popped up on the Travel Channel. I met a guy from Bosnia on the boardwalk, a woman from Kosovo at school. But mostly there was nothing.

One October day, I found Amila on Facebook. Out of nowhere, there she was. A little picture revealed her as an adult—a beautiful, grown-up, well-dressed woman. She smiled. She looked well. She wrote back immediately: *I can't believe it's you!* she said.

When we last saw each other, neither of us even had an email address. Now we were both twenty-nine years old. A long decade was closing. I was antsy and need somewhere to go. *If you're ever in Europe,* Amila wrote, *you are welcome to visit me in Sarajevo.*

Ha-ha. Wouldn't that be funny? How many empty invitations do we receive in a lifetime?

But I took this one seriously. This was a place I must see. I planned and scrimped and saved for months. I wrote back: *I'll see you there.*

Ελλάδα
{Greece}

Athens, at last.

1

Athens, at last.

I pace the dry, dirty streets, late at night. The warmth blankets me like a freshly laundered towel, and the air is frisky with shouts and football chants and the rumble of engines. Cars and trucks fly past. Scooters sneak behind me on the sidewalk; their tires narrowly miss my feet as their riders angle into a whitewash of headlights. I slide between rows of bistro tables, enveloped in gusts of shisha smoke. I cut down a narrow thoroughfare, where closed garage doors are splattered with graffiti. I weave among the concrete pillars of a forgotten tenement building, then emerge on a cobblestoned street lined with cafés. A church choir sings from a third-story window. Dance music throbs from open doorways. Men eyeball me as they confer on street corners the shape of a pie wedge.

Finally, I'm far from home. Killing time. Looking for action. Tomorrow, I take a bus to Albania.

The streets sliver past eateries and umbrellas, and the musty smells of kebobs and gyros seep into my sinuses. The bursts of laughter are stabbing reminders that I am completely alone. Alone in a city of three million, where throngs of tourists troll the streets and scream into their cell phones in a dozen languages. Alone, in a city where bars open at ten in the evening and stay open till dawn. No one but Vicky, the corpulent owner of the Hotel Athinaikon, has any idea who I am. And all she has is a passport number scribbled into her ledger.

Alone is good. I've needed this for a long time—to roam the back-alleys of a weathered foreign capital, where even the street signs are coded in a strange alphabet. I've yearned for unfamiliar sights—like men flipping *kombolói* bracelets over their wrists, glaring from their store-fronts, playing with cell phones. Bring me the grizzled homeless men who push shopping carts full of rags. Show me closed hardware stores and kiosks with their racks of pornography. Behold the window sills that weep down porous cement walls; an orange-lit night sky crisscrossed with electrical wires. I've needed the sporadic pools of maroon light; the dull gleam of saucer-shaped lamps; the ponds of blackness. I've needed strangers: in the dark corridors between buildings, silhouettes of strange men stagger and plume with cigarette smoke. Then a bottle smashes against brick, and teenaged baritones shout, "Opa!"—in mockery of their forefathers.

Tonight, anything goes.

I go to the Siren Club. I plunk into a wicker settee and prop my feet on a coffee table. I sit outside the dance club, and young Athenians are seated all around, smoking and talking in low tones. Candles flicker in the breeze. Mopeds whiz past, and riders call and wave to the bouncer.

The bouncer is a thick man with studious eyes. He saunters over and tells me that I should stick around, they'll be partying all night. "Until nine in the morning!" he boasts.

"Is it private?" I ask.

"No, man. It's for everybody! Until nine a.m.!" he exclaims again. "It's going to be a great party, man!"

The electronic music throbs, vibrating the legs of the coffee table beneath my feet. New guests arrive, wearing sequined dresses, black skirts, open collars. Athens is chaotic, and I love it. But this is only a layover, a non sequitur. When the bouncer goes back to his door, I'm alone again. I've learned that Athenians are hard to crack. Harder still when you have to request English. People here are engrossed in their elaborate dramas—work, moving around, gabbing with friends. I am only a red-bearded stranger to them, a bland foreigner in a cosmopolitan city. A waitress comes over and offers another pint. They're pricey, but I acquiesce. I tap my foot to the beat, rub my hands together. My head swims in jet lag, vertigo, inebriation, giddy freedom.

I turn to the three people sitting next to me. One young man, two young women.

"*Ora?*" I ask, pointing at my naked wrist.

They look at their watches and respond in Greek.

"I'm sorry," I say, "I don't actually speak Greek."

They laugh and glance at each other.

"Where you from, man?" says the guy.

"America," I say.

"America!" they all exclaim.

They wave me over. I shake hands—with Stelio, Ioanna, and Elina. We clink glasses. It's only chitchat at first, but the conversation accelerates. They're all graduates of British universities. They're longtime friends. They order another round for me. Then they admit they're unemployed.

"The best job there is," I say. "So what are you up to?"

"Getting *drunk*, man!" Ioanna cackles. She's tiny and waifish, sports trendy black glasses and a swathe of jet-black hair. "You should know," she says, leaning into me, "I'm the center of the fucking universe, man!" She squeals this, and her voice cracks. The others laugh.

Elina has warm eyes and black bangs. She used to work in marketing, but she was laid off. It doesn't bother her—she hated working for a firm, the enclosed office, the endless commute. "I had no life," she whispers. "It was terrible."

Stelio studied animation, of all things, but he has no prospects. "There's no film industry in Greece!" he moans. "There are no jobs at all."

They embrace my questions. We trade jokes. I tell them I visited the Acropolis, a place they haven't visited since they were children, even though it stands only a few blocks away. Then the conversation turns to me.

"So where are you going, man?" Stelio asks.

"All through the Balkans," I say. "Albania, Montenegro, Croatia, Bosnia—"

"Albania!" Ioanna exclaims. "You should be careful."

"I will."

"Seriously," she intones. "You can't trust anyone. The people, the police, anybody."

"I'll be careful."

"Albania is not a good place. There are crazy people up there."

Elina has warm eyes and black bangs.

"I'm not staying long. Just passing through, really."

"Why are you going there?"

"I have a friend in Sarajevo," I explain. "Amila. We knew each other in high school. She was a refugee from Bosnia during the war. Now she's back in Sarajevo, but we haven't seen each other in thirteen years. So it's sort of a reunion."

"You are very courageous to travel alone there," Elina says. Her brow is furrowed. They all look concerned.

For a few minutes, they talk among themselves in Greek, translating the important parts. But as I sit back in the drowsing haze of beer and sultry air, I ponder this.

Courageous. How flattering. The word doesn't fit the pragmatic American vocabulary. In the weeks before I boarded my plane for JFK, shaky with anticipation, friends called me *crazy.* They raised eyebrows. They looked solemn, anxious. They were worried about me. Now they wonder what I'm doing here. They fear the Balkans, because it's shrouded in a cultural mist. It's lost in a pile of scrolling CNN headlines. What do they imagine? Babushkas? Crumbling cottages? Snarling dogs in puddle-filled streets?

What do any of us know about this place? We squint our eyes and try to recall a single fact about the Balkans. We remember footage of war. Strange names. Ethnic cleansing. Gray tanks crashing through garden walls. Artillery firing shells into the horizon. We know some names: Sarajevo, Croatia, Serbia—

But what have we heard for the past decade? What heads of state can we name? What musician or actor or nameable despot comes to mind? Who was Milošević, exactly, and what ever happened to him? Wait!—didn't Kosovo just gain independence? But from whom did the Kosovars secede? And who are these new nationalists, rallying in dark coats beneath overcast skies, their garbled syllables translated by a British correspondent? What did we learn from these sound-bites, if anything, before flipping to another channel?

I know only little. I've read some books and talked with a few expatriates. I've seen some movies. I know the basic story of Ottoman rule and Soviet takeover. But this is why I've saved my pennies for months. This is why I want to vacation in last decade's bloodiest warzone—to see for myself what's happened here. To uncoil the Balkan people as best I can; to eat their food and hear their voices and ask them who they are.

But not yet. That's tomorrow. Tonight is the tipping point, a vacationer's vacation.

Stelio leaves to use the ATM, and when he returns, he's dancing. The girls burst into hysterics. Stelio's hips and arms swing to the beat of the Siren Club's house music. He leans over the table and screams, "You want to go to a party?"

"A party?" I scream back.

"Yeah, man! It's nearby here!"

"Sounds great!" I cry. "Whose party?"

"I don't know, man!"

"You don't *know?*"

"No, man. I just saw some lights in an apartment building and heard some music coming out! I'm just going to show up and see what happens! They might kick us out, but we can at least try to get in!"

This is my kind of plan. For two weeks, this is all I expect to do—poke around, uninvited, no matter who the hosts are or what the occasion is.

We leave our chairs and stagger down the sidewalk. We sprint through the speeding traffic of Athinas Street. Stelio whirls and hops; he throws his arm around Ioanna's shoulders and she embraces him back. He leans toward me and shouts, "You know you're safe with me, right?"

"I'm sure I am."

"You *are*," he says. "Because I'm from Crete, man. You know what they say about people from Crete, right?"

I consider this—what *do* they say about people from Crete? If they're still called Cretins, then don't they say that people from Crete are idiots? Is that what Stelio means?

"I have no idea," I say.

Stelio breaks away from Ioanna and flicks two fingers in the air—as if whipping a pistol sideways. "They say we're *gangster!*" he cries.

I stifle a laugh. *Of course,* I think. *All those gangster Cretins, keeping it real in the Aegean 'hood. How could I have forgotten?*

When we reach the tall, concrete apartment building, we spy a sixth-story window pulsating bluish light. We laugh as we push through the glass security door and scramble down a beige hallway. Drunk youths slink past us, pressing against the dented walls for support. We find an elevator and crowd inside. The door closes, but when the car starts to rise, I realize that there's no inner door—the naked wall scrolls downward, only a couple inches from my nose. Behind me, my new friends crack up.

"This is Athens, man!" Ioanna exclaims. "Nobody cares about anything!"

The external door opens, and we step into a spacious loft apartment—dimly lit, full of young people in tight skirts and black slacks. The apartment looks like a movie set, with its plush chairs and elegant young residents. They glance at us only long enough to smile their welcomes. We are strangers, but these Athenians don't care; we are guests at 1 a.m., strangers drifting into their lives. The music pounds deafeningly as we look past the mini-bar and see an entire wall of plate glass windows. Faces turn our way; they clink glasses with us.

We move toward the windows, past the tall tables and violet settees. The windows are floor-to-ceiling; they span the width of the apartment. And as we gaze through this transparent wall, we look down six stories at the dark city below.

We're just high enough to peer over the neighborhood rooftops— and *there*, smack-dab in the middle of the navy-blue sky, stands the Acropolis. The Parthenon straddles its mount, and the ancient building is all lit up—glowing Olympian orange, a beacon of Greek fire.

In a country of epic vistas, this may be the best view in the entire city.

And here, sipping whisky from a tumbler, salsa-dancing to remixed Nirvana, gazing at our uninterrupted view of the Western World's most venerable monument, I forget the road ahead. I push the mysterious bus rides out of my mind, because this is the last easy night, the point of departure, the first island in a lost archipelago.

"This is Athens, man!"

2

We all have our superstitions. No atheists on sinking ships. We're all looking for signs of what's to come.

I stumble toward the hotel at 5 a.m.—giddy, light footed. I turn right on Evripidou Street, and the alley subsumes me. In the daytime, the street is crammed with florists, but no flowers are sold at this hour. Everything is locked up. The nooks smell of drying urine. Suddenly a dark, squat woman emerges from the shadows and follows me, her heels clacking.

"Hello, baby, how *are* you!" she sings. When I don't slow down, she races ahead and cuts me off. "Come on, don't you want a good time?" she says in a chanteuse's alto.

I can see the vertical sign of the Hotel Athinaikon, only a half block away. Soon my head will sink into a pillow. Soon this night will vanish into dreams.

"Baby, where are you going?" the woman coos.

"I have to sleep," I say.

"Come on! One Euro. I give you a blowjob in the alley. Just one Euro."

The thought chills me. I imagine how these things play out. She gets me alone in the alley. She unzips me. Then a man appears, smacks my head with a cudgel. The pain is unique—as if my teeth have frozen. Then I awake, on the cold concrete, in a pool of blood. Does she really think I believe her *one Euro?* Would she really sacrifice her dignity for a buck-fifty? I imagine panting against a brick wall above her earthbound head, as I absorb another man's viruses through her lips. I can picture her pimp—enormous, thickly veined, kicking my nose sideways. I would never do this, but I can picture it, vividly.

I try to maneuver around the woman, but her feet are as fleet as a soccer player's.

"Come *on*," she moans.

Her hand cups between my legs. Her fingers caress my scrotum through the seam of my jeans. The touch doesn't allure me, only makes me retreat, go limp. With one touch, she has anesthetized me. I grow heady with the desire to escape. I jump back, but she jumps to the side and hooks my arm. Our skins touch. She is warm, soft—a woman, a grown child, a former infant. This woman had first steps, first words. Someone gave birth to her. Someone helped conceive her. Someone, somewhere, has loved this woman; other someones have damaged her for good. Her life is wrecked. One euro. Alley. *Run.*

"You know I'm going to say no," I say, pulling my arm, trying to untie our knot of elbows.

"What di—"

But she never finishes these words, and they are the last words I ever hear her speak. The alley suddenly echoes with footsteps—coming fast, a deluge of clicking heals. We both look up, look back; and down Evripidou, silhouetted by headlights, are the twisted faces of a dozen prostitutes, all of them black skinned, arms waving in the air, knees knocking together beneath their miniskirts.

"*Run!*" they scream. "*Run! Run! Run! Run!*"

And then I hear the rumble of motorcycle engines—revving, chopping—and just as the women scramble past me, their faces contorted with fear, I see the motorcycles zooming toward me; and in an instinctive instant, I fall back against the grimy wall. I feel the segmented steel of a garage door beneath my spine; I hear the clang of my body slamming against it; and in this alcove, flush with the brick wall, I see two motorcycles fly past—faster and closer than I have ever seen a moving two-wheeled vehicle—and they flash so quickly that I feel the breeze of their wake. My arm hairs prickle. My cheeks bloom.

Now Evripidou Street is vacant. Only I am standing here. And the only sounds are a distant roar of engines and a dozen women, screaming.

A dreamless sleep. But I will never forget this morning: Hung-over and restless in my dawn-dark room. I nudge open the window with my foot and feel fresh air. I look up and see a mosquito perched on the wall. Another mosquito, on the ceiling. A third, by the light-switch. The sting of their bites registers on my neck and elbow. I stand and groan. I follow their flight patterns around the room. They hover, land on a wall, then leap off and hover again. One by one, I smack them dead. One by one, they burst into stark roses of blood against the white, white wall.

Today, I go to Albania.

Shqipëria
{Albania}

3

Greece slides past the windows, and the hills are as sumptuous as sleeping bodies. The highway breaks off into smaller roads, and the roads snake over crests and into gorges, rising and falling sleepily as the hot afternoon wears on. Clouds drag their shadows over densely-packed towns, where the whitewashed houses cover cliffs like moss. Our bus drives over a promontory, and the horizon shifts: We are peering into a colossal valley, surely the site of a dried-up lake, and from our summit we can see three villages at once, each occupying a different corner of the mountainous ring.

I sit near the back of the bus, alone with my green canvas backpack. My head is pressed against the window and I try not to fall asleep. I've spent two days running around Athens—hiking hills, studying churches and ancient stonework, drinking beer and dodging mopeds—and my body won't keep up. I've eaten sparingly—a few ready-made sandwiches from the café, a spinach pie, and a dozen cups of cappuccino. I've slept only as a last resort, preferring to pace the burning streets and absorb the Grecian world.

But now I'm on a bus, and in the dry, air-conditioned cabin, inert, my body is shutting down. All the other passengers are gathered in the front of the bus, and none of them speaks English. Now and again they look over their shoulders, steal a glance at the pale stranger sitting alone in the third-to-last row, but nobody says hello. Their eyes look curious, even fearful. As the sun beats down through the window, I'm forced to put on sunglasses, which only makes me more alien to them. Of the dozen men and women pressed into the front seats, I'm likely the only one who isn't Albanian, doesn't speak Albanian, doesn't know much at all about Albania.

Then again, Albania doesn't know much about me. For decades, a Communist Albania blocked off American tourism. Europeans have passed through, but Albania is impoverished, obscure; even neighboring countries avoid it. When David Mamet wrote his satirical film, *Wag the Dog*, he imagined a fictional war between the U.S. and Albania, specifically *because* Americans know nothing about the country.

Amila told me to simply fly to Sarajevo, to skip this middle part. *It could take days*, she wrote.

But I *have* days. It's part of why I'm here—to do what no sane person would do, local or foreign. Today I cross the entire nation of Greece, from southern Athens to the Albanian border. And sometime tomorrow morning—I have no idea when—this bus will park in Tirana, the capital of this mysterious country, and I'll see what I can see.

I bought my bus ticket two days ago, but I've been wary ever since.

Athens has a bus station, but when I asked locals about land routes to Albania, they suggested finding a travel agent. The Balkans, I was learning, have no universal Greyhound system, no unifying network of railroads. As each country reconciles a state-operated past with a free market present, their public transport is stuck somewhere in between— private buses, public trams, municipal trains, maverick taxis—and as I learn the rules, through trial and error, they may become irrelevant once I visit a new town.

On average, I will cross a national border every two hundred miles.

But I remind myself: People do this every day. Families. Business-people. Some tourists.

Then again, most of those people speak Albanian. And have a place to sleep in Tirana. And know when they'll arrive. I must take these things one step at a time. First, I had to buy the damned ticket.

After getting lost in a neighborhood full of travel agencies, I found a storefront advertising my route: ATHENS → TIRANA. The sign was printed on cardboard, no larger than a stop sign, and hung in a small, frosted window. Walking faster, I might have missed it altogether. The door looked locked and the agency closed, but I pulled it open easily and stepped into a store the size of a small deli. The tile floor was dirty and the room was bare, but there was a desk and a tall man standing behind it. He had a serious, fatherly look to him; the gray highlights in his hair had aged him well. He spoke with a portly customer—presumably in Albanian—and they negotiated the terms of his bus ticket.

I killed time scanning the posters on the walls. They displayed mountaintop monasteries and remote castles, waterfalls plummeting into gashes in the Earth. The posters were faded and frayed, but their images were disarmingly beautiful. They excited the imagination. The customer had long left before I tore my eyes away and said hello to the agent.

He didn't speak English at all. Nor German, nor French. As I offered these languages, he simply shook his head—neither apologetic nor proud, just a silent statement of fact.

I pointed to my chest. "Tirana," I began. "Autobus."

He nodded. *Bus to Tirana.*

Behind me, a calendar hung from a nail. I pointed to Sunday.

The agent nodded again. *This coming Sunday. Bus to Tirana.* He flopped a paper ticket on the desk and began writing: *14:00.* He locked eyes with me and pointed outside. "Autobus," he said.

Two o'clock, come to this building, find bus, take it to Tirana.

He wrote: *€35.*

On that day, the euro was worth approximately $1.50. So, for about $52.50, I could travel the entire length of Greece, halfway across Albania, and arrive in Tirana without having to spend another nickel. As the crow flies, this distance is over three hundred miles. By car, this is significantly longer. This was perfect. Assuming we actually understood each other.

I pointed to my wrist and say, "Ora? Tirana?"

The man looked at me, confused. He pointed to the time signature again: *14:00.* But this was the time of departure, not the time I should arrive at my destination. How could I explain this? Why couldn't I know just a few more words?

But it didn't matter. I smiled and shook his hand. He smiled as well. I pointed to myself and said, "Robert." He pointed to himself and said, "Artan." So now we were acquainted and satisfied with our schedule. I handed him the cash, he gave me change. And as I stepped out of the agency, I started laughing—laughing under my breath, but uncontrollably as I crossed the four-lane street.

Could I really trust an "agency" that had only a desk and a few posters? Did I really expect our pantomimed negotiation to win me a road trip across two countries? Or would my Balkan megatransect fizzle before it even began? Weirder still: Even if I *had* bought the right ticket, and everything ran like clockwork, what was the next step? Where was I planning to stay in Albania, and how did I expect to leave?

But this is how I do things.

I stare out the window, my eyelids heavy, and drift in and out of sleep. Unconsciousness is a hostile takeover. One second I see arid ridges and streams; the next, I'm blind, drifting, reaching into a sackful of random images, pulling out vision after symbolic vision. *You are standing on a sailboat. You are opening a window. You are signing your name on a check. You are picking up a rock. Walking through a warehouse. Looking up through the branches of a tree. Your friend is there—but no, wait, you don't actually know who that person is. An airplane. A circus tent. Someone is cutting off his own hand. You are captain of a submarine.*

Then my eyes fly open, my body jolts back. I've been snoring my mechanical snore. My own snoring wakes me up. Fifteen seats ahead of me, the Albanians are still facing forward, toward the red, late-afternoon sun. The hills around us are casting long shadows. Time is draining from the day. I'm wasting my time on sleep. I don't need sleep. I only have two weeks. Take away two days for transatlantic flights, and I really only have twelve days. Two of those days were spent in Athens. This bus ride will take a full day, I assume. So only nine days remain. And then I go back. Time's a-wasting.

4

In six months, I turn thirty. So far, adult life has been a dream. I've spent a decade writing for newspapers and magazines. I bought a small townhouse in a nice neighborhood. I teach playwriting at a major university. Pittsburgh has never done me wrong. At any moment of any day, I can call a hundred friends and meet up somewhere. People mock the American dream, but I'm living it, hard-core.

But the year has been long. I've been riding the same buses and seeing the same walls. My office is shared with a dozen other adjuncts. I forget to do dishes or keep up with laundry. I haven't had health insurance for eight years. I don't own a car, but in this faltering economy, my penny-pinched money still leaks away.

When I meet with those hundred friends, the conversations run dry. Everybody wants something more—more money, more free-time, another degree, a better relationship. All around me, friends are marrying. Two friends are pregnant. One gave birth. Still they're searching. People feel trapped.

Routine makes me clumsy. I find myself saying *sorry*, over and over, to everybody, for everything. I step on toes, forget to hold the elevator, return graded papers late. My grammar has gotten lazy. I don't know as many words as I used to. *Sorry*, I say, a quick-draw response to every minor infraction. In December, this decade will close, and my American dream will still be the same, and still my desk is cluttered and I have trouble answering my phone. My old superstitions have come back: Walking down a sidewalk, I avoid cracks. Sometimes I'll walk for miles without stepping on a crack, because cracks are bad luck. This is ridiculous, but I still do it, because at this age, I can't stomach failure. It's not a crisis. Not a breakdown. But I'm strained, wound up, tight fisted. The Pennsylvania winter was long and punishing. Every mild day was followed by two weeks of withering sleet. I've needed sunshine, and Pittsburgh, my beloved city, is no place for sunshine.

Meanwhile, there's the onslaught of world events: North Korea is testing nuclear missiles. U.S. soldiers are still stuck in Iraq and Afghanistan. Thousands of workers lose jobs every day. Things aren't looking well.

High hopes have ended badly.

I spent a year writing a play called *Carbomb*, a drama about Irish terrorism. My friends and colleagues enjoyed it. The actors loved it. I wanted this to be my masterwork, my "important" play, the one that made my mark. This is the show I intended for Off-Broadway, for prizes, for glowing words from local newspapers. But only one critic showed up. She compared it to the Three Stooges. Yes, I was grateful—for production, for support, for the enthusiasm of my peers, for the laughter of the audience, their tears at the end—but again, stagnancy. No Off-Broadway. A lukewarm review. My twenties ending. Still bumming rides from sympathetic friends. A winner living a loser's days. In America, there is only winning and losing, nothing in between.

Seeing Amila is an excuse. We're not close friends, only two people who knew each other in high school. What I've really needed is to travel again—to go somewhere strange, unknown. To puzzle through alien languages, to bushwhack into cultures few others would dare entertain. I've needed the Balkans because of their troubles, their loss. I've spent my American adulthood swimming through war and terrorism, surveillance and corruption. Now I need to see what life is like when war decidedly ends—when zones are demilitarized, borders solidify, the soldiers go home and find normal jobs. I need to know what peace looks like, even its uglier parts.

Because this is what I do better than anything else. Every time I iron my clothes, I leave wrinkles; I scrub a pan, but oily residue remains. But drop me into a country with only a map and some spare socks, and I'm happy as a clam. Just one backpack and open space. A money clip and the local words for *hello* and *thank you*. I'm better here than sitting on my own living room couch.

Athens broke the pattern, loosened everything up. Now the sun is setting on unmapped valleys. *Terra incognita* awaits. Now it's go-time.

My eyelids fly open. I fell asleep again. My eyes burn, because I've been too distracted to remove my contact lenses, and they've adhered to my eyes for the past four days. I look around and see row after row of empty seats. The bus has stopped and there's nobody aboard. A rest stop. I swallow dryly and realize how thirsty I am. The sun beats down through the window and my arm is burnt pink. Time for water.

But when I reach the side door, I can't find a handle. There are no discernible switches or levers, only the bars that hold the door in place. I move to the front of the bus, where my fellow riders have grouped together in an Albanian cabal. Their bags and suitcases are all balanced on their seats. I try the front door—confident that some kind of knob will open it—but again, there is nothing. I search the dashboard for a colored button, but there is only the steering wheel and gear shift. I'm trapped.

Alarmed, I peer out the window at the rest-stop. It's a simple building with a wood-tile roof and a cafeteria. Riders are sitting at small tables, drinking coffee, and staring at the open road. I consider banging on the window, yelling for help, but I feel too ridiculous. There *must* be a way out.

As my drowsiness fades, I start feeling the warmth inside the bus. The air-conditioning switched off with the engine, and the late-afternoon sun is beating down on the bus' metal frame. Inside, the vehicle is retaining heat like an oven. I pace to the middle door, imagining that a control box will suddenly appear, and I will step into the cool, open air. When nothing emerges, I go back the front. I feel like a circus lion pacing in his cage.

The driver appears and presses a remote control. The door clicks and slides sideways. I tumble out of the bus and take a loud, dramatic breath. The air outside really *is* refreshing—and when the driver gives me a puzzled look, I mime a closed door and say, "*Jo hapur.*" Literally: *No open.*

This isn't "correct" Albanian—just a couple of words I picked up from my *Lonely Planet* guidebook—but the driver understands. I expect him to laugh, or at least crack a joke; but instead he closes his eyes, looking pained. His face is an expression of mourning, self-flagellation. How could he let something like this happen? Allow a passenger to be trapped in the bus for twenty minutes? What kind of fuck up *is* he?

When his eyes open, he hands me a bottle of water. He pushes the water into my hands and pats me on the back. I thank him, but now I wonder what he's going to drink. Then he hands me a plastic cup of frappe. The coffee is freshly poured and topped with cream. He nods to me, as if to say, *Please, accept this gift. I will die of shame if you do not.*

The incident was funny to me, but now it's very serious. The driver has failed in his duties, and now he's offered me a gift. Really, I have no need for coffee—it will dehydrate me, it's a diarrhetic, and the caffeine will keep me awake and jittery. But this is an offer I can't refuse. If there's one thing I've learned beforehand, it's the Balkan sacredness of gifts, especially between strangers. This coffee is no casual greeting card. This is the driver's last hope for redemption. And even if I could speak Albanian and explain that getting locked in the bus was a pretty minor inconvenience in the grand scheme of life, I must obey Albanian decorum. So I take the cup and say, *"Ju falem nderit,"* because it's the only phrase I have left, and I'm not even sure I'm pronouncing it right.

A minute later, I return to my seat, far from the crowd of Albanians in front, and they continue to glance back at me. I feel like a spoiled child at a baseball game—double-fisting water and saccharine coffee—and I wish I could give the cup back to the driver, who will probably drive the entire way to Tirana without rest or reinforcements and might benefit from an explosive shot of caffeine. An hour later, my foot is tapping madly against the bus' floor, my eyes refuse to blink, and my thoughts are so fast and haphazard that I feel like I've eaten an entire sheet of cannabis cookies.

At the next rest stop, I sprint to the front of the bus and offer the driver a gift of truce. "Coffee?" I say. "For *you?*" I point to him emphatically, my fingers shaking. I'm not exactly the poster child for healthy coffee consumption, but I need to return the favor, if at all possible.

The driver shakes his head and winces, as if the idea is absurd. But he adds: *"Good* coffee?"

I put both thumbs up. "Yes! Yes! Very good! Thank you! *Ju falem nderit!"*

He smiles, satisfied by this. All is well.

In Albania, the average annual income is $6,859.

In the U.S., for a family of four, an annual income of $21,834 is the official poverty line. Over three times an Albanian's average salary.

I wonder, having consumed his $4 cup of frappe, whether the driver has children.

The sun fades over the Greek hills. The slopes darken into violet, deep purple, then black. The roofs of distant houses blend into the rich blue sky. Stars pierce the cosmos and a just-waning full moon rises over the peaks and casts the landscape in silver. There's nothing to see but the topographical silhouettes, and still I stare through the window, past my own reflection. When I finally drift off to sleep, it's in earnest.

When the bus slows and stops, it's around midnight, and the clunk of tires rudely awaken me. My sight is fuzzier than ever, but the glare of lamps alarms me. There is a long, boxy building and a shelter with a sloped roof, where another bus, passing in the opposite direction, is now parked. We have reached the border.

The process is confusing: First the driver collects our passports and disappears. When a couple of the other men step outside, I join them, stretching in the chilly dark. Although I can't see them, I know that we've stopped in the middle of remote highlands—these high foothills lead right into the Pindus Mountains. We are leaving behind Greece's gradual rises and falls. Albania is where the real ranges begin.

A soldier marches to the driver and returns our passports, and the bus pulls up a few feet. Then we all disembark again and move to a small booth, where a jowled old man scowls at each passport, flipping through the pages and crushing them with his stamp. A younger soldier points to me and ushers me forward. My fellow passengers have formed a thick ring around the booth—they're eager to get this process over with—but when they see the soldier point, they part and let me pass. For decades, Albanians learned how to obey rigid Communist policemen. When a soldier tells them to make way for the American, they make way.

The man in the booth looks long at each page, then flips them violently. I know what he's looking at, but I have no idea what he sees. What is he thinking, when he examines my Indian visa? My stamps for

Amsterdam and Kenya? When he compares my nine-year-old photograph to my current face, can he believe how I've changed? Now heavier, bearded, my hair a scraggly mess and no longer parted down the side; my neck thicker, my cheeks fuller, my eyes set in purses of tired flesh—could this possibly be the same man? Is this mussed traveler, who dares to cross the Albanian highlands at midnight, the same Caucasian male as this innocent, wiry-looking kid?

No matter. Whoever I am, I'm a tourist, and Albania can't say no to U.S. dollars. The man slams his stamp into my booklet, hands the passport back and waves me off. I turn around, dizzy with joy. No matter how many times I cross international borders, passport control always makes me nervous, especially given the condition of my passport: It's been stuffed in my shoe, hidden in secret wallets, dropped, sweated through, and laundered by accident. The gold eagle on its cover has been completely wiped away, along with the words, "United States of America."

The driver is standing by his bus. He looks wide eyed and nervous. But when I approach, he smiles crookedly and raises both hands, giving me a thumbs' up.

"Good?" he says.

"Good!" I say, and offer two thumbs in return.

5

Now the driver accelerates through the dark. This is the last leg of the journey, and he's driving on his home turf. The engine hums louder than before, and the bus rattles with movement.

But there is nothing to see. Sometimes a lamppost juts out of the darkness, illuminating a treacherous cliff beneath the road. A row of houses pops up, mapping the edge of a distant hill, suggesting scale and elevation. Otherwise, there is only the black land and the powder-blue sky, the yellow road signs and the galaxies of stars fixed above.

Instead of seeing the road, we *feel* it: The bus leans slightly as it curves around a mountain, and the force of the acceleration tickles my eyeballs and stomach. Then the bus slows, nearly stops, and my body falls forward, a rag doll propelled in slow motion. Now we turn abruptly, and the bus twists around an impossible hairpin, and my shoulder slams against the window; the side of my head rattles against the glass. Our passengers' bodies are bullied by surges of gravity and centripetal force; the jolts of movement knead our stomachs like bread-dough, and our brains bounce around inside our skulls, so that we feel sick and loopy at the same time. Without visual cues, the turbulence rocks us without reason; we are bodies arbitrarily tossed through space, like sailors locked in dark cabins while a perfect storm pounds the ship. The walls and cushions punch us from all sides. But still, the road exhilarates me—the way its invisible angles burrow into my bones, so that every pothole jars me, and every precipice is anticipated by the violence of brakes. I trust the driver, because I presume he's practiced this route a hundred times before; but there's the thrill of danger, because everyone on this bus has considered what would happen if the driver's foot slipped, and we burst through the guard rail, flew off the ledge, smashed into the boulders below, the darkness ignited by the gas tank's fireball. It won't happen, but it could, and the possibility injects me with sweet adrenaline.

The land evens out. The road's fury calms. Now we coast through flatland, merge onto an ordinary highway. The fields sprout with houses, apartments, large suburban hotels. All the buildings are widely spaced and dimly lit, the sprawl of very new development. But construction has also been stalled: Many of the buildings are only concrete skeletons, and they all look roughly the same—three concrete floors held up by a phalanx of concrete pillars. No walls, no windows, only empty, open-air floor space. Wide staircases zigzag through the middle of each building, also molded out of reinforced concrete, but the steps lead nowhere; they don't even have handrails or balustrades. I see one, then another, then scores more—these shadowy, half-built office buildings, strung with caution tape, and devoid of signage. They're grim and eerie looking, and I begin to wonder how far we are from Tirana, and what Tirana even looks like.

The bus passes through neighborhoods of run down homes and endless warehouses. Dormant factories punctuate the skyline, and entire highways lie empty, flanked by rows of streetlamps. Fear seeps into me—could this really be Tirana? Just infinite miles of industrial wasteland and occasional houses? The bus rolls into an intersection, where closed shops mingle around a featureless square; the driver opens the door and lets out a passenger. We drive a few more minutes and reach a building that looks like an old video arcade, and a handful of passengers shuffle off the bus and dump their bags into taxis. As the cabdrivers scatter into the vacant streets, I realize how few passengers remain—only me and two other men.

A highway sign reads, "Tiranë," but I have no idea where the bus station is located, if there even is one. What is our endpoint? The Old City? Some depot circumscribed in chain-link fence? A parking lot? An alley? There is no telling where we'll end up, and nobody I can ask. It's late—probably two or three in the morning—and distant hotels whisk past us, their interior lights shut off, their signs blinking eerily. Why does Albania's capital look like a ghost town?

The streets shrink, and soon they're narrower, more urban. Older buildings cluster together, and I'm relieved by the sight of formal

Victorian architecture. But when the bus stops and the door opens for the last time, the driver looks at me concernedly. *This is it*, he seems to say. *I hope you know what you're doing.*

But I *don't* know what I'm doing. I step onto a sidewalk and examine the intersection. There are no street signs, no billboards, no directional aids or hints of late-night commerce. I start walking, because a confident stride is the best defense against muggers; as long as I look like I'm going somewhere, the riffraff will think twice about attacking a backpacker. Still, I can't keep up the charade forever. Sooner or later I'll double back, looking confused and isolated on the dark, empty street.

I see a policeman taking long, slow steps with his arms clasped behind his back, like a London bobby. Turning a corner, I see a cafe and a patio. Three men sit around a table, drinking pints of beer. I'm tempted to join them, but if they don't speak English, the situation could get awkward. Toting my overstuffed backpack, I feel like a genuine drifter—some sweat-stained hobo wandering through town, looking for a place to rest his head. Walking the wide-open street at the foot of tall buildings, I sense a Rapturous void, as if all Tirana's people have vanished. I remind myself how late it is, but reason doesn't help. My fourth day will dawn in a few hours, and I have rarely felt more alone.

A cabbie stands next to his taxi, staring at the open square, and when he spots me, he looks alert. "Help?" he says in a small voice.

I don't have much choice—my guidebook has the names of some hotels, but I don't want to remove my backpack before answering, so I just say, "Hotel?" He snaps to attention, smiles, and ushers me into the car. A minute later we're careening through the streets, passing gray buildings, and turning strange corners. The man pulls onto the sidewalk of a side street and ushers me to a hotel's front door, and although the hotel looks upscale, I give up on finding my usual grimy hostel. "Okay?" the driver says, smiling hopefully, and I just give him a thumb's up and the equivalent of five dollars. I will later learn that the equivalent of five dollars, for five minutes of work, is more than this driver could ever expect, even from a weary traveler in the middle of the night. He bows ecstatically and speeds away.

A hotelier named Fitim mans the desk, and he speaks perfect British English. "You're lucky," he says. "We have one room available, for fifty euro." He waits expectantly as I ponder this—seventy-five dollars is a grand sum for a solo backpacker, and Tirana can surely offer a cheaper rate. I consider wandering around the block until dawn, then checking into humbler accommodations. But after thirteen hours of bussing, I'm tired enough to surrender the cash. I slump to the third floor, open the door, and before me is the largest hotel room I've ever occupied—two separate single beds, a large television, colorful floral paintings hanging on the newly painted walls, and enough floor space to play a comfortable game of four square. Fitim allowed me till noon to check out—or to book the room for a second night—but now I'm annoyed to have spent so much money. Knowing that I'll wake up around ten in the morning, I'm effectively spending twelve dollars per hour for a little sleep.

I go to the tall, narrow window—the only undersized thing the room—and grasp the curtain. I want to wake up to sunshine, since the room isn't equipped with an alarm clock, and I start to pull the curtain back. But the hooks resist, so I pull harder, trying to drag the cloth away, to open my slim view of the street.

In a single second, there is a sound of ripping—not of the curtain itself, but of the papery outer layer of drywall. Using only moderate strength, I yank the curtain rod right out of the wall; the screws tear away from their lodging and the rod crashes to the carpet, its hangers tinkling. My head flies backward, instinctively dodging the shaft, and the metal clangs, echoing in my ears.

I've spent two minutes here, and already I've wrecked my hotel room.

The curtain lies in a sad, crumpled pile on the floor. Hooks lie in disarray. My brain flashes with terrified images—trying to explain why I broke their furnishings; trying to bribe my way out of repairing the damage; offering to visit a hardware store and re-install the rod myself; getting hauled away by police, screaming and thrashing. I'll use my one phone call to alert my parents of a court date, and I'll likely break rocks in an Albanian labor camp for the next three years. I back away from the window and survey the destruction: The holes in the upper wall reveal hasty workmanship; whoever installed this curtain rod screwed its bases into fragile sheetrock. Usually a heavy metal pole would be riveted into wall studs, but no studs were sought. This contraption was destined to break the second the curtain was pulled. This isn't my fault. But will anybody bother to understand that?

I lie down on the stiff bed. My body aches for sleep, but now my heart pounds. I stare at my reflection in the switched-off television set and ponder my fate. Should I try to explain the situation? Should I be friendly and cordial? Should I frame the event as a funny little thing that happened, a whimsical joke? Or should I pretend to be irate—pound the front desk and demand, *What is the meaning of this? I could have been killed!* Or should I just avoid mentioning it altogether—sneak off without a second thought? *Oh, that was broken when I came in. Maybe housekeeping knows something about it.* But won't they stop me at the border? *We understand that a red-bearded American left a hotel room in shambles. We'll have to bring you in for questioning.* My nationality is unmistakable—especially when the border patrol examines my passport on the Montenegrin frontier, where smugglers and black marketeers are routine trespassers.

I take deep breaths and watch the street outside grow violet, then orange. The sun will soon rise over this dusty city; I'm underslept, undernourished, and I've already made a fool of myself. The posters in the travel agency didn't prepare me for this kind of mayhem. My guidebook offers no tips. Around five in the morning, as my eyes flutter closed, I resolve to leave Albania as soon as possible. The time I won't spend here I'll spend in Croatia and Bosnia. And when I wake up, delirious, in five hours, I'll march downstairs and tell the truth. Come what may, the truth is all I have.

6

The woman at the front desk wears a neat suit jacket and head scarf, and she writes in her ledger as I approach. She smiles at me, and I dumbly realize that I haven't spoken to a traditional Muslim woman in nearly a decade.

"How was your stay?" she says.

"Very nice. Too short, unfortunately." I rock on the balls of my feet, looking as innocent as possible. "So I tried to pull back the curtain last night. I like to wake up to sunshine."

"Yes?"

"And I seem to have broken your curtain rod. It just pulled right out of the wall." I add quickly: "I didn't pull very hard. I don't think it was installed very well."

"Oh, yes," she says, nodding thoughtfully. "That happens sometimes."

My lungs swell with relief, but now I'm shocked. *That happens sometimes? As in: Your guests frequently tear fixtures out of the wall and nearly knock themselves unconscious with flying metal rods? As in: You were expecting me to ruin your newly renovated hotel room?*

"All right!" I say hurriedly. "I was a little worried. I didn't want you to think I did it maliciously."

"Certainly not. Quite all right."

"Great! So I'll just be checking out, then."

"I hope it's not because of the curtain rod. We can move you to another room."

"Oh, no! Just have to be moving on. You've been a real lifesaver, though. Beautiful room. Wish I could stay."

"Would you care for a complimentary breakfast?"

The moment she mentions food, my stomach rumbles, and all my fears of Albanian cruelty melt. What was I so concerned about? Why did I presume the worst? I shake away my dread; I'm still jetlagged, still road weary, and I still have many miles before I sleep a full night. The woman, Fetije, points to the dining room next door, an elegant chamber with white tablecloths, new carpet, and bright windows. Within a few minutes, I'm cutting through a mushroom-and-Swiss omelet and sipping silken cups of coffee. I'm alone, so the waiter, Shkodran, is kind enough to tell me about his life.

"I am a student of aquaculture," he says proudly. He's a beanpole of a youth, who nervously swings his arms at his sides. He doesn't look exactly comfortable in his starched shirt, apron, and bow tie.

"Is that, like, fish farms?" I ask.

"Yes, but also the study of marine biology. How to produce the biggest yield. Albania has many rivers, and also we border the sea."

"But *Tirana* isn't near the sea, is it?"

"No," he concedes. "It is very difficult, because Albania is a very poor country. And the government is very corrupt. There are many things we could do to make the economy better. To make better agriculture. But there is no money for this."

Now I don't feel so bad about the hotel's exorbitant rate. I chock it up to a personal stimulus package, even if it only pays the satellite TV bill. After a while I let Shkodran disappear into the kitchen and I quietly finish my last morsels of toast. A few minutes later, Fetije directs me to Skanderbeg Square, the spacious heart of Tirana. I thank her profusely and step onto the street; the first thing I see, directly across from the hotel, is a funeral home. Behind the storefront's glass, polished wood coffins are stacked together.

One day, I'll return to Albania and give the land proper attention. I'll climb the mountains and take pictures in front of the Et'hem Bey Mosque. But now, I must go north.

7

Skanderbeg Square is a vast open space, flat as a pan and peppered with cars and people. There is a statue of Skanderbeg Bey riding a horse, sculpted out of blackened metal, which rises triumphantly out of the yellowish plaza. "Skanderbeg" is a funny-sounding name to American ears, and it's virtually meaningless in Western history; but to Albanians, Skanderbeg is a mythic figure, a hybrid of George Washington and King Arthur. As the Ottoman Empire was sweeping across the Balkans, Skanderbeg singlehandedly led an Albanian "resistance." But this wasn't some ragged militia hiding in the hills; Skanderbeg fought no fewer than twenty-five battles, and his armies were victorious for twenty-four of them. His only defeat was the Battle of Berat, which was hardly his fault, since he only arrived at the very end of the fighting. Meanwhile, Skanderbeg deflected Hungarian, Napoli, and Venetian invaders as well. As if this weren't enough, Skanderbeg kept the Ottomans at bay long enough for Europe to recruit large armies. Not only does Albania owe its existence to Skanderbeg's shrewd leadership; without him, much of Europe may have been crushed by Turkish mamluks. The country was still conquered after Skanderbeg's death, yet fifteenth-century Albania may have been vital to Europe's survival.

After so many decades of Communist rule, Tirana is a colorless city—a half-dozen wide streets merge at Skanderbeg Square, where some pillared government buildings and a few cuts of grass provide the only scenery; the rest is concrete ground and pale walls, set against distant mountain ranges. Pedestrians are scattered across the vacuum, walking slowly in various directions. I feel aimless here, and when a travel agency comes into view, I'm relieved.

It's another small office, tucked between two cafés, and the owner is a scruffy man sitting behind a metal desk, smoking a cigarette. He invites me to sit down and listens to my plans.

"Basically, I'd like to cross Montenegro and get to Dubrovnik by bus," I say.

The agent, Dëfrim, nods understandingly. He seems impressed and pleased that I should cross his country on my own. He tears a sheet of scratch paper and begins to write down my itinerary. "You must take a bus to Shkodër," he begins. "From there, you will have to transfer to Podgorica."

"Okay."

"From there, you will take another bus to Tivat or Kotor."

"Okay."

"No, this is not the best way."

He crosses out all the names he's written down and draws an arrow from Tirana to a re-written Shkodër. "So, you will take the bus from Tirana to Shkodër. From there, you will transfer to Budva. And in Budva, you will find a direct bus to Dubrovnik." He tallies hours and costs. "In total, this will probably take one day. And it will most likely cost between fifty- and seventy-five euro."

When he's finished writing the itinerary—a confusing flow chart of cities and arrows that leaves more questions than answers—Dëfrim asks why I've come to the Balkans, and why alone. I explain how little Americans know of the region. I tell him about Amila, my estranged high school friend, and how I want to see what happened to Bosnia after the war. Dëfrim gives me his full attention, balancing his pen in one hand and a cigarette in the other. He hands me a business card and insists that I update him on the journey.

"Thanks so much for the help," I say, shaking his hand.

"Well, if you are lucky, you will find your way."

I'm still grinning with appreciation, but this pleasantry freezes me. *If I'm lucky?* What does luck have to do with finding a bus ticket through two foreign countries? Now that I'm committed to Montenegro and Croatia, there is no turning back. Either I find a way, or I'm stranded in some random village. There is no choice. I *must* have luck on my side.

Dëfrim directs me to the train station, where the Shkodër bus is supposed to be located, and when I stand to go, I ask how much I owe him.

He waves off the idea. "In Albania, we do these things for pleasure."

I hike down the long, straight street, from Skanderbeg Square to the train station, taking the broad sidewalk past palm trees and boutiques. Still, Tirana looks pale and plain—a clean urban slate, untouched by billboards or paint. When I reach the train station, I find a busy intersection and a gravel parking lot, where two buses are parked at odd angles. The station itself is shaped like an airplane hangar, and it looks foreboding and empty. I pace around, feeling self-conscious about my backpack, and I look for a ticket booth. There are no signs for Shkodër, and the pedestrians are occupied by conversation.

I lean into the open door of a bus and call to the driver: "Shkodër?"

The driver hops out of the bus and grasps my arm—like a father leading his young son to school. He pulls me down the sidewalk, nodding amicably as he does so, and points to the corner. He speaks in Albanian, but I follow his finger: *Take a left, walk a pace, the bus is down the block.* But this is only an educated guess, based on vague gestures. Up north, English is more common, but here, pantomime is my saving grace. I thank him profusely and take a left at the corner. I find a narrow lane that angles downward; the street is lined with houses and tall brick walls, and it buzzes with activity—children dribble soccer balls, men carry toolboxes, women call to each from porches and doorways. I walk a block, then another block, doubting my directions with every step. And yet, rounding the curve, I find a bus. A sign leans against the windshield: "Shkodër."

Three gravelly men smoke cigarettes outside, and when I ask the destination, they just nod grimly. "*Do, do,*" they murmur: "Yes, yes." I climb aboard, and soon I'm surrounded by old women and young girls in thick makeup. I wonder where they're going, this odd assortment of paired females. When the bus finally roars to life, I watch Tirana slide away. Once we hit the highway, my head falls sideways, and I'm dead asleep.

8

As the bus's tires climb over a stone curb, the bus jiggles and awakens me. I squint at the burst of morning light; I'm thirsty and delirious, and every muscle aches from neck to heel. I join the passengers tumbling down the steps; they scatter into a sleepy town square. The bus roars away, and my heart sinks to see downtown Shkodër, a place even more desolate than Tirana. A mosque and minaret stand solemnly in the corner, and nondescript buildings ring the plaza; a single café advertises imported beer. Aside from a few trees and a handful of people roaming through, Shkodër looks abandoned.

A man pops into view and starts a sales pitch: "Taxi? You would like taxi? Go anywhere! Good price!"

I recoil, dancing around him, trying to get away. The man is older, his white hair receding, his eyes hidden by aviator sunglasses; the flesh of his neck drips like melted wax. He reminds me of my grandpa—an earnest little man with a simple business proposition. But everywhere I turn, he sticks to me, and in the arid emptiness of Shkodër, I can't melt into crowds or duck down an alleyway.

"Autobus?" I say.

"To where?" he says.

"Montenegro."

"Ah, Montenegro!" he exclaims breathily. "No autobus."

I bristle. *Of course* he says there's no bus to Montenegro. If there was a bus to Montenegro, he wouldn't be able to drive me there. But I won't hire a personal driver to chauffeur me into another country. It's pricey and bourgeois and simply out of the question. Anyway, the cabbie has run out of English, and there's no sense negotiating when—

"Where, Montenegro?" the driver persists.

"Autobus Stanica!" the driver says, nodding.

"I'm not sure. To the bus—*autobus*."

"*Autobus Stanica!*" the driver says, nodding. He offers his upturned palm, which turns into a map. "Bar," he says, then draws two numbers: *Seventy-five euro.*

At first I think he means *bar* as in "pub." But then I realize that Bar is a town in Montenegro. I shake my head, because spending over one hundred dollars on cab fare is inexcusable.

The driver wags his finger in a way that erases the suggestion of Bar.

"Budva!" he cries.

Budva, I recall. *Dëfrim said Budva. It's written on my scratch paper itinerary. Budva is a reasonable destination. Budva good.*

The cabbie writes another figure with his index-finger: *Fifty euro.*

That's more like it. I've knocked off twenty-five euro—*nearly forty dollars!*—just by playing hard-to-get. But still, I want to verify that there's no bus. It seems absurd to hire this man without considering every alternative. And now, more than ever, I need to leave Albania, because even if this cabbie is honest, any swindler on the street can pray on my ignorance. I'm furious that Albania and I are not yet ready for each other, but that's just the way it is.

The driver catches the attention of a young woman. She's not the average pedestrian: Her black hair looks spun from fine threads, and it bunches around a smooth, smiling face. The driver speaks rapidly to her in Albanian, and as she nods her head, her lips, parting seductively, seem to whisper, *I see!*

She looks at me. "You are going to Montenegro?" Again, a perfect British accent.

"Yes, that's right. Is there a bus that goes there?"

"Unfortunately, no. This man is offering fifty euro to Budva. That is actually a reasonable price. This is a distance of almost fifty kilometers, plus the return trip." She adds: "It's also a very pleasant drive."

We both thank her in our respective languages, and she trots off, looking happy to help. So I turn to the driver and say, "Okay, let's do it," and the authority in my voice surprises even me—as if I've only been playing a game this whole time. This was all part of my master plan. Yes, that's right: I expected to charter this taxi before we even met.

As the driver smiles and stuffs my rucksack into the back seat, I feel in command, ready for the next step. As a rule, I don't like cabs—I rarely trust a stranger with an unfamiliar route—but the *prix fixe* fare is gratifying. If Budva is really fifty kilometers away, then fifty euro is a reasonable expenditure. And now there's nothing to do but ride. However this leg of the journey transpires, I'll own it. The die is cast.

9

The driver is Paulin, and his English is patchy, but we struggle to make conversation as the car bounces over deadly potholes. Downtown Shkodër melts away, revealing hardscrabble slopes and farmhouses.

"Beautiful!" Paulin says, sweeping his hand across the windshield.

"Beautiful!" I agree.

"America?"

"Yes!"

"Where, in America?"

"Pittsburgh." I place a fist to my right: "Philadelphia," I say, then draw a line to my left. "Four hundred kilometers west. Pittsburgh."

"Philadelphia!" Paulin concludes.

At this point, there's no reason to correct him. Now I am Robert, from Philadelphia.

"Montenegro?" I say. "Often?"

"Yes, yes," he murmurs. "Montenegro. Macedonia. Kosovo. All place."

On the cusp of a narrow steel bridge, Paulin points above us, where a wooded hill towers over a parking lot. A ribbon of castle wall crowns the crest of the hill; the crenellations look untouched, despite the centuries of wear. I wonder whether Skanderbeg and his medieval army defended these walls against the Ottomans. But there is no sign to name this fortress. The castle is a raw relic of history, untouched by tourism bureaus. Far beneath the ramparts, a young man sprays the gravel with a garden hose; compared to the monument that overshadows him, the man is antlike.

The castle is a raw relic of history...

We scoot over the bridge and barrel down a narrow road, which twists and turns through a river valley. Trees lean lazily into our path; fields and meadows emerge, then roll out of sight. The tone has changed; the dustbowl of Albania turns greener, more pastoral, an oasis after so much draught.

The border is only a booth, nestled in a copse of trees. Paulin pulls over and exits the car, then gestures for my passport. I don't like handing my most valuable document to a strange man, so that he may confer with another strange man, but I concede. I also step out of the car, adjusting my sunglasses in the infernal brightness. There is an art to waiting for passport control—straight posture, expressionless face. I must look bored by the procedure. This is all an act—I'm scared shitless—but as long as I *look* like a routine traveler, everything should pan out. At times like this, true innocence is always secondary to the perception of innocence.

But something's wrong: Paulin and the man talk in spurts of loud sentences. I can't understand them—I don't even know what language they're speaking, Albanian or Montenegrin—but their dialogue doesn't sound amiable. Finally Paulin marches toward the car, his belly jiggling beneath him, and he looks both ways before meeting me. I don't like this false casualness; looking both ways, rubbing the nose, clearing the throat—they are all signs of a tense man faking ease. Something's up. I know it.

"Is everything okay?" I say.

"Okay," Paulin says, then slams his door and starts the engine. "Government," he spits.

We pull forward, and I wait a few seconds, as we return to the road and speed away from the guardsman's booth, before I look back, making sure we aren't being followed. I pocket my passport and look at Paulin again. "But everything's okay?"

"Is okay," he says, then sweeps his hand again, as if unveiling a prize. "Montenegro!" he cries.

Crna Gora
{Montenegro}

10

"*Monte!*" Paulin bellows, pointing to the mountains that ascend into blue heavens.

"*Mare!*" he cries, pointing to the sea that sparkles unto the horizon.

"MONTENEGRO!" he concludes, gesturing to the entire country-side, which is now clean, well-swept, emerald green, a vision of pastoral beauty. The whitewashed cottages hide behind bushes and trees, and all the little doors and windows seem designed by elves. Stone walls and wood gates blend together, encircling chessboards of sweet-smelling meadows. This is the flowery Europe of faerie tales, the Europe preserved in folklore, where men pause on their doorsteps with brooms in their hands, staring at the strange motorized vehicle that passes.

Paulin speaks to me in a pidgin of Albanian, English, and Italian, but I understand him perfectly. *Mountains! Sea! Montenegro!* For this country is only a convergence of sea and mountain, a miracle of tectonic shifts, where no mountain range has ever looked so venerable, and no sea has ever reflected the sky's opal so purely. Viewed through Paulin's cracked windshield, Montenegro looks painfully bucolic; we pass from dire poverty—all too real—to Hyborian neverland. We cruise through legend at sixty kilometers per hour.

"Panorama!" Paulin exclaims. "Beautiful, yes?"

"Yes!" I say. "Beautiful!"

Paulin repeats this mantra every few minutes, as if he's painted the landscape himself and needs constant assurance of its wonderment. But there is no way to express my awe, my instant love for these vistas, now whisking past our view at punishing speeds. A canopy of trees flies over-head, another ridge opens up; more clumps of forest; a glimpse of castle. I want to throw open the door, leap out of the speeding car, tuck-and-roll.

I want to run through the little fields and spring over the gates. I see hints of snowcapped peaks, and I want to climb up to them and leave tracks all over the Montenegrin alps.

We turn a corner, and a valley bursts out of nowhere—we are ambushed by beauty, attacked on all sides by stunning visions. Paulin pulls to the side of the road and raises his hands to his face. He makes a clicking motion, signaling, *Take a picture.* Just outside the car, two rough wood planks have been set, forming a bridge to the roof of a house. Paulin doesn't know the owner of the house, but he ushers me forward. *Nobody minds*, his shrug suggests. *There's no such thing as trespassing here.*

I go to the lip of the roadside and cross the trembling boards to the roof. The surface is chalky and clouds of powder puff with every step. When I reach the edge, Montenegro spreads out like a Transcendental painting: Cottages bunch together along the hillocks, cradled by the tall mountains on either side. Dirt roads maunder lazily in between, joining and splitting without direction. The rooftops form thickets of neighborhoods, and far in the distance, on the vanishing point beneath a sapphire-blue mountain range, rests Budva's port. The highlands part, revealing a lush Canaan. After the blinding bronze landscape of Albania, Montenegro restores color to my eyes.

When we arrive at the bus station, Paulin lingers until I purchase my ticket for Dubrovnik. He even translates my request to the surly ticketing agent. When our transaction is complete, Paulin offers me a business card with a local phone number. He seems to have a grandfatherly investment in my well-being, and I thank him profusely before handing him a fifty euro bill. Paulin examines the bill, nods quickly, and walks away. It feels awkward, after spending an hour together, to simply pay him and part ways, but there's nothing more to say. Nothing more we *can* say.

At a café table outside, a middle-aged man with a comb-over and stiff-looking workman's shirt knits his eyebrows at me. "Seat?" he says. Since I have nothing to do except wait, I gratefully accept, and soon we're speaking in English.

"How do you like Montenegro?" he says.

"It's beautiful!" I say.

"How do you like Montenegro?"

"Yes, it is beautiful," he murmurs proudly, nodding.

The man is Ivan, and his companion is Janko, and when I ask the waifish waitress for cappuccino, Ivan instantly pays for the cup. He waves off any gratitude. *It is nothing. You are traveler. We are host. No problem.*

We sit and chat, and when Ivan learns that I speak some German, he excitedly speaks in German with me, and I'm relieved to learn that his skills are as haphazard as mine.

"And you is from America still?" he says.

"Yes, I come out of America."

"Of which city?"

"Pittsburgh." Again, I try to explain the location of my small industrial home, but Ivan has no idea where this is. He nods meditatively, trying to remember any factoids about Pittsburgh.

"That city lingers by Detroit?"

"Nearby Detroit, yes, certainly."

Since speaking butchered German is among my favorite pastimes, we talk for a bit, and I learn that Ivan owns a local guesthouse. Janko doesn't say much, only listens and nods lugubriously. The pair is sitting with two glasses of beer between them, but when I see how swiftly the waitress clears her tables, I begin to hear the men's slurred speech and realize how tipsy they are. It's liberating to sit outside, share a small steel table, and watch two grown men get sloppy at three in the afternoon.

The café itself is only a concrete alcove, more like a janitor's closet than a bistro, and four young men sit around their table, chain-smoking and laughing in bursts behind a plate glass window. They steal glances at me; their exposed biceps are firm and tattooed. When one of them steps outside, I picture him leaning over my chair, as in a Western movie. I can hear him growling: *We don't like your kind 'round these parts.*

But instead he hands me a lighter. At first I'm confused—I have no need for his lighter—but the man gestures to press it. There's no metal wheel to flick, no obvious flint; instead, it's just a button. I press down. And it electrocutes me.

The shock is sudden, but my fingers tingle for a long time. It's a joke lighter, one of those electrified knickknacks that slackers collect at Spencer's Gifts. Now the men inside the café shriek with laughter, slapping their knees and stomping the floor. Janko and Ivan also laugh; they aren't self-conscious or embarrassed for their comrades. I've become everybody's clown.

I roll with it. I wag a finger at the lighter's owner, saying in a jocular Brooklyn accent, "Oh, *you*. What a *kidder*." A second man comes outside and sidles up to his friend. He hands me a small remote control attached to a key-ring and a bunch of keys. He says, "You drive my bus."

To know that these drunken idiots are professional drivers makes the day more interesting—I speculate which one of them will be taking the wheel of my bus to Dubrovnik. Although I have no driver's license, and I've never driven stick shift, I'm curious where this little charade will lead. So I turn to the row of buses and press the "unlock" button.

Again, a surge of electricity shoots into my fingers, and now the Montenegrin drivers are jumping up and down, high-fiving each other and whooping with laughter. Before I was surprised, feeling out of place and jeered at, but now I truly appreciate the joke. Second time's a charm. Now *that's* comedy.

A third man stands up and waves at me through the window. He holds a glass of beer aloft and points to it. The beer is half-consumed, and I know he's not really offering his hard-earned bottle, so I just shake my head and pretend to be electrocuted. I even make a sound effect: "*Zzzt*," I say, and the men howl with laughter. *He has learned his lesson*, they seem to say in rapid-fire Montenegrin. *Jokes work in threes*.

The drivers calm down and become mellow. They swig their bottles with purpose. After a while the small talk with my new friends dissolves, and Ivan stands, grinding the cement with his chair legs.

"I must go to work," he says.

Janko stands as well, but neither man looks steady on his feet. We shake hands and they stagger off, never to be seen again. As they vanish behind the building, I realize how lonely these past two days have been— only scattered English, most of my commuting spent in silence, and, until now, a complete absence of laughter. Athens feels very far away now; America has slipped into another universe.

When the bus arrives, the skeletal driver tears my ticket without even looking at it and hurls my backpack into the rear compartment.

He's bony and dark haired and looks distracted. I enter the bus with an elderly French couple and a bunch of acne-painted Montenegrin teens, who chatter in cracking voices. We pull away from the Budva station and speed onto the main road. The peaceful afternoon dries up, and we drive toward the mountains.

11

The driver is irritable. When orange construction cones stall our progress, he slams the brakes and curses to himself. Mopeds weave around us; tiny Volkswagens play chicken in the left lane, trying to speed past, then fall behind at the last second to make way for oncoming traffic. We fly down the angular road, hugging the jagged walls of cliffs and narrowly missing the cars that hurtle in the opposite direction. In every sense, we risk cataclysm—we could rake the mountain, crash through the guardrail, head-butt another vehicle, trample a motorcyclist, crush a construction worker, jackknife over the edge of the cliff, and plummet into the Adriatic Sea. As the driver reddens with road rage, I pray he isn't suicidal.

A bus careens around the corner and speeds toward us. The road is so narrow. No shoulder. No passing lane. I nearly close my eyes, but I'm riveted by the sight of the bus's grille. The "ISUZU" logo grows rapidly. Strange faces appear beyond the enemy windshield. I imagine a nimbus of exploding glass, a wall of fire. I brace myself. One more second—

The other bus flashes past. Faster than eyes or brain can process. Gone. As if these two buses have passed through each other; poltergeists playing games. I catch a single breath, disbelieving, before a tunnel swallows us whole, and everything goes black.

Montenegro's roads are like Albania's, except that I can clearly see every brush with death. The narrow road is brilliantly sunlit, and as the afternoon wanes, we caress the endless cliffs, rise and fall with the road, glide into rifts and shoot around corners. The traffic builds around us—an entourage of manic drivers going the same way. Then a minibus skirts our windows. Sometimes we slow to a crawl, but our progress feels unsafe at any speed.

The view is the only thing that calms me—unearthly peninsulas driving into the water, toothed with buildings and walls. And then, without so much as a sign to warn us, Sveti Stefan punctures the sea.

A bus careens around the corner...

A circular town crowded together.

I have seen this image a hundred times before: A circular town crowded together on a small island, accessible only by a dusty road. The orange roofs of Sveti Stefan bind together, separated only by the spires of trees. This medieval village is ringed with powerful rocks, as if guarded by Nature Herself. The island is magical, removed from time and space, hanging by a single thread to the Balkan coast. Such landmarks are so improbable, I can hardly believe the sight; it's a trick of the imagination, a mirage lifted straight out of a coffee table book. And yet people actually lived here, laid the stone, netted fish, circled the island in boats. To behold such perfect architecture, refined by generations of masons and woodworkers, I never want to step foot in another Costco. How do such wonders occupy the same planet as Atlanta? Detroit?

Then Sveti Stefan disappears behind bushes, and the panorama is lost forever. I snap a photograph, compulsively, but there's really no point. Nothing could capture such magic. Not even words.

One of my heroes is Marco Polo, who was raised along the Adriatic. On his deathbed, he declared: *I didn't tell half of what I have seen, because no one would have believed me.*

12

Bar is a resort town. The harbor is wide and crescent shaped and packed with yachts. The mountains surge all around us. Every block, street signs advertise hotels and condos in multiple languages: *Sobe. Zimmer. Rooms.* The low stucco buildings are cast in an orange light, because the sun is dipping low, and although there is nobody to ask, I estimate my itinerary: A few more hours in Montenegro, then a midnight crossing at the Croatian border, then Dubrovnik in the early morn. It'll be Tirana all over again—frightening passport checks and confused roaming in a dark city. I can't do it, not again.

So I step off the bus. It's remarkably easy. I sidle up to the ornery bus driver and say, "I'm going to stay *here* tonight."

The driver blushes; he looks hurt, but he nods. He removes my backpack and re-enters the bus. I don't even wait for the bus to roar off. *I'm* in command now. No Paulin or fifty-euro taxis. No outrageously expensive hotels or all-day commutes through empty hills. It's just me and two legs.

I turn a corner and find a travel agency. The agent is a beautiful woman with a mournful visage; she nods solemnly at my request and makes a phone call.

Five minutes later, a chipper, graying man shows up and crushes my hand with a handshake. I enter his car; we fly down the street, turn into an alley, park, climb steps, open a door. I drop my backpack by a firm bed. Done. It's as simple as that.

"Only fifteen euro!" the man exclaims. I hand him the cash, happily. *Now* we're getting somewhere. I've got the com. Take *that*, Balkan Peninsula.

Bar is full of people: Young men walk in wolf packs along the streets, smoking cigarettes out of the sides of their mouths, prowling for women. Couples walk abreast, their conversation coming in little murmurs as they look both ways and cross the well-trafficked streets. I want to see the old town, but the sun is setting over the heart-shaped hills, and I doubt I'll have the time or energy. I pass an apartment complex where children race around the common green, kicking soccer balls and calling to each other in high-pitched voices. I dip into a stand of trees, where the walkway is littered with dry leaves and a young woman sits on a bench, speaking French into her laptop; she's smiling into the attached webcam, and I guess she's speaking to a faraway lover. The long shadows blend together into gathering darkness, and soon even the sky is drained of its deep red. When I reach the water, the harbor is so flooded with yachts that it's impossible to discern the shape of the coastline. Having made a giant circle, I start to journey back along the wide stone walk-way, which behaves like an American boardwalk, except that the path is lined with fine restaurants—pricey seafood platters are advertised in Montenegrin and English, drawn in elegant script on freestanding chalkboards. The tables are draped in white cloth and lit by candles, and diners are spread throughout the dining room, gossiping in low tones. The crowd is a mix of fashionable couples and savvy-looking Italian blades, their shirts half-unbuttoned to reveal silky abdomens. No one makes eye contact with me, and when the sight of cluttered hulls and masts no longer interests me, I turn left, into a carnival of kiosks and tiny jewelry shops. At a snack bar, I order a gyro.

"Could I have a jee-ro?" I ask.

"*Ghee*-row," the portly woman corrects me, huffing.

"Uh, yes, one *ghee*-row, please."

I stand there, scanning the tiny square for someone to talk to, but the shops have closed and passing lovers seem transfixed by their ice cream cones. I look down to see a scrawny boy, about three feet tall and dressed in a ragged soccer jersey, his palm outstretched.

"Please?" he says.

My policy has always been to refuse giving money, for all the usual reasons—because I don't know who the panhandlers are or how they'll use the coinage. Give to one open hand, and a dozen others will ask for money as well. The boy has cappuccino skin and almond eyes; his bony frame is the portrait of the lonely gypsy boy. There are so many things I might guess about his life—he's orphaned, lives in a van, eats almost nothing, and if he doesn't return to camp with enough alms, his caretakers will kick his shins and forbid him a bed. I know that the gypsies call themselves Roma, that "gypsy" is only a well-accepted slur, and that this migratory culture probably hails from India. I'm sympathetic in so many ways that this boy will never know, and yet I tell him, "*Ne.*"

Then he twirls in an oblong circle and starts to sidestep toward me. I'm still waiting for my gyro, and there's nothing to look at, so the boy is impossible to ignore: He sashays, one step at a time, toward my back pocket. He rocks on his heels and hums to himself—a formless, cartoonish song. The boy intends to pickpocket me, but he's too young to realize how obvious this is; he's *performing* his pocket-picking, like a Vaudeville clown. If it wasn't so tragic, I'd find it adorable.

"Watch your pockets," says the woman next to me in a slight French accent. "You can't trust the gypsies around here."

I've heard this a hundred times before. In Italy, they warned me of gypsies; in Britain and France and Holland, everybody complained about gypsies. The warning always begins with a preamble: *Unfortunately, it's a very serious concern. I wish this wasn't the case, but it is.* Europeans once spoke of Jews and Africans the same way—and so many still do—but the Roma are the eternal underclass. All of Europe sees them as barbarous parasites living in the streets. Polite society has given up on political correctness. They cross the street and button up their wallets. Nothing to be done.

I grab my gyro and leave the square. I half-expect the boy to follow, but he doesn't. Why not? I'm clearly alone, and the boy could call for reinforcements. Where will I go when I'm cornered? How will I respond to three pleading boys? What will I do when a bloodshot mother shoves a baby into my arms and runs off? This is the bane of Mediterranean existence. These are the urban legends that can come true in a split-second. My friend John was once threatened by a knife-wielding Roma in Spain. Other friends have discovered their handbags slashed and contents extracted. This is the eternal battle of security and trust.

Crowds pass me in the darkness, and I move against a tide of humanity—people move in every direction but mine. These people have meals to eat, drinks to sip, porch-parties to visit. They are magnetically linked, these happy vacationers. Some have spontaneously jetted to

Montenegro with a gaggle of girlfriends, to comb beaches and cruise in catamarans. Bar looks like the European Fort Lauderdale, a destination for mindless relaxation. The buildings separate and I see a racecourse for minicars; tiny F-1 models bumble around a racetrack, gushing black exhaust into the neon-lit air. I hear young men chanting in the distance; I hear hip-hop coursing through the alleyways. An ugly tension builds as I pass through a corridor, into a court, past brand-new apartment complexes cast in sandpaper walls. The highway appears, and I wait for the onslaught of traffic to break. I cross to the median and feel cars whooshing all around me; the blinding headlights are dizzying, and when I finally cross, slipping into an alleyway, I mumble curses, because I've lost my way, I have no idea where the hotel is, and every building is dark. Men in cutoff shirts swagger past me, their lips curling beneath fierce mustaches. A bored-looking woman sells pastries from a nearly-empty glass display, and when I ask for directions, they make no sense: "Walk two block, up this way, and cross bridge. *Bridge*, you know? And twenty meter, is street." I follow her directions as best I can, and fifteen minutes later I see the Blue Hotel, which is only two blocks from my hostel, and at last I climb the stairs, tired, agitated, no longer interested in anything, wanting to be anywhere but Bar.

There are so many things I don't know about Bar. Two years before I stepped foot here, Montenegro officially broke away from Serbia. Now Montenegro is a hangout for wealthy Eastern European tourists. Russian moguls have emerged on the scene, buying up property at an alarming rate. The coast effectively belongs to foreign billionaires. Developers have erected hotels and restaurants; the bay is glutted with outsiders' boats. Visitors to seaside Montenegro enjoy fine dining and quality wines, and nobody needs to commit to anything. Bar is a beach-town and nothing more. I've wandered into Pleasure Island, but I'm the only one who feels like an ass.

And there are dark forces at play, just beyond sight. Later I will learn about the sex-trade—the thousands of prostitutes dragged through Montenegro from all over the Balkans. I will hear stories of girls kidnapped from orphanages, purchased outright by mobsters. I will learn just how much Internet pornography is potentially shot here. I will remember these mountains and think of how much crime they hide—

Bar looks like the European Fort Lauderdale.

the gun-smuggling, the black market exports, the Serb warlords who escaped UN courtrooms. Montenegro wasn't a target during the wars—for a millennium, Montenegro has repulsed invaders, her borders fortified by alpine peaks. But the war has still affected this nation. The tentacles of mobsters and war criminals have ensnared the remotest valleys. Even the borders are lined with landmines, tourists beware.

The *real* Montenegro is miles away—hidden behind the hills, where villages and monasteries have changed little in the past few centuries. But I can't explore the monasteries and glaciers beyond the horizon. The mountains barricade me out, and there's no way to sortie them. Nothing to see here. Move along.

Even Sveti Stefan, I later learn, is no longer an independent town. The entire island has been converted into a luxury hotel. It's a bedroom community for Europe's *nouveau riche*, as well trod by tourists as Versailles and the Leaning Tower of Pisa, except that plebeians need not apply. Sveti Stefan, as perfect a place as I've ever seen, is only a postcard for modern capitalism.

13

I wake up at 6 a.m. and carry my backpack out the door. The sun has barely pierced the horizon, and the streets are gloaming violet. As I pass the Blue Hotel, two enormous men hobble toward me. One is flabby and balding, the other is tall and skinny; they are both middle-aged and wear black jackets as sturdy as Carhartts. The pudgy man grasps my arm—in a slow, amicable way. He walks with me, speaking in a language so slurred it might not mean anything. His friend stares ahead, looking embarrassed by my company. From what I can tell, they have been drinking all night, and they're only now stumbling home from the hotel bar. So here we are, the mad king, his blind advisor, and the innocent clown, staggering through the empty streets at Bar with nowhere to go. Except that I must reach Dubrovnik, and they clearly need to sleep.

When we reach the bus station, I enter the little café, and I'm alarmed that they sit down with me. I order a cappuccino and the pudgy man immediately pays for it, along with their own coffees. The man starts babbling to me, and when I ask for English, he rolls his eyes dismissively and continues to talk, as if, any second now, I'll suddenly speak fluent Montenegrin. The conversation is awkward, mostly because it isn't a conversation at all, only a large drunken man sloshing words and leaning back in his chair, pausing to giggle now and then. His friend still wears a stoic expression—like a general displeased by his corporal's lewd behavior—but he's helpless to stop it. I keep shrugging my shoulders, as if to say, *I'm sure what you're saying is hilarious, but it's meaningless to me.* I thank him for the cappuccino, and he nods, then says something about America.

"America… *žut*…America…"

This freezes me, because I think I've heard this word before. For some reason, I think that *žut* means "Jew." But is that right? Why do I think this? And if so, what is this man saying? Why is he flagrantly using "America" and "Jew" in the same sentence? If this *is* what he's saying, is my slobbery new Montenegrin friend some kind of anti-Semite? What does he think I mean when I confusedly nod? Am I agreeing with him, or does he accept that I'm rhetorically lost? Is he asking me questions, or just rambling on, no matter who's listening? And if he *is* a raging anti-Semite, shouldn't I find a way to abscond? The debate is wearying. I want someone to commiserate with, but the man drones on, and nobody comes to my rescue.

Then the man pauses and waves over a teenaged boy. The boy wears shorts and an athletic T-shirt, and his hair droops into knife-like muttonchops. When the bald man commands him, the boy unsheathes an accordion, sets it on his lap, and begins to play. He spreads the folds slowly, his fingers dancing over the zebra keys with practiced ease. He plays a simple folk tune, staring blankly through the café window as the pudgy man raises his fingers and pretends to orchestrate. His eyelids droop, sleep threatening, but the music keeps him just buoyant.

Once again, I'm confused: Does the man know the boy? Is this a fun game between strangers, or has the man hired the boy to play? If so, who will offer a handful of loose change? Balkan folk tunes are a peppy treat on an early weekday morning, but not worth the coins in my pockets.

At last the boy finishes and stands. There is no bow or clapping or fanfare—not even a polite *ciao* as reward for his playing. The boy disappears out the door, and the men get up and wave vaguely to me before stumbling out the door. Then I'm alone again, and grateful. I turn to the barista and ask her what the man was saying.

"I don't know," she says, wiping a glass clean with a dishrag. "Drunk people. They are all crazy."

"Amen," I say.

Once I purchase a ticket for Dubrovnik, I push through the turnstile and see the two men once again. Now they're sitting at the bar. When they wave me over, I'm too polite to abstain; there's no way to save face, now that they've bought me coffee. The pudgy man points to their two pints of beer and then points to me. *You will buy us beer*, he's saying. *After all, we bought you cappuccino. It's only fair.*

But it's not fair—it's ridiculous, and the last thing these men need is another round of alcohol. The morning shines brightly through the bus station's windows, and I refuse to accommodate these idiots any longer. I shrug my shoulders. *I'm sorry, I don't understand. What could you possibly mean when you point to your two half-empty pints and then to me? What is this expectant look? Your message is too cryptic.*

So I tell them, "*Puno hvala,*" and I leave. In a few minutes these men will forget me, and I will be riding toward Croatia. And Montenegro, this infant nation-state, won't even realize I was here. Which will soon pose a problem.

Months later, I will remember to look up the word *žut* in a Serbo-Croatian dictionary. Apparently it doesn't mean "Jew" at all. It means "yellow." Which leaves me more confused than ever. Why did I think I knew anything about a language I've never studied? But never mind. I still wouldn't buy a man a pint just for *not* being a racist.

14

The bus is tiny and crowded, but this is my kind of bunch: The travelers talk to each other and stare out the window, their eyes dilated with wonder. The driver bounces us along the roads, weaving around traffic cones and construction workers. The sun is bright and the sky a cheery blue. Pop music plays mutedly through overhead speakers; the Slavic lyrics waft through the cabin.

Having passed through three borders already, I'm not very concerned about the Croatian border. Of all the nations I'll visit, Croatia is by far the most American-friendly: During the war, U.S. media were favorable to Croatian forces, and peacekeepers tended to blame most atrocities on the Serbs. Croats are famous for their spotless lifestyles and fastidious natures. The Dalmatian Coast has lured visitors for two thousand years. Of all borders, this is the one most likely to wave me through.

The driver collects our passports and hands them through the window, and we all wait. Once again, the ritual is unclear, but I've heard so much English aboard this bus that I assume we'll figure it out together. For the first time since Athens, I feel close camaraderie with the people around me. We're all in this together.

My eyes wander outside, and I see a tall, graying border guard standing on the sidewalk. He is holding a single blue passport.

He looks up, straight at me. His eyes narrow. The guard raises a finger and crooks it.

I point to my chest. *Me?*

He crooks his finger again. *You.*

I stand quickly, march down the aisle, slip out of the bus, and meet the guard on the sidewalk. Hesitation makes me suspicious. Confidence is everything. I can feel the chemistry of my brain shifting; a moment ago, relaxing; now, my cerebellum has entered survival mode. I flash to my remedial psychology class: *The primal brain responds to the Four F's of self-preservation*, my professor explained. *Forage, Fight, Flee, and Fornication.*

The guard wears a gray mustache and a crisp, starched uniform. He's so tall that I'm eye-level with his taut breast pockets. He holds my passport out and breezes through the pages, then slaps the passport shut again.

"You have no entry stamp," he says.

And like a head rush, the pieces fall violently into place: *This is what Paulin was arguing about. The Montenegrin police didn't stamp my passport. They* refused *to stamp my passport. "Government!" Paulin spat. They let me through, knowing that this moment would come. Even Paulin knew it would come, but he got his fifty euro, so why should he care? It's the biggest practical joke a border guard can play, except now it's very serious. I, of all people, am an actual suspect. And not for something absurd like small-time possession or shoplifting or breaking the speed limit. I'm suspected of sneaking into their country. I'm an illegal immigrant. An undocumented person. I'm as fucked here as a Mexican without I.D. in Santa Barbara.*

"Follow me," the guard says.

I follow him into the gray stationhouse, down a corridor, then enter a small office. The office is messy with papers and swivel chairs, and a baby-faced young man sits at a computer, clicking nervously with his mouse.

"How did you arrive in Montenegro?" the guard asks.

"Bus," I say reflexively. *But this isn't true! You idiot! Paulin drove you! What the fuck's the matter with you?* "I mean *taxi!* Cab! I hired a personal driver." I shake my head, rub my cheeks, looking as dramatically as flustered as I can. "I'm sorry. I've been taking a lot of buses."

"When did you arrive?"

"Yesterday."

"What time?"

"I'm not sure. Maybe noon?"

"Where?"

The question takes me off-guard, and I almost snort laughter; my sinuses burn with the urge to scoff. *Where? Are you kidding? Some outpost in the middle of nowhere. Some dry patch of land between some Albanian village and some Montenegrin mountain. There were cows, there. Does that help narrow it down?*

"I honestly don't know," I say. "It was in the south. It was near— *Shqodër?*"

The guard stares down at me. He turns on his heel and hands the passport to the baby-faced computer operator, who places it on a scanner. A second later, my face and information appear on the computer screen. My battered passport has never looked more fake—just a dog-eared booklet full of stamps, but how reliable is a stamp? Just ink impressions on paper. And come to think of it, what is a *border*, really? Just a bunch of uniformed men in a cluttered office, located somewhere between here and there. They look forward to getting overtime and vacation. They miss their girlfriends. Their border isn't even two decades old. How seriously can we take any of this? The dot matrix printer? The large windows with streaked plate glass, easily shot-through by determined snipers? *This* is the line that divides one country from another? Am I crazy for laughing at all this ersatz officialdom? The stern looks? The sidearm—as if *I* pose a significant threat? Why is nobody chuckling?

"I'm so sorry," I say. But it's the kind of *so sorry* I would say if my dog ran amok in the neighbor's lawn. The *so sorry* that says, *Man, that was stupid!* There is self-effacing laughter behind the words. I am performing for these men—because there is no natural way to express the stupidity of this moment. This isn't my fault. I haven't lied or stolen. I stopped at the checkpoint just like every other dutiful citizen. But I have to craft my expressions carefully. I have to massage this interaction. One false move and I'm prison candy.

"It will be all right," the tall officer says, and pats me on the shoulder. Then he leaves the room as two more officers enter. I expect them to shut the door and start pistol-whipping me, making absurd demands: *You are a dog! Say it! You despise America, don't you! Tell us you had sex with your sister!* But they only sit down on the edge of the desks, arms akimbo, staring at the computer screen.

"You need to have an entry stamp," says the man at the computer, shaking his head and gesticulating. "Otherwise, how do we know how long are you are here?"

This rubs me the wrong way—if only because the man at the computer has the round, pale look of an office drone, and the can-do American in me knows that I could dropkick him. *And where is here? I want to reply. Your country is two years old. It's been Serbia's conjoined twin for the past decade. Are you going to get all uppity because an American tourist wants to see your fledgling nation-state? Do I look like I want to smuggle heroin through your border? If I were that crafty, don't you think I'd skip the border altogether? Hike through the woods? Your country is dotted with war criminals! And you're worried about some clueless-looking guy wearing khaki cargo shorts?*

Somehow, I don't feel nearly the terror I expected. I've feared U.S. cops in my own neighborhood more than these men. Sure, they can do whatever they want. They can demand bribes, and there's nothing I can do but acquiesce. They can throw me in jail; how could I possibly stop them? But if they're legitimately concerned—if their only worry is that my presence in Montenegro is untraceable—what can they legally do? *Deport me?* Croatia is thirty meters away.

The man at the computer examines the scan of my passport and isolates certain colors with his imaging program. Part of the passport turns pink, then the eagle watermark lights up. I can't even imagine what he's looking for; damaged as it is, my passport number can be verified with a single phone-call. After a few minutes of watching neon colorations, the guard looks hypnotized, bored. This all seems like a show.

Then the tall guard enters and my passport exchanges hands. The tall guard ushers me toward the door. "Come with me," he says.

We march outside, back to the bus. We stand on the sidewalk.

The tall guard looks away from me, toward the trees, and he pats my passport against his palm. He looks like an old paddy playing with his baton.

Then he flips the passport outward, toward me, slaps it into my hand. He makes a dismissive gesture, as if to say, *Away with you.* And then he re-enters the building. I am saved by his generosity.

But that's not what happens. This is what the guard *wants* to happen.

Instead, the guard pats the passport against his palm, and then he flips it toward me. But before he can slap it into my hand, it slips from his fingers. He fumbles with it, like a loose bar of soap, and for a split-second, his eyes panic, as if he might drop my most important document. He reflexively whispers, "Oh, *sorry!*" And then, just before it falls to the pavement, I catch the passport. Our fingers brush against each other. The guard recoils at his own clumsiness, his eyes narrowing, his voice harrumphing, because his tough-guy moment has been spoiled by butterfingers. He stomps off, too embarrassed to say another word, but no doubt he hears my earnest call: "Thank you so much!"

I step on the bus, and all twenty passengers start clapping. Someone whistles. I smile and shrug my shoulders, goombah-like, and everybody laughs as I move down the aisle, back to my seat and backpack. Someone pats me on the back; someone else warmly squeezes my arm. There is so much goodwill aboard our little bus.

"Everything go all right?" says the handsome Australian two rows away.

"No problem," I say. "They didn't know who they were messing with."

We pull forward, into Croatia.

Hrvatska
{Croatia}

15

Hundreds of feet above the Adriatic, our bus glides along the narrow road, and we see Dubrovnik: An arrowhead jutting into the sea, ringed with walls, jammed with rooftops, punctuated by towers, surrounded by boats and the froth of waves, a vision of medieval paradise. All around the old city, hills roll upward, and each cluster of houses perches in a pillow of dark trees; the roads web in every direction, intersecting playfully and then shooting up impossible inclines. Through the dust-stained windows, we feel like gods, gazing down on a perfect city—the crescent-shaped white beaches sliding below, the slivers of water that expand into bays and channels; and just when the skyline chokes us with beauty, the Dubrovnik Bridge emerges from around a rocky corner: A streamlined white causeway that levitates over the blue, suspended by a central tower and a triangular splay of cables. No architecture has ever looked so streamlined, so symmetrical, and as the bus curves around, descending beneath its ivory geometry, I feel like I've wandered into pure dreamscape.

It's unreal—the whitewashed walls and orange terra cotta roofs, each planted in just the right places, the grass-and-rock hills dabbed with primal brush and trees, the pure water broken by just the right pattern of powerboats, the cloudless sky streaked by a single jet stream, the tiny cars motoring past us with Mediterranean ease, the old men roaming side-walks with fishing poles slung over shoulders, the young men zooming along on mopeds, their shirts flapping in the salty breeze. Lord Byron once called Dubrovnik the Gem of the Adriatic, but it's more than that—it's the whole jewelry box.

Dubrovnik isn't large, but the bus station feels remote, and it hard-ly lives up to the city's grandeur. The station is made of concrete and surrounded by chain-link fence; as I step off the bus, a crowd of cabdriv-

Lord Byron once called Dubrovnik the Gem of the Adriatic.

ers appears, holding signs, calling out names. One woman approaches, chanting, "Hotel? You like hotel?"

The woman is large and buxom, with broad shoulders and a blobby face. Her hair is dirty blonde and wrapped in a ponytail, and she's clad head-to-toe in a yellow jumpsuit. She's taller than I am, and as she leans in, my eyes zoom in on her large moles, which have sprouted uncomely hairs.

"*Hotel? Yes?*"

I recoil, annoyed, aghast. "I need to change my money," I stutter.

"Over here!" she says, pointing and following me to the exchange booth, which is only a few paces away.

Now this strange woman has helped me, and I don't know how to shake her. "Okay," I say, "one minute."

"Yes, yes! Exchange money! Is no problem!"

I place a hundred euro on the counter and slide them under the glass. A pretty young woman, looking elfish and bored, slides back the equivalent in Croatian Kuna. I pocket the ruffled new bills and ask, "Is there another exit to this station?"

"Again?"

"Is there another exit, besides the one over there? I want to avoid all the taxi drivers."

The agent looks amused. She gives me the snarky half-smile of a true Eastern European. "There is no other exit," she says. "Just tell them *no.*"

Just say no. Ha.

I try to beeline for the turnstile, but the woman in the yellow jump-suit cuts me off. Her body forms a wall between me and the exit, and her enormous head eclipses the sky.

"Hotel?" she says.

"I'm looking for something cheap," I say, hoping my honesty will shut her up.

"How much is cheap?"

"What have you got?"

She nods. She's not turned off by our negotiation. She doesn't mind that I'm being snippy. "In city, near Dubrovnik, my brother has place. Is forty euro. But there is another place, a little far away from Old City, is thirty euro."

"I'll take it!" I say. The words escape my mouth. My gut has spoken first.

Every agent and tourist, from Artan onward, has insisted that Dubrovnik is painfully expensive. But forty-five dollars per night is a deal anywhere. I'm tired of worrying about money, tired of moving; I've had my fill of strange faces and language barriers and border control. I thought Dubrovnik would be a pit stop, a place to change buses; maybe I'd look around, see some sights and take some pictures. But I'm stopping here. I'm making camp. For the next two days, Dubrovnik is my home.

The woman smiles creepily and says to follow her. We don't move toward the exit; instead, we go to her car, which is parked near the buses. It's a rusty clown car, small enough to fit in a dumpster. Already I love it. I sit next to the woman, who speaks in a raspy alto as the sickly engine rumbles to life.

"Only three kilometers from Old City. Is very easy walk. You like walk, yes?"

"I do!"

"Very beautiful for walk. Lots of good thing to see. You take picture?"

"I love taking pictures."

"Then is very good. And you see ocean, you drink beer, you see beautiful girls, yes?" When I laugh at this, she guffaws from her mannish diaphragm. "Yes, beer, girls. You see it all."

"What's your name?" I say.

"I am Regina," she says.

And just as she squeals onto the main road, revving over the rise with the speed and agility of a crazed drag racer, I recall that Regina, in Latin, means *queen*. We swerve around a corner, right in front of oncoming traffic, and a small part of me wishes that Regina is my long-lost Croatian aunt.

Regina's house is wedged between other buildings at the end of a gravel driveway. To get there, we have to turn off the main street, past a stout stone wall, accelerate up a steep incline, and drive between some children playing with a soccer ball. An old woman watches us park as she waters her tiny garden with a hose. The front porch is covered up with green plastic sheets, and two older men are sitting at a plastic table, drinking beer. It's two in the afternoon, and the table is already crowded with empty brown bottles. The older, flabbier man wears a white undershirt and stands to shake hands with me.

"My father," says Regina.

The other man is skinnier and raises a bottle in welcome.

"My uncle," Regina adds.

When we enter the house, I see a dark living room crowded with chairs. The kitchen is the size of a closet and covered in unwashed dishes and crockery. A small TV stands on a tower of milk crates. The worn carpet is grimy and colorless. We move through an accordion door and into a narrow hallway, and Regina reveals my room, where three beds await. They're small and tough looking; the sheets and blankets are firmly tucked into the mattresses, and the room has the trimmed-down look of army barracks.

"Will there be others?" I ask.

"No, no. Is only for you."

Regina hands me a keychain bundled with skeleton keys—each opens a different lock, for porch door, the screen door, the main door, and my room's door. She doesn't ask for money; instead, she says I can come and go as I please. Within minutes, she has flown out the door, ready to pick up more guests.

Regina's father and uncle don't offer me beer, but they invite me to sit down. The uncle has thin lips that are milky with saliva; every time he speaks, the frothy line separates and bubbles, like the mouth of a toad.

"I am upholsterer," he says. "This is very bad money. I like it, is okay. But no money in this." Soon he's talking about places he'd like to visit: "I want to go to Florida. Is very beautiful there. I go to Florida once, and is amazing place. Beautiful beaches. Beautiful women. I go there, one day, if I can."

Regina's father just nods in vague agreement. We chat for awhile, about nothing in particular—where I'm from, what I'm doing. The uncle complains more about how little money he makes. The father has apparently owned this house his entire life; for some reason, the uncle lives elsewhere, but spends most of his time here. I almost want to buy a six-pack and hang around with them, but I fear we'll run out of topics. The father doesn't speak much English and the uncle looks wholly dissatisfied with his life. Regina has told me, over and over, that the Old City is where I'll find everything I want. So I thank them for the conversation, grab my camera, and head down the street.

16

After a quick kilometer—passing pedestrians, dodging cars, spotting a little pub where men are dutifully watching a soccer game—I see a sign that reads: STARI GRAD. This means Old City, but above the words there is the graphic of a man walking. The universal pedestrian sign. This is the walkers' shortcut.

I turn down a steep stairway, which cuts between buildings and vanishes around a corner. Rooftops emerge, and the ceramic tiles are jungly with life—flowers bloom from the edges, grass and moss fill up the cracks. Each balcony is busy with potted plants and fold-out chairs and radios and ashtrays and garbage bags and jumbled wires. A telephone pole rises from the slipshod stone wall, and its wooden surface is completely coated in ivy; the vines spread along the wire like a cape of leaves and curled sprouts. When I finally turn the corner, a long walkway spreads out before my feet, broken every few paces into descending steps, the stone as smooth as a tabletop. This is my Yellow Brick Road, long and skinny and fenced in by ranks of houses; wooden doorways are announced by little signs, reading SOBE. They are munchkin hotels, hobbit-holes, dwarfish dens.

When I reach the Old City, the high walls and gatehouse are literally breathtaking; tourists crowd beneath the portcullis and stroll the moat, which has been converted into a mini-garden. The stone bridge that leads from the outside square into the walled town is wide and imperious. A guitarist leans against the wall and sings in a sweet tenor as tourists smile and brush past him. Teenagers take pictures of each other by the fountain and smoke cigarettes and adjust sunglasses. And beyond the linen-draped tables of an upscale restaurant, the sea opens up, peacefully glistening unto the horizon.

As I pass into the Old City, I can see that Dubrovnik never really had "city planners." When the Italians conquered the peninsula and built the walls, merchants started to construct their villas, using every inch of available space. Public squares served as bazaars—and still do, selling film rolls and souvenirs and blasé watercolors—but the residential streets of Dubrovnik are packed to the gills, leaving no room for private gardens or yards. Entering alleys that are only as wide as three men, I see that the greenery is reserved for the buildings' upper echelons—the orange trees cling to roofs, the fire-escapes are covered with potted plants. Seeing how cleverly, how precisely, the Croatians have decorated their streets makes me dizzy. I'm compelled to look in all directions at once, and the more I notice—a pigeon taking flight from a telephone wire, a saintly statue rising from a church's façade—the more nooks I long to see. Dubrovnik is a flipbook of postcards, beautiful to the point of hyperventilation. Here, California meets Middle Earth. No such place should exist in reality.

Opposite the Old City, a pillar of rock rises out of the water, topped with a fortress called Lovrijenac. The stairway that climbs the cliff has no handrail; it reminds me of pulp novels about lost cities, where adventurers climb decrepit stone steps above treacherous falls and enter forgotten castles. Except that pulp novel explorers never found park benches at the top, where skinny couples are lustily sucking face and running their hands along each other's waists. Farther up, a man in a cap stares at the sea, and beyond that, a nervous Englishman keeps grabbing his small son away from the cliff's edge. The little boy wants to move closer to the precipice, unconcerned that the ninety-foot drop would shatter his fragile bones.

"Come on, then," says the father, his voice quivering as he scoops up his struggling son.

"No!" the boy protests, kicking his legs.

Entering the fort costs money, and there's no brochure that explains Lovrijenac's history. I peer past the ticket table and see only an empty courtyard and a corridor strung with iron lamps. Taking a tour isn't worth the euro, and the view from up here is priceless. When I step outside again, I lean against the landing's wall and peer down at thirty-seven meters of air.

Later I'll learn that Lovrijenac was considered Dubrovnik's "Gibraltar," and it's a millennium-old symbol of Croatia's independence:

In the eleventh Century, Venetian princes planned to build a fort on the same site. This way they could establish dominance over the local people, then known as Ragusans. As the Venetians gathered the materials and drew up designs, the people of Ragusa spent three months building their own fortress. When the Venetians packed their supplies and crossed the sea, they found a brand-new Ragusan fortress waiting for them. They didn't bother to fight, because they had already lost. The Venetians went home, and Ragusa became a rival city-state for centuries afterward.

There is a sign above the gate: NON BENE PRO TOTO LIBERTAS VENDITUR AURO. "It is wrong to sell liberty for any amount of treasure."

17

In the square, I meet some Americans. They're sitting around a table and talking adamantly about their trip. Two elder men and two elder women, and each swirls a glass of red wine. Their Yankee lilts are so refreshing as I pass, and I can't help but gravitate towards them.

"Sorry to interrupt," I say, "but I haven't heard American English in days."

They chuckle politely and ask where I've been.

"Albania!" a bearded New Yorker exclaims. "Montenegro! You've been all over!"

The two married couples are vacationing, and they're spending most of their time on the Dalmatian Coast. Retirees, taking tour buses from one stunning medieval city to the next. One of them tells me she grew up in Pittsburgh and asks some random questions about the city ("Is Primanti Bros. still there?"). Their padded bodies are relaxed, their expressions carefree; they could stay at this fine restaurant or move along. They're staying a posh hotel down the street. Our conversation is nondescript, until the bearded New Yorker says, off the cuff: "Can you believe these roofs?"

"Roofs?"

"Yeah. They look original, don't they?"

I look across the cityscape, nodding at the tile roofs that I've admired all afternoon. "They are beautiful," I say absently.

"You know they were all destroyed, right?"

"Destroyed?"

"Yeah. You know the Serbs bombed this place, right?"

"Really?"

"Oh, yeah. All of these roofs had to be replaced."

"Such a pity," says the Pittsburgh-raised wife. "But they did an amazing job, didn't they? You can't even tell they're new."

Somehow, I didn't know that Dubrovnik was attacked. *More* than attacked: The Yugoslav Army lay siege to Dubrovnik for six months in 1991. Montenegrin gunmen positioned themselves on the cliffs above the city. Serb artillery fired from miles away. And the tiny Yugoslav Navy sailed into the harbors, shooting missiles into the Old City itself. The rooftops were decimated by mortar fire. Walls were machine-gunned and scrambling citizens were sniped.

Now, at last, the war is becoming real.

I was in seventh grade when the Yugoslav Army began to pummel Dubrovnik with shells. I was studying pre-algebra with Mrs. Scippione and English with Mr. Noble. I had home-room with Mr. Bolger and Aaron Sabolch was my best friend. As Europe's best-preserved medieval wall was blasted apart by Serb nationalists, I was preoccupied by Choose Your Own Adventure novels and *Star Trek*. Croatians rationed their food while I enjoyed Friday pizza nights. As I started drawing editorial cartoons for the *Tiger Times*, journalists dodged bullets to report Dubrovnik's suffering.

How little we knew, back then. My twelve-year-old brain reeled with world events: The fall of the Berlin Wall, the fall of Communism, Operation Desert Storm—what attention was left to pay Dubrovnik, a speck of 49,000 people? Even as I tried to read my Dad's *Time* magazine, glancing at pictures and sounding out exotic words, what was Dubrovnik to me? Who knew that Yugoslavia would split apart so dramatically? Who had even *heard* of the Croats, some obscure ethnic group in some unspeakable little country? How could their war of independence be any more important than African Apartheid, the invasion of Panama, our own Indian reservations?

And yet, as we half-noticed the troubles in Yugoslavia, bombs rained down on Dubrovnik. See the newsclips from that fateful siege: The ancient masonry chewed by missiles, the yachts exploding at their docks. Clouds of black smoke vomited from the center of noble monuments; Renaissance palaces gushed flames. Nuns panicked; women sobbed;

middle-aged men, bruised and bleeding, were gurneyed into makeshift hospitals. Nervous pedestrians crossed streets, their boots crunching over rubble.

All this because the Croats wanted their own state, and Serb nationalists wanted to suture their nations together. Because Montenegro insisted that Dubrovnik historically belonged to them. As Communism fell, mythology arose—warlords laying claim to ancestral lands, jingoistic brutes picked fights with ordinary citizens. In Vukovar, a city northeast of Dubrovnik, a militia defended against the Serbs for eighty-seven days; then the Serbs broke through, and 264 people were massacred. Twenty thousand Vukovars escaped to the countryside, homeless, helpless. A month later, Serbs spent a full day raining artillery down on Dubrovnik, the worst bombardment of the siege, killing nineteen and wounding forty just a few weeks before Christmas. Bodies were shot apart and liquefied by fire. Limbs were blown off.

Meanwhile, I played dodge ball in phys ed. I ate Thanksgiving turkey at my grandmother's house. An actor visited our middle school and performed a one-man show about Christopher Columbus.

Even after the Yugoslav Army ran out of ammunition and retreated, the Croats lived in constant fear of reprisals. For three years, Dubrovnik was still vulnerable to attack. At any moment, a militia could descend on the town, shooting up civilians before anyone knew what was happening. By the time a single Dubrovniak could breathe easy, I was halfway through high school.

18

I walk a long way—over hills, into valleys, past billboards and electronics shops. At a small shopping mall, I drink a two euro bottle of Fanta and attractive women in miniskirts gossip in Croatian all around me. I wander down a wooded road, past low-rent houses and a campground, emerging by a bay full of sailboats, and I slowly wind my way back to Regina's street. The tourists here are insular—gaggles of British mums in floppy hats, looking stern as they tote their shopping bags toward charter buses. Tanned Italian men roam the streets and hop on Vespas, holding court with friends and girlfriends before zipping away. Like Bar, nobody wastes time with me; unlike Bar, the atmosphere is casual. The young men look less predatory; the young women look less defensive. Families sun themselves on the hotels' private beaches; children walk home from school, examining me with big, curious eyes. This isn't just a vacationland; it's a functional town with more history than it can handle. The Croats are famous for their cleanliness, their attention to detail. None of the streets look raped by investors, as Bar did; UNESCO prevented a quickie post war makeover. Dubrovnik is a simple paradise, and that's all there is to it.

Around the corner from Regina's house, I take a seat in a little cantina and order a pizza. I ask the waiter what beer he recommends, and he looks flabbergasted.

"Recommend?"

"Like, what's a good Croatian beer?"

He shrugs his shoulders. "Ožujsko?"

"Ožujsko?"

"Well," he says, "that is the *best*."

"I'll take the best, then."

The waiter doesn't find this witty or endearing. He just brings me a bottle and glass and returns to his counter, where he smokes a cigarette and watches a music video with indifferent eyes. Every other customer sits in silence. When I finish eating, I swallow the last of my tasteless Ožujsko and pay up. Soon I'm opening four different doors to enter my room. Regina is absent, and so are her father and uncle. The house is empty and dark, and as I lie down, promising myself a few pages from my book, fatigue takes hold, and I pass out.

A month ago, I had an Episode.

I was sitting in my office at Duquesne, checking e-mail, and my hands started to quiver. The whole of my being—brain, heart, stomach—filled with the bile of regret. Not for the things I had done—women slighted, friends lost, mistakes made—but for errors yet to come. The fear and trembling of some future let down. Words I would misspeak. Insults I would sling. Friends I would cheat. I felt crushed by an avalanche of tomorrow's remorse, for every poor decision I would ever make. My head swelled; my vision pixilated. I suppressed the feeling during class, and none of my students seemed to detect my eruption; but when I left campus, riding the 71D back home, I felt powerless, everything emptied but fear.

Glasses of water followed. Deep breaths. As my Dad always says, *The last thing you want to do is panic.*

The sensation was novel, but its origins were old. After two decades of swelling confidence, I graduated college only two weeks before September 11th. *Bang.* My whole adult life, everything had gone "the other way": Politicians I didn't vote for waged wars I prayed would never come. Oil trumped the environment. Statesmen made claims, and when their words were questioned, the Statesmen yelled. The economy swooned and collapsed. And no matter how adamantly I opposed invasion and torture and wire tapping, there was nothing I could do. The majority of my countrymen *wanted* these things. I was holding back "our interests."

There's no reason to name names or pick apart policies. One ugly speech or dropped bomb is as horrific as another. The whole shebang made me queasy. Everything felt accelerated beyond comprehension—headlines whipped across TV and the Internet, figures and reports batted around without order or pattern. It was not enough to read the paper, or have late-night talks with friends, or consider protesting—protest what, after all? *Everything?* Or just one minuscule piece of the global puzzle? Sweatshops? The IMF? Afghanistan? Unequal pay? Unjust incarceration? What cause deserved all my time and attention, at the expense of all others?

My country has always promised choice, opportunity, meritorious advancement—and above all, *freedom*. But in our bloody battle for freedom, the word has lost its meaning. Freedom from *what*? Freedom is only understood when it's been lost—the media repressed, minorities brutalized, lives monitored. For eight years, my government could spy on me, secretly, at will. Real innocence is beside the point; plenty of blameless people have been locked away. I have to *look* innocent. Is this the liberty we sought? And if not, when can we relax our guard? Or does the tension only abate when we lose—or die?

No day is ever quiet—not with six billion people walking the planet. Not when most of them are hungry or ill or lost in a mountain of paperwork. My past year was busy, but it also vibrated in place—the motions of work and social ritual. The advent of familiar faces and complaints. And all around us—all six billion of us—swirled the suitcase bombs and bad loans and pyramid schemes that threatened full-blown destruction. Even now they swirl, at this moment, and for as long as people exist.

Grim thoughts. Fast breaths. But here's the ugliest thought of all.

Carried by the tide of history, what does any choice matter? Don't we live and die at the mercy of others' judgment? I think of universal joys: cherry blossoms, the pink fingers of a newborn, a glass of clear water on a hot day. But the joys are fleeting. Someone is trying to undermine us. Every human on Earth is despised by someone else. Someone hates a part of us that we can't control—the shape of our eyes, the tint of our skin, our place of birth, the hand we use to hold a fork. For these accidental traits, we must fear anthrax and hijackings and the status of our ID numbers. We cling to our credit scores, no matter how dubious their measure, because one number on an 800-point scale determines where we live, how we get around, the value of our lives. Is *this* freedom?

In 1991, people in Dubrovnik watched their friends get flayed by shrapnel.

A decade later, office workers were incinerated when planes struck World Trade Center cubicles.

The day of the Episode, I went to my bedroom and lay down. My head swam in a soup of trepidations. I didn't fear the mushroom cloud, the meltdown, the mugging, the wrongful imprisonment; the crooked cop, the stolen identity, the back alley gang bang, the skinhead lynching; the subway gas attack, the collapsed highway, the freak meteor or lightning strike; nor the spontaneous combustion, the heart murmur, the blood clot, the cancer diagnosis; not stray bullets from a drive-by, a show bomb, a race riot, a schizophrenic knifing; car crashes, faulty smoke detectors, gas leaks, viral outbreaks, bone infections, false harassment charges, mafia demands, a stock market crash, flash-flooding, food shortage, hurricanes, gang hazing, arson, lead poisoning, botulism, killer bees, burglary, gangrene from an unseen sliver; bomb threats, bank robbery, abduction by masked men or aliens; brain tumors, emergency amputations, electrocution by toaster oven or wall socket; erectile dysfunction, psychotic episode, hallucinogenic flashback, attack by rabid mammal—not at all.

To fear these things is to fear life itself. There's no point. What I feared, above all, was that I had not lived enough, when life was good, to accept these cruelties. If I could ever be ready, I wasn't yet. And when every second counts, every second must count.

And that's when I knew I *had* to see the Balkans—to see the aftermath of full-blown disaster. A world where all freedom was truly, totally lost. Where fear reigned omnipotent. Our nightmare was once Dubrovnik's reality. We are all destined for extinction; even our memories will die. But meanwhile, I must see that roofs can be rebuilt.

All day, I walk through the Old City.

19

All day, I walk through the Old City. An American choir sings in front of the medieval church as a ring of tourists listen, taking pictures with their cell phones. Pigeons flap across the sky, landing on rusted roof gutters. A drifter with long hair stumbles along a row of café tables, stabbing diners with his evil eye.

I climb every inch of the Old City—up stairs, across walls, along the stone pier, past restaurants and into a camera store. I glance at thousands of souvenirs and purchase nothing. I eavesdrop on a hundred conversations in half as many languages. For every mile I walked, I sip one cup of espresso on a vine-covered patio. The private beaches sprawl beneath me. The sailboats sail past, and bikinied passengers wave, just as I wave back.

Tomorrow, I leave paradise for grayer skies. My land route finally ends.

I meandered into a bunch of middle-aged men, all speaking German. They wear pastel polo shirts and some have sweaters wrapped round their necks. They amble slowly through the cooling air, into the darkening alleys, until they spot a sign and point:

COLD DRINKS
WITH THE MOST
BEAUTIFUL VIEW

"Most beautiful view!" they snicker, and together the ten German men migrate toward a corner of the old wall. There, cut into the masonry, is a passageway.

I marvel at this: In the Middle Ages, they called this a "sally port," a tiny gate that allowed besieged messengers to sneak in and out of a castle. This rough cut door is probably much younger, but the jagged edges look primitive, like the entrance to a troll's cave. The Germans peer inside and decide to keep moseying; I push past them, passing through the wall, and there, truly, lies THE MOST BEAUTIFUL VIEW.

The bar is like a Floridian cantina, with little concrete porches and steel hand rails; but the Café Buza clings to the edge of a cliff. At the foot of the city wall, just forty feet above the water line, Buza is divided into several tiers—a main floor, with steps that lead to a lower floor, and then a third floor below that, hovering just above the sea. Buza is hidden, latching onto the city like a stray barnacle. I descend the rough stone steps and find a table by the cantina's edge. A young, skinny waiter brings me a tiny bottle of white. I pour the wine and gaze at the water. The sun reclines into the horizon, and the Adriatic's glassy surface goes cyan, teal, blueberry. I sip and watch.

Frank Sinatra croons in the background. Above, couples sit at tables and giggle in the gathering dark. "Unchained Melody" starts to play. The air is cool and breezy, and the violet sky is as enormous as heaven. A cruise ship's lights wink on, but gradually, like stars coming out. Everything looks smooth, aerodynamic, except for the cliff, whose silhouette is a row of crocodile teeth. Bing Crosby sings from the little speakers in the ceiling. I blink back tears. Surely the afterlife can only be this.

A young American sits at the table next to me, accompanied by a young woman. The guy is pale white, plain looking, wearing a dull T-shirt and jeans; the woman is Asian-American, dark-skinned, skinny as a sapling, and her blouse is ruffled in all the right ways. They're both short, but otherwise they're a mismatched couple—beautiful woman, dull man. They take a long time ordering their wine, and the moment the waiter places two plastic cups on the table, the young man winces.

"Um, *cups?*"

"I am sorry, sir," says the waiter. "We have no running water here, so we can only use cups."

The American sniffs at this and waves the waiter away.

"*Cups,*" he scoffs. "You'd think they could find some decent wine glasses."

"No running water?" says the woman. "For real?"

The lamps are dim, but the American's Blackberry lights up, shining blindingly in the darkness. He raises it to eye level, studying the little screen, and knits his LED-lit brow.

"I'll bet I can get service out here," he says.

"Really?"

"Yeah, I'm pretty sure. If the city wall isn't in the way, we should have a clear shot to a cell phone tower."

"Huh."

"Yeah." He sighs, still staring at the phone as his e-mail pops into view. He dabs the screen with a finger, then shakes his head. "I can't believe we have to wake up so early tomorrow."

"Why?"

"Well, I just wish you'd gotten a later flight."

"I couldn't find one."

"You can always find one. You just weren't looking hard enough."

I'm finding reasons not to punch this guy in the throat. This is my actual thought process: *Think of a reason not to punch this guy in the throat.* My penchant for violent hyperbole returns in earnest. The ease and peacefulness of the Balkans have evaporated in two minutes. Now I am American again—*this guy is annoying; I must hurt him, physically.* My heart pounds; my cheeks flush. *What the fuck is wrong with you?* I want to scream. *How can you see this view, sip this wine, watch the sun set, see two cruise ships passing on the cabernet-dark horizon, and dare to complain about anything? Are you really so fucking shallow, you piece of bourgeois shit?*

I picture this young man in his California bungalow, lazing by the pool on yet another perfect sunny day, downing a mojito and groaning into his cell phone: *Yeah, dad's sending me to some place in Croatia. I'll probably take Tammy with me. It should be pretty sweet. I don't know where I'm gonna surf, though. They better have surfing there, or else this trip's gonna blow.*

How many of these wastrels have I met in my life? Not merely privileged, but *bored* by sensations that others would kill for. How many friends had to turn down my invitation—to join me in the Balkans—

simply because they didn't have time or money? How long have I saved and plotted for this two-week venture? And here's this guy, roughly my age, droning about cell phone service and inadequate plastic cups.

When they finally leave, dusk has fallen and everything is dark. I pour the last of my second pony bottle into the cup and carry it down the stone steps to the concrete landing. I can hear murmurs of other patrons above me, but there's nothing to see. More steps emerge, and I climb down to the water, where boulders pile on a pebbled shore.

On the largest rock, I see two black shapes—one masculine, one feminine—and as my eyes adjust, I see that they're holding fishing rods. The masculine form whispers to the feminine, and he whips the rod slowly across the deep violet sky, demonstrating how best to cast a line. When their featureless black heads jerk in my direction, I realize that I've been spotted; but they don't say hello, and the young man keeps whispering to his girlfriend, as if to paint over my presence with words.

I leave them to their nocturnal angling and climb the steps again. And soon after I reach the uppermost tier, debating whether or not to leave, a line of students seeps through the walls and descends the steps. They move quietly, gingerly; they are entering another world, these thirty young men and women. I hear giggles and snatches of German and English. They slide between tables and chairs, and still more are coming—blondes, brunettes, skinny girls in skirts, heavyset girls with crew-cuts, gangly young men, and men the size of hippos. They are youthful and bubbly, and they flood the main patio, absorbed by plastic chairs, and soon cigarettes flicker and laughter erupts, and the air thumps with toasted plastic cups. The poor waiter is overwhelmed with orders for Ožujsko and exotic cocktails. I hear him explain a dozen times that there is neither kitchen nor running water, and students roll their eyes. The waiter scrambles to set bottles in front of impatient faces and print out receipts and place them in the right hands.

When the waiter passes me, I say, "I can't believe you have to work here alone."

He tries to shrug it off, but the stress is clearly wearing him thin. "This is my job for six years."

"It must be nice to work in a place with such a beautiful view."

"Not after six years," he chuckles, breathlessly. "Now I never notice."

Then he flees to the cash register to pound a few hundred more numbers into his keypad.

I'm at an impasse—I can leave or try another risky conversation with these young people, whoever they may be. Four attractive young women sit in a circle and speak in German between sips of beer. There is a longish pause, and I seize my chance: "*Entschuldigung,*" I say, "*aber was ist diese Gruppe?*"

It's my usual weird, tortured version of German, but they understand. "We are students of victimology," one explains.

"Victimology?"

"Yes."

"I'm afraid I've never heard of it."

"It is a very common course of study," says a second.

"Maybe it has a different name in the U.S."

"No," she corrects. "This is the term in America."

Her tone is prescriptive, condescending. *She* doesn't study an obscure field; *I* am simply too ignorant to have heard of it. But I ask them more about victimology. Is it psychology? Sociology? History?

"It is all of these things," the first *Fräulein* says. But then she adds: "It is like social work."

Now it comes together: Surely a branch of science must be about more than weeping over victims. And a generic sense of *healing*—the New Age obsession—doesn't seem serious enough for the Balkans, nor worthy of a batch of intelligent international students. Since the Germans seem convinced that I should know victimology already, I stop my inquest; I decide that victimology is social work for victims of violence. And all of these students, crowded around tables, gossiping excitedly, slurring and slapping each other on the backs, have enlisted to conduct social work with victims.

I meet Americans as well—most from the University of Minnesota—and once they warm up to me, I'm invited to the next pub, deep within Stari Grad. We pass through the wall and along the alleys and down a treacherous flight of steps. They gab and hug and exchange rumors; they prance in groups and shout to each other across the square. Surely we are a merry bunch of victimologists, climbing into a second-story dance club and ordering giant steins of beer. We guzzle heartily as we throw darts and shout over the music, and two victimologists—the thicker, butcher women in the bunch—sip glasses of absinthe and scowl, for this is their first taste of the licorice liquid. Their two professors join us, one a bearded little man from Minnesota and the other a round little man from Sudan. They are already tipsy when they enter, teetering, and they slur as comfortably as their students.

One skinny, straight-haired American girl pats her muscular friend on the chest and assures me that he will take care of her in an emergency.

"I'm her designated walker," the muscular friend confides.

By the time I leave—at one in the morning—the dance floor is crowded with gyrating American victimologists, and the alley is crowded with cigarette-puffing victimologists, and I, staggering along the cobblestone, promise myself to socialize with victimologists more often.

20

When I wake up, groggily, the next morning, I regret my judgment of them. Over coffee I recall some better conversations: A young man from Toronto explained victimology in responsible detail. For him, a criminal justice student, victims of violence and poverty are the key to understanding future violence and poverty, since these things tend to circulate in endless patterns. I learned gradually that these rowdy, drunken revelers were all *graduate* students, and some would pursue PhDs. Victimology seems less theoretical now, less a flaky pastime and more a tangible science.

But one thing irks me still: This class is studying victimology in the Elysian safety of Dubrovnik, where victims of a six-month siege could at least bask on Adriatic beaches and heal their sorrows in the clear blue sea. Nobody starves in Dubrovnik, and tourists and NATO will protect Dubrovnik from the first hint of future war. So why study *here*, in this nation only nibbled by violence, when Bosnia lies only thirty kilometers away? If suffering cannot be measured, then surely we still know, in our guts, that the trauma of Croat veterans requires fewer victimologists to recover than war-ravaged Bosnia? Croatia was deeply hurt—just as Serbia was deeply hurt—but Bosnia was ruined as fervently as hatred and creative brutality made possible.

I finish my cappuccino and think, *Isn't Bosnia the perfect opportunity? And haven't they missed that opportunity, in favor of scenic medieval cities and seaside partying?*

Yet my jury is hung. Their hearts are in the right place. They are nice people, thoughtful people, kind enough to invite a stranger to join them. And they're students; their journeys are plotted by their professors' itineraries. Students can't pick their own curricula.

But I can. Today, I see Bosnia.

Bosna i Herzogovina
{Bosnia}

Is this really Bosnia?

21

Is this really Bosnia—a place where every mountain is more beautiful than the last? Where the river roils beneath us, and bold cliffs clump like clouds above? I've never seen the Alps up close, but could they rival the snowcapped peaks in the distance, tinted eye blue? Who built these bridges, which seem to fling their steel girders across the pass? How could highway tunnels look as natural as caves, blasting us through the dark, hurling us back into blinding sunshine?

No news footage prepared me for these sights—the ebb and flow of primeval escarpments, bronzed and thicketed. The afghans of evergreen forest drape into crevices, halting abruptly at the road, and the road drops abruptly to the frothy water, and across the river an opposing rock face surges into the sky. How many times have people told me of Bosnia's beauty, and how many times did I not understand? And who could picture, in their wildest dreams, a countryside so crudely carved, where glaciers and hail have failed to smooth the crusty crags, and each apex is surmounted by another, brawnier peak? Buildings flash past us, along with occasional trucks and cars, but the view is dominated by jagged ranges, climbing exponentially higher, as if the cosmos struggles to contain them.

Our bus feels infinitesimal in such a place. A pinprick on the planet. Here we are, a dozen people scattered among our seats, our lifetimes hardly a clock-tick when measured against these prehistoric hills. How many merchants climbed through these gullies, thinking they had left the tangible world? Far from the Adriatic Sea, far from Grecian plains and nameable towns, Bosnia disrobes all at once, and its nakedness induces waking dreams.

In their respective seats, my fellow passengers take pictures and shoot digital video. When they speak, they murmur to each other in Italian. The language surprises me—how come everyone aboard speaks

Italian, and not something more Slavic?—but by now, everything surprises me. The bus bumbles along the road, speeding up and slowing down, spitting gravel beneath its tire treads, but we venture further into dreamscape—impossible topography, hiccups of perfect views, sights that no human deserves to see.

I think of all the people who died here. The villages burned, the people shot and hastily buried. Like all pilgrims, I am swept up in beatific romance. In a place of such distracting loveliness, who would dare to lift a gun? Why conquer and not simply worship? How could armies lash at each other's people in a place so golden? Why couldn't they fight in an uglier place—a sadder, rainier patch?

But another feeling starts to haunt me: If I lived here, found my god here, could trace all my ancestors to this place, and someone attacked me, could I imagine fighting for this homeland? And could I kill? Would I enlist? Could I excuse atrocity, to keep a land so dear?

When the bus pulls into a gravel lot by the side of the road, I see a roadhouse built out of dark wood beams. The windows have small rectangular panes and there's a porch that billows smoke. As I approach the porch, I see a network of troughs that spill over a pair of waterwheels. But the wheels aren't used for grinding meal; instead, the wheels rotate a pair of spits, and each spit has skewered the skinned body of a lamb—heads, legs, and all.

The picture is so romantic—the spinning wheels, the trickling water, the golden meat roasting over an orange bed of coals; the half-timbered walls, the wood-shingled roof, and then, just beyond the building, a sudden drop into a fertile valley. Below, the snake of the river glistens sunlight, and lush pads of grass roll over hills, and ranks of pointed forest undulate toward the distant mountain—a Matterhorn, an Everest—splashed with snow. I have stepped into a Transcendental painting, a landscape more concept than reality.

When I step through the roadhouse's door, I find an old-fashioned restaurant—quaint wood floors, scattered tables topped with linen, a long bar festooned with overhanging wine glasses and pitchers. The rustic air is charming, like an old hunting lodge, a vintage ski resort. As I move toward the back, I see a table in a raised nook. A half-dozen passengers from my bus have gathered there; they speak rapid-fire Italian and order pony bottles of Perrier and Fanta. They are young and serious looking. All of them are fit young women, except for a lone young man with spiked hair.

There is also an older woman—no one has ever looked so matronly. She is petite and compact, and her fibered silver hair is shorn into a handsome pixie cut. Her eyes are bovine, operatically expressive. She glances my way, and she gestures with her hands—pulling toward herself, as if toeing a rope that connects to my body.

"Come join us," she hums in a resonant voice.

I'm relieved by the invitation, but even if I wanted to be alone, I could never refuse this woman. She is beautiful—beautiful in the way of queens and Valkyries—and also powerful, commanding. There is an aura that surrounds this woman, and as I take the corner seat, I feel as welcome as a nephew.

"My name is Anna," she says, her voice a stage whisper.

"Robert," I say.

The younger women jump to attention, throwing out their fingers for hearty handshakes.

"Contenza!"

"Aniela!"

"Teresa!"

"Nice to meet you," I say after each name—and then, because I'm the newcomer, I add: "So how do you all know each other?"

"We are actors," Anna says. "And dancers. We are performing at the theatre festival in Sarajevo."

I balk. My smile is broader than it's been for a week. "*No kidding*," I say. "Then you won't believe what I do for a living."

I imagine being a cardiologist and ending up on a busload of heart-surgeons. Suppose I was a baseball pitcher and boarded a bus full of cricketers. Here, on the other side of the planet, in a country that so few Americans visit, how are we outsiders with everything in common?

I explain, as succinctly as I can, what I do—an arts critic, a playwright, a stage actor—and Anna slowly beams, as excited by our shared passions as I am.

"You must come see our performance!" Anna implores. "You will be our guest!"

I return to the bus with a half-dozen new friends. Clearly I need to visit Italy.

Sarajevo comes gradually. First I see scattered farmhouses, gutted by fire and bombing, the windows empty, the roofs stripped away. Then healthier buildings emerge, with gates, green yards, trimmed bushes. And then, all at once, the city bursts into the sky—concrete high-rises shoot upward, each wall lined with windows and balconies like the keys of an upturned piano. As we motor along the wide highway, the buildings gang up on us, surround us. We are hedged in by concrete; concrete walls hem the wide concrete sidewalks.

The bus makes a lazy arc around a chain-link fence, and when it stops, I fear there's been some mistake. The parking lot is enclosed, and although the highway is nearby, we seem close to nothing. The tall dormitories are just far enough away to concern me. No skyscrapers connote a commercial center. In my guidebook, I scour for a map, but there are no landmarks in sight. The closest building to the bus station is the train station. And since there's nothing here, I will go there.

Anna and her troupe unpack their bags, forming a large pile of suitcases and backpacks on the asphalt. As they take stock of their belongings, Anna spots me and waves. "We will see you at the performance?" she says, half question, half instruction.

"I'll see you then!" I say. I want to linger with this coterie of beautiful Italian women, but I think better of it. I have no reservations in Sarajevo. It's now early afternoon, and I must establish headquarters. I need a place to dump my backpack and make plans. There is only a week left, and time is of the essence.

22

As I walk down the street, over a bridge, past a mosque and its short peripheral wall, my backpack straps burn my shoulders, and for the first time since Athens, the weight of my gear overwhelms me. I'm ready to relieve my spine, to fling my backpack in a corner and forget it for a few days. Feeling sweaty, dirty, my feet aching, I'm ready for a place of residence.

I find two young women, sitting on a stone retaining wall in the park. When I reach them, I realize how young they are—their eyes sparkle with violet liner, their hair is wrapped in colored scarves, not in a traditional way, but bound like colored ponytails. They're teenagers, and I feel suspicious even talking to them—I, an unwashed, bearded foreigner carrying his belongings on his back; they, a pair of skinny pubescent girls in lowrider designer jeans.

"Excuse me," I say, "could you tell me how to get to Mula Mustafa Bašeskija?"

"Again?" says one. They trade the glances that teenaged girlfriends do: *Who the fuck is this guy?*

"Maybe I'm not pronouncing it right," I say, leaning in with my guidebook map. "*Moo-lah moo-stah-fah bah-shes-kee-yah?*"

They glance at each other again and break into giggles, then they shrug their shoulders. *I have no idea where that is. Do you?*

"I don't know," the first says apologetically. "Maybe over that way?" She points in a random direction, behind her shoulder. This is clearly a shot in the dark. Somehow when locals guess directions, they perceive this as being polite. But I have done the same thing, so I thank them, walk in the direction they recommend, and immediately turn around and ask an old man, who also guesses politely.

Youth is everywhere. Teens cluster in corners, lick ice cream off spoons, cross in front of cars. Teens bomb down alleys on motorbikes, while more teens crouch in the park and flick cigarettes into the streets. Nobody seems to be watching these teens, who strut and puff and slouch in their mother-washed clothes. Where did all these teenagers come from?

After two hours of getting turned around, I turn a corner and find Mula Mustafa Bašeskija—at last!—and hike down the street. And all at once it hits me: These kids who flood the street must be fourteen-, fifteen-years-old. Which is exactly how long it's been since the cease-fire began.

This was Bosnia's Baby Boom.

In a flash, I imagine ten thousand couples reuniting—soldiers and wives, boyfriends and girlfriends, lovers and loves. They meet at the airport; they rendezvous at their blown-apart houses. They embrace, they kiss passionately. They weep with joy. *How is it possible we are alive?*

And then they make love. They rend their clothes from each other's bodies. Or they hold hands over café tables and just stare at each other. *I want to have children*, say the women. *I want to have your children. I want life to matter again.*

Yes, say the men. *Yes. That's all I want. Money problems and wrecked houses are a lesser concern. Worry about those things later. The war is over. Let's make love for a change. Let's stop digging graves and start filling cradles.*

And now I see the fruits of this rekindled love—young men in T-shirts and sunglasses, young women in headscarves and wrapped dresses. The streets are deluged with Bosnia's future—people who never saw a bomb fall, people who will outlive me. How fitting that I am asking them for directions.

But my romantic notions melt when I remember that not all these children were planned. At least not by their mothers. Some of these fresh faces will never know their fathers. Some—maybe that daughter, that son—are the progeny of hate.

I must ponder this later, though. For now, I need a place to sleep.

Here is the Old City.

23

Here is the Old City. I turn a corner, and it appears: A vast open square of paving stones, framed with kiosks and shops, centered with a squat wooden tower. A mosque hunkers into the corner, its minaret rising against the nearby hills. After two hours of searching, scouring the streets for a reasonable hotel, now they're everywhere—HOSTEL, ROOMS, SOBE, YOUTH HOSTEL, GOOD RATES—and I am showered in relief. Now we're getting somewhere.

My guidebook lists three agencies, and when I step into a corridor, which leads to a central court, one of these agencies pops into view. It's a little window with a half door, and a roly-poly man with glasses sits inside the office, playing videogames on his desktop. We greet each other, and he says his name is Sid.

"Sid?"

"Yes. Very similar to the American name. You are American?"

"Yes, indeed."

"And you are staying in Sarajevo?"

"I hope so."

Sid chuckles—a chuckle both polite and earnest. He wears an unflattering white T-shirt and equally unflattering cutoff jeans. He looks like a bookworm headed for the beach. When he taps at his computer and takes a breath, he says, "There is a room, about two kilometers away, that is very inexpensive. But this is not close to here."

"Anything else?"

"Another room—it is *very* close to here, a ten-minute walk, is available for thirty euro."

"I'll take it!"

He chuckles again—this time at my enthusiasm. I'm familiar with this amusement; even in America, far from dreary Eastern Europe, my friends shake their heads at my upbeat demeanor. Sid passes paperwork in front of me, my signature rolls over the forms, and he makes a phone call. In a few minutes, a driver will arrive.

"Busy lately?" I ask, for small talk's sake.

"Sometimes, yes. But later in summer, we have more visitors."

"Do you get very many Americans?"

"A little. But this is not so common. I like the Australians. They are good people, very entertaining."

"Who are the most annoying?"

"The Germans." His eyes roll. "They are very particular, and not very friendly. They say things like, 'I want the room this way, I want these things,' and then they never say thank you. I was a student in Austria, I speak excellent German, but when I try to speak with them, it is as if I do not exist. They are very rude."

We talk for awhile, until an older man bursts into the court. The man is skinny, spry; what remains of his hair is earl gray. "We go!" he exclaims. "No problem!" He ushers me to the door, so I thank Sid and follow—but within seconds, the man has vanished behind the corner. On the street, the old man moves like lightning, striding quickly across down the pavement; his legs pivot awkwardly, and I can tell that his hip pains him. Parked between a median and a gazebo is his tiny car; the old man rounds the hatchback and stands by the passenger side door, pointing emphatically. Then, as I huff to catch up, the man opens the door and sits down.

Wait, what?

The old man sits in the passenger seat, and in that second, I wonder what he expects of me. *Am I supposed to drive? He can't possibly believe that I'm driving this car. I can't even legally drive in the U.S., much less in Bosnia. What the—*

Then he slides over—vaulting himself over the gearshift, landing in front of the steering wheel. And it dawns on me that the driver's side door is broken.

I slam the door, cradling my backpack, and before I can say, *Thank you*, the old man revs forward, pitching us into the traffic, and we scoot around the median, boomerang around the bend, and U-turn up a steep hill. The storefronts flash past us, and I catch only snatches of awnings, faces, brass lamps displayed in windows. At the middle of the hill, the old man brakes for the stop sign, and my body flops forward; when I reach for the seat belt, the old man flaps his hand dismissively. "No, no," he mutters. "No problem."

No problem? Or no seat belt?

But then we're pulling forward again, and my skull bangs against the head-rest. We motor upward, past a cemetery, and I realize that I've seen this cemetery before: The gradual slope of green, the forest of white-marble headstones—this is the Martyrs' Cemetery, where the soldiers who died defending Sarajevo are laid to rest. But before I can point and ask, a medieval tower blocks the view, and we're screeching left, into a narrow alleyway. Children playing soccer flee to the sidelines, making way for our mad vehicle. And then, abruptly, we stop. My chest depresses against my backpack, and I thunk into place.

"No problem!" the old man sings, and signals me to move over so he can get out.

The wooden doors are thick and wide, like the entrance to a castle. I hear steps in the distance, the jangling of keys, and then the old lock clicks and a man greets us. He doesn't make eye-contact, but he invites me in with a wave. He says something to the old man, who says something back, all in Bosnian.

"Mirza," he says, shaking my hand anemically.

Mirza looks distracted. He is tall with a padded stomach; his shoulders sag, a look of perpetual surrender. His face is soft and dusted with hair, and his glasses give him a studious appearance. He looks remarkably like Sid.

"Please, have a seat here," he says, pointing to the white table in the corner of the patio. Mirza sets down his ledger and sighs, flipping through the pages of meticulous penmanship. "I will need your passport." He records my name, nation of origin, birth date, and the dates of my stay.

"Now, these are some rules," Mirza begins. "You must remove your shoes before entering the building. You may keep your shoes next to the wall, in case there is rain. I will give you a key, for your room, but we do not give keys for the front gate, because this is always causing problems. But this is no problem for you, because there is *always* somebody here—myself, or my father, who has driven you here, or one of these men who is doing construction. You may not have food or drink—in particular, alcohol—anywhere in the hostel. If you bring in food, you cannot stay here. I'm sorry, but this is the way it is. Once we were a party house, but we are not a party house now, because this is too difficult—for cleaning and organizing, it is too difficult. When you use the shower, the water heater is located above the shower, and you must press the button in the middle of the light switch, and keep this on for fifteen minutes before the water is warm. But please, *please*, when you are finished, you turn off the water-heater, because this electricity is very expensive. *Very* expensive, as in bills that are quite simply unbelievable. What else?"

Mirza stares off, as if mulling over painful memories of cruel guests. His voice is breathy, almost desperate. His every rule seems to have chaotic origins—lessons harshly learned.

"Oh, yes," he continues. "When you turn the key in your door, you must turn it around twice, so that this is completely locked. The sheets are of course complementary, and also the blanket that is folded on your mattress, but if you are needing some more blankets, these will cost two euro each. They are stored in the closet next to your bed."

"Now, if you wish to visit the Old City, this is a very easy walk. You only take a right out the front door, and walk maybe thirty meter, then turn right down the hill. And you pass the cemetery that is here, and you walk down the street to the Old City, where there is market and shopping and things like this. And you can walk the whole way, this is very easy. My father, he drove you here. And he must take strange turns, because all these streets are for one-way traffic only." Mirza opens a tourist map and begins sketching his father's route on the white streets with his ballpoint pen.

"So he took a right here, down this way, and then a left here, which seems absurd, but it is because of the one-way traffic. The police here, they always want to fine the people, and if my father, for example, makes a mistake and drives down the wrong street, he will be fined thirty-five euro."

Mirza writes this figure in pen on the map, next to his father's route. He circles this figure and dots it, unaware that I can't legally drive anywhere in the world, and one-way streets are the least of my concerns.

"When you enter the trolley," Mirza continues, "you must remember to stamp your ticket right away, because if you do not stamp the ticket, someone, like the police officer, will give you a fine. I am very serious about this. There are many agents who work for the police who dress as normal, everyday people, because they want to give you a fine. The fine for this is twenty-five euro. So you *must* stamp your ticket. It is very important—"

"I hate to interrupt," I interrupt, "but is there a curfew?"

"Curfew?"

"A time that I need to be back at night?"

"Oh, no. You can come anytime. Come and go as you please."

Mirza should amuse me—his ultraspecific rules, his no-nonsense demeanor. A part of me finds this all quaint and funny. But there's something amiss about Mirza: his scars.

Over his lips and forehead, Mirza's skin bears old cuts. They have healed, and they're invisible from a distance, but up close, Mirza's face in engraved with untold wounds. Did these come from a car accident? A bad run in with a window? Or something worse? I decide not to ask. Some questions must remain questions.

I drop my backpack. Take a shower. Now I'm really here. Next step: I need to call Amila.

24

The bullet holes are like acne on pale faces. There are big blemishes and long tears that scar the plaster, and in between are hundreds of tiny blackheads, pocked by high-powered rifles.

Sure, I've seen bullet holes before—in shop windows, the circular shatter of a stray shot. But I've never seen anything like this: Entire walls flecked and chipped, bitten and pecked. The widest gashes are like vertical potholes, oblong circles punched through the wall's smooth skin, exposing the brick inside.

Most of the Old City is rejuvenated. I pass an entire city block and see only fresh façades—bright signs, stone arches over doorways, clean shop windows displaying cell phones and watches. But then I'll turn a corner and see these galaxies of puncture marks, holes unfilled, mortar broken away. Buildings on the main streets are lucky—they've been refurbished, rebuilt, made over so that the war's damage is invisible. Then I turn a corner, into a side street, an alley, and I see the houses still nursing wounds. Some walls await a single spadeful of wet cement.

Later, someone tells me of a man who served in the Bosnian army. He was stationed near his own house, on his own street. The soldier's family had evacuated, but he stayed behind. Each day, to pass the time, he would count the number of shells that struck the street. As the days turned into months, he added the total number of exploded shells and divided this sum by the total days of his positioning. On average, three hundred blasts rattled him each day. Three hundred times a day—once every five minutes—a shockwave would quake his marrow, rattle his teeth, burn behind his eyeballs, quease his belly. Three hundred times a day, the soldier was reminded that the next target might be his own house, his own soft flesh.

I turn a corner, and there is the Latin Bridge.

The bridge is a smooth stone span. Two large holes puncture the arc, and I later learn that this is to prevent collapse during floods. Now, a century after the horse and carriage, the bridge is reserved for foot traffic. Men and women cross without care, moving from one side of the river to the other.

In the middle of the bridge, a man is slumped against the balustrade. He wears a camouflaged army uniform and a grimy blue shirt. He rests there, watches the foot traffic, waits for alms to plunk into his small cup. The man would look like any other panhandler—old and white haired, eyes narrowed with confusion and angst—except for his right arm, which is cut off just past the shoulder. The naked stump abuts from his shirt, and it's clear that this man is a war veteran, or at least trying to pose as one.

I stand across the street, not sure what to do. It's strange to see such a hearty symbol; I feel starstruck, as if the Latin Bridge were a celebrity handing out autographs.

In 1914, the Archduke Ferdinand rode this very street in his motorcade, having arrived, with great fanfare, in Sarajevo. As Emperor of Austro-Hungary, Ferdinand took a great risk to visit this contested protectorate. The Austro-Hungarians were the most recent conquerors of Sarajevo, and they lorded over the local people without much regard for the mostly Muslim populace. Sarajevo was considered part of Serbia at the time, newly wrested from the faltering Ottoman Empire, and the Serbians were eager for independence. Moreover, the city was peppered with anarchists, who were plotting the Emperor's demise.

Nearly a century later, historians still argue about the details of the assassination plot. This much is certain: When Ferdinand rode his motorcade from the railway station toward the Old City, a man named Nedeljko Čabrinović threw a bomb at the procession. The bomb was small and dark, shaped like a liquor flask. But when Čabrinović threw his grenade, it bounced off the Emperor's car and landed beneath the next vehicle; the explosion flung shrapnel into the street, wounding twenty people. But the Emperor was unharmed.

Čabrinović swallowed cyanide pills and leapt off the wall, into the Miljacka River, but the pills weren't toxic enough to kill him, nor was the

I turn a corner, and there is the Latin Bridge.

water deep enough to subsume his body. When police fished him out, Čabrinović was savagely beaten by the spectators lined along the street.

Ferdinand was frazzled by the event. After all, he was accompanied by his wife, Sophie, Duchess of Hohenberg, and whatever the perils of Ferdinand's royal position, he must have doubly feared harm to his wife. They arrived safely at the Town Hall, made speeches there, and then re-entered their motorcade, heading toward the local hospital. Ferdinand planned to visit the civilians wounded in the bombing.

And this is one of the strangest moments in European history: Gavrilo Princip, a confederate in the assassination, was having lunch at the Schiller Café. He somehow caught wind that the Archduke had survived the bomb blast. Several men were involved in the plot, but one way or another, they had all hesitated or failed to kill Ferdinand. So Princip left the café, went to Franz Joseph Street, and drew his pistol. Princip pushed through the crowd of spectators, moved to the slow-moving motorcade, and fired. One bullet hit Ferdinand's jugular, and another hit Sophie in the chest.

That's one story, anyway. Other witnesses claim that Sophie rose from her seat to protect her husband. In a third version, both were shot in the chest. Some say that Ferdinand implored his wife, "Sophie! Sophie! Don't die! Live for our children!" When asked about his wound, Ferdinand ignored the blood spurting from his neck and said, over and over, "It is nothing."

Whatever happened, Princip shot them both in cold blood, at close range, and both died from their wounds.

Ferdinand may have deserved his demise—the Austro-Hungarians were cruel, xenophobic conquerors—but I find it strangely romantic that Ferdinand and Sophie died together, slumped in their motorcade, she dressed in an elegant gown and feathered hat, he in a buttoned officer's uniform. I think every couple dreams of this—a quick death, together, simultaneously.

What followed was less romantic. The reaction was swift and ruthless. Austrians rioted in the streets of Sarajevo, trashing storefronts, beating Serbs, and setting fires. Glass was shattered and buildings burned to the ground. Men and women were crushed beneath horse hooves. In Sarajevo's long history of peaceful coexistence, Austria's revenge against the rebels was particularly brutish.

But this event, as traumatic as it was, drowned in the bloody ocean of World War I. After eight million soldiers died and fifteen million were wounded, who bothered to remember an afternoon of rampant hate crimes? After most of Europe was pulverized, reducing entire regions to a pulp of mud and trenches, who cared about the war's origins—a simple shooting by a radical at the edge of the Latin Bridge?

It might be easy to re-imagine the assassination, since the street and buildings are still intact. These are roughly the same facades, and here's the same bridge, the same street with the same Edwardian name. At this innocuous intersection, ninety-five years ago, the world changed completely. But I'm distracted by this lonely panhandler, sitting against the stone. I see the stump of his blown-off arm, and I see people pass by, ignoring his crumpled body.

Walking up the tilted road past the cemetery, I hear the Call to Prayer.

The low, flat tone of the *azan* throbs from the loudspeaker, and the words unfurl in the damp air.

> *Bismillah ar-Rahman ar-Raheem,*
> *Al hamdu lillaahi rabbil 'alameen*
> *Ar-Rahman ar-Raheem Maaliki yaumid Deen*
> *Iyyaaka na'abudu wa iyyaaka nasta'een*
> *Ihdinas siraatal mustaqeem*
> *Siraatal ladheena an 'amta' alaihim*
> *Ghairil maghduubi' alaihim waladaaleen*
> *Aameen.*[1]

---

1   In the name of God, the infinitely Compassionate and Merciful. In praise be to God, Lord of all the worlds. The Compassionate, the Merciful. Ruler on the Day of Reckoning. You alone do we worship, and You alone do we ask for help. Guide us on the straight path, the path of those who have received your grace; not the path of those who have brought down wrath, nor those who wander astray. Amen.

The grainy timbre seeps down one road, then another road, moaning from a half-dozen minarets. And as I climb, the cluttered valleys of Sarajevo sprawl longer and wider, and the voices overlap in rounds of beckoning moans, so that the noise of traffic stills and not a single bird trills or caws, and the voices of all those muezzins are a single harmony, slipping under doors and wafting through windows, turning the world into a song for God.

Nine years have passed since I visited a Muslim city—Mombasa—and it's been just as long since the song of Muslim communion washed over me. The street is empty, so I can't see the tidal pull of this mysterious chant, the Muslim men and women who drift to their nearest mosque and quietly separate. They splash water over their hands and faces, their shoes slip off, their prayer rugs unfurl, foreheads press into the floor, and the silent words, spoken only in their minds—the wishes and thanks shared with the Master of the Universe—are invisible to me. A feast of thoughts. A billion mortal hearts basking in the same divine love.

Church bells may toll the hour, but the *azan* is global penitence.

25

I'm not sure how to work the payphone. There is no slot for coins. When I ask strangers on the street, they say I need a phone card. When I ask the women in the kiosks for a phone card, they say to visit the post office. When I ask where the post office is, I'm given tangled directions, but at last I track down the right stone building, the right window, and the right clerk. Soon I have my card, I'm standing at a payphone, I'm dialing. Within seconds, I will speak with Amila, my high school friend, for the first time in over a decade. The phone beeps in my ear. I can't believe this is happening.

I also can't believe that Mirza didn't let me use his phone for a local call. "It is very expensive," he said. "Perhaps we could make an arrangement…"

I opted out of an arrangement. Mirza seemed like a nice enough guy, but I'm not eager to cooperate with his fastidious rulemaking.

"Hello?"

Amila's voice almost startles me. It's exactly as I remember it, even through the receiver's mild static.

"Amila, it's Robert."

"Robert?"

I suddenly remember that she knows me by my nickname. "It's B.J."

"Oh, my God! B.J.! Are you in Sarajevo?"

"Yes, indeed."

"Oh, my God! I can't believe you're *here!*" Our talk is brief, strategic. "Wait for me by the Eternal Flame," Amila says. "Have you seen it?"

"Yeah, I think so. I didn't know that's what it's called."

"It looks like a tire that's on fire."

I burst into laughter. "I know exactly what you're talking about."

"I'll meet you there at two o'clock."

My fingers tingle as I lock the phone in place. It's been twelve years since I last saw Amila. Nearly half my lifetime has passed since our graduation day. And what do I remember? Amila, her dark hair, sometimes long, sometimes mushroom cut; Amila, lips full; her large and expressive eyes; her skin that always seemed tan. Long peasant dresses, as I recall, with dark floral patterns. Didn't we share homeroom? English class? So much is missing: the daily interactions, the hellos, the how-are-yous. What did we ever talk about, if anything? She hated my best friend, because he was a bullying nerd. He made fun of her somehow, but how? All the times we passed in the halls—did we half wave, or were we carried by our separate throngs?

What a different person I was—skinnier, weaker, fearful of meeting eyes. My pleated pants; my parted hair. Patterned sweaters and hiking boots. My love of Latin. My years of fencing epée. A cowering existence, chaste against girls and foul language and roughhousing. A literalist ship in a sea of sarcasm. Every smirk and tic significant. Worming my way from one month to the next, a tunnel of braces and failing algebra and sketching alone in Mr. Eddie's art studio. What embarrassing portrait has Amila preserved? Now that I'm thicker, bearded, a rugged reincarnation of that soft teenager—will she even recognize me? And how fitting, that we should rendezvous at a burning tire, an Eternal Flame?

I wait for Amila. The street is a flurry of people—shoppers, tourists, businesspeople, crisscrossing the sidewalks and streets. Some people take pictures in front of the Flame.

The actual flame is small, like a campfire, and it really *does* look like a burning tire. Above the Flame, a stone recess arches into a stone wall, and a long inscription relates the story of Serb, Bosnian, and Croat resistance to the Nazis during World War II. Back then, the many ethnicities were united against the cancer of Fascism. Life was simpler then.

Across the street, a plaque hangs on a stone wall. It's innocuous enough—the size of a Historical Landmark sign back in Pittsburgh—but then I read the inscription.

The actual Flame is small, like a campfire...

THE FIRST CASUALTY WHEN WAR COMES IS TRUTH

In Memory Of The Journalists And Media Workers Killed Since June 1991 During The War In The Republic Of Bosni-Herzegovina And Other States And Terrirotiea Of Former Jugoslavia

Unvalled [*sic*] On International Press Freedom Day
3 May 1994 Sarajevo.
International Federation Of Journalists IFJ
International Federation Of Newspaper Publishers FIEJ
European Broadcasting Union EBU

When Amila appears across the street, I'm relieved we recognize each other. We smile. She's taller than I remember, fit and wearing a prim, earth-toned suit. Her hair is bronzed with dye, and she removes sunglasses as she saunters toward me in smart high heels. We embrace—something we would never have done in high school. We say hello, loudly and in English. We walk over to a kiosk. "I don't have much time," she says as she buys a pack of Virginia Slims. "But can I treat you to coffee?"

We sit down at a café, and now I feel at home—not a loner occupying a corner table, but an ordinary guy meeting a friend at a favorite bistro. The strip is roped off and packed with people, all talking and sipping, blowing smoke into the air. Cups lay down in front of us. I am sitting with Amila. We are actually meeting. This is something I never imagined would happen in my life. Even as we face each other, relaxed beneath an umbrella, we both look sturdier, made powerful with age.

It's often said that students in small towns, who grow up so intimately, are rarely attracted to each other. They feel a kind of siblinghood, and now I sense this truth. This not the Amila I remember, but a hipper, busier version. Someone with a global life, who has moved far beyond the Vermont shire town she once begrudgingly called home.

"So what have you been doing?" Amila asks.

I tell her everything I can, trying to contain my words. The prostitutes in Athens. The hotel fiasco in Albania. The Croatian border. Dubrovnik.

"Ugh, *Dubrovnik*," Amila spits.

"You're not fond of it?"

"When I was young, I went there every year," she says. "To us Bosnians, it's boring. All the tourists. Too expensive. I hate it."

I laugh at this, then offer my love song to the Bosnian countryside. She listens and sips her cappuccino.

"I can't believe you took the *bus* here," she says.

"It wasn't easy," I admit. "But I wanted to see everything I could."

"I'm so happy to see you," she says. "So what will you be doing?"

Now, at last, I can tell someone about my project. Someone who understands. Someone I actually *know*, if only as a memory.

"I want to write about the Balkans," I say. "Because Americans don't really know what happened here. Especially *after* the war. They don't know what Sarajevo is like. And what struck me, just before I came, is that all these countries are kind of like an archipelago. You know the term?"

"As in a string of islands?"

"Exactly. Here are these very small countries, they have their own borders and capitals and ethnic groups. They're separated from each other, but they also have so much in common."

Amila nods and flicks her cigarette at the ashtray. "It's crazy that there was a war at all," she says. "We have all the same music. The same food. Most of the same holidays. We're not really that different from each other. Only the extremists wanted war." She takes a breath. "Since we don't have much time now, would you like to meet for dinner tonight?"

"I would love that."

"All right. You don't have a phone, correct?"

"Right."

"Then meet me at six o'clock, at the same place."

"Perfect."

I arrive at the hostel at four in the afternoon, only two hours before my dinner with Amila. I feel a greasy film against my skin and face, and the shower again calls to me. But when I pull at the great wooden door, it holds fast. I yank again, but it doesn't give, clearly bolted. This will not do. I knock, then pound. No sound from within or without, not even a breeze.

The hostel's security camera looms above, and I glare at it, hoping Mirza is sitting in his office. I hope he'll turn his head and see the black-and-white footage of my narrowed eyes. But still nothing.

Young boys play soccer in the alley, dribbling their ball and banking it against the plaster walls. A power drill whirs nearby.

It's uncomfortable, being an adult male, unkempt, sunburned, and sharing a street with no one but unobserved little boys. They don't seem to care, or even notice me, but then again, *they* wouldn't.

After a half hour of pacing and stewing, I watch a car park along the curb. I have seen this Volkswagen before, and I've admired its tiny exoskeleton, still tough looking after all these decades. A man steps out and flashes concern.

"Are you waiting for someone?" he asks.

"Yeah. The hostel is locked."

He shakes his head disbelievingly. Then he points to his front door, which is flush with the houses' walls. He says, "Would you like a place to stay? Until they return?"

A minute later, I sit at a table in the outdoor court of Fazem, a real estate agent, who lives in the house with his wife and two children. His wife steps out only long enough to nod and smile—she is wearing a long black dress and hijab—and I nod back. When Fazem's son runs over and whines about something, Fazem sternly speaks back and points to the house. He lights a cigarette and snickers. "Go ask your mother," he says. "This is what I always tell them."

We laugh about this, and we chat about our lives. Nothing much happens, and Fazem's small talk is limited, but we have a nice, lazy talk— and I'm just grateful to be away from the street, out of the sun, beneath the roof of Fazem's quaint little patio.

When a car flashes past Fazem's open gate, he points and says, "Mirza."

I go to the street, and when his car door comes open, Mirza steps out, looks at me with a bemused smile, and says, "I was giving tours this afternoon. I told you there would be no one here during this time."

"Yes," I say. "Of course."

You may come and go as you please, is how I remember it. But I thank Fazem and brace myself for a cold shower.

26

Amila takes me to an Italian restaurant, tucked into an alleyway. The place is nearly empty, but there are white linens and large windows. The buildings crowd around us, and the air is warm, the table candlelit.

"I don't drink alcohol," says Amila as she splits open the menu, "but they have a very good wine list, if you are interested."

I chuckle and lean in. "You know, after all these years, I never even thought to ask you. Is your family Muslim?"

Amila smiles fully. "Yes, of course!"

"I had no idea."

All these questions I wouldn't have considered in high school. What did I know about Islam, living in the whitest, most ambivalently Christian state in America? By the time we order, we're laughing and trading stories. Amila sips her tea.

"So what would you like to know?" she asks.

"Everything," I say. "But particularly things I would never know, just wandering around like a tourist."

And so we begin.

"Obviously, I wasn't in Sarajevo during the war," Amila says. "But lots of people, they stayed because they didn't know the war was coming."

Take Amila's friend, Drazen. Drazen had many friends, both Bosnian and Serb. One day, a Serb friend knocked on his door and said he was leaving town for awhile. *Could you watch my house for me?*

Of course, Drazen said, thinking nothing of it.

The friend gave Drazen his house key, and Drazen promised to take care of the house while his friend was away.

Soon after, a second friend visited Drazen. This friend was also Serb. *Could you watch my house for me?* the friend asked.

Of course, said Drazen. And again, a key and promises were exchanged.

Within days, Drazen had collected over a dozen house keys, all from Serb friends. The collection was funny to him, because he couldn't understand where everyone was going. Was there a cheap vacation package he didn't know about? A massive soccer game? No gossip or newspaper explained the sudden exodus.

Finally, a Bosnian friend knocked on Drazen's door and offered a key to his house. Drazen stopped him and said, *Wait, tell me: What is going on?*

By then, it was too late. Drazen's Serb friends had somehow heard rumors of Sarajevo's fate, and they wanted to avoid the chance of trouble. But as Drazen had wondered, amused, why all his friends were leaving town, Serb tanks were rolling across Yugoslav soil, and suddenly artillery started taking positions around Sarajevo. Shells fell from the sky. The bombardment began. And life for Drazen changed forever.

When food started to run short, Drazen grew concerned. Where would he find rations when his refrigerator emptied completely? He had no idea how long the siege would last. Would the water lines be cut? Poisoned?

Then Drazen remembered his collection of keys. Surely his friends wouldn't need the food they'd left behind, especially if they had left in a hurry. Whatever food hadn't spoiled, Drazen could gather for himself.

But when Drazen opened the first door, he felt ashamed. After all, he was stealing from his friends, even if the times were desperate. So he opened the refrigerators, took the items he wanted, and then found a pen and paper. He wrote: *One can of fish, one box of crackers…* Drazen catalogued every last wafer and bag of coffee grounds, and he pledged to reimburse his friends as soon as possible.

Of course, a dozen refrigerators full of food couldn't feed Drazen for three years, and each day that the siege dragged on, Drazen's early promise felt a little sillier. Soon the city was so devastated by artillery that a few cans of tuna no longer mattered.

And although I don't ask, I wonder how Drazen felt about his friends in the third year. Did he forgive them, for failing to mention the impending Serbian attack? Or did he resent them for their abandonment? Or did friendship make these questions irrelevant, Bosnian, Serb, or otherwise?

I wrap noodles around my fork, aided with a spoon. The platter is almost identical to fettuccine alfredo, one of my favorite Italian-American dishes, and the pasta overflows with seafood. We trade bites from each other's plates—another teenaged taboo.

Amila didn't leave Middlebury when she graduated high school. She stayed to attend Middlebury College, a school my Dad coyly describes as "one of those little New England liberal arts colleges." When she finally moved back to Bosnia, long after the cease-fire, Amila found a job with the European Union, working with some kind of energy bureau. She doesn't want to discuss work—a common European sentiment—but she's delighted to mention the classes she's taking, the graduate degree she's pursuing, the apartment she's secured in Istanbul.

"I thought of something else you might find interesting," Amila says. "Have you heard of turbo-folk?"

"Turbo-folk?" I echo, incredulous. "I can't even imagine what that is."

Amila rolls her eyes, readying for another lecture. I can't get enough of this.

Turbo-folk, she explains, is a brand of music created in the late 1980's. Rock musicians would take traditional Balkan folk songs and add electronic beat samples. What resulted was a kind of familiar techno song. I imagine "The Star-Spangled Banner" set to dance mixes. Or "This Land is Your Land" combined with "I'm Comin' Out."

"It's terrible," she says.

"Like Britney Spears terrible?"

"Please." Amila waves this off. "Britney Spears is an *artist* compared with these people."

The singers are almost all women—scantily clad women. Tall, leggy women. Women who pass for supermodels. Women who wear live boa constrictors on stage. They dance and writhe and belt into their microphones.

But the "traditional songs" are warped. Many of the old lyrics are modified, edited. The edits don't *improve* the songs, but make them more currently political.

"Wait, so they're *political* techno songs?"

"Exactly."

"What for?"

"That's the catch," Amila says. "These women, the turbo-folk singers, are *married to politicians.*"

But it's worse than that: The singers have a long history of courting—marrying, fucking—army generals as well. Throughout the 1990s, turbo-folk singers produced album after album, and their lyrics reflected the sentiments of their genocidal, village-massacring husbands. Now that ethnic cleansing is no longer a feasible option—for fear NATO will rain smart bombs on Belgrade—these retired generals have taken office. And their sexy, busty wives help their popularity at the voting booths by selling albums and throwing concerts.

"Wait, this is still *happening?*"

"I swear," Amila says, "you cannot find a single album in the store. They are always sold out. There will be a concert in Sarajevo in a few weeks, and already there are no tickets left."

I feel a chill. I think of all the dance clubs I frequented in my early twenties—the throbbing, hallucinogenic atmosphere, the thrash of bodies, the lights washing over strangers' faces. All that grinding in the dark. I enjoyed the strange sexuality of those crowds, the multi-colored claustrophobia, the neon cocktails poured into exotic glasses. And all that techno—house, jungle, trance—warped voices singing over a cavalcade of beats. The simple harmonies and transitions tinkered with the senses; a simple shift in tone or tempo change transformed the mood of a hundred patrons. It affected how they moved, what they said when they tried to scream out conversations.

These were always innocent nights. The purpose was to dance and drink and couple. In the end, it was just a public petition for sex, and everybody knew it.

But now I consider the alternative: What about subliminal messages? Or even *overt* messages? Lyrics that demand patriotism, unity against an ethnic foe? If mere musicality can cause a roomful of college students to swoon and gyrate, couldn't a few choice verses, repeated in an endless digital loop, inspire men to fight each other? It sounds like an Orwellian nightmare, where pop music seduces youths into uniforms. To imagine a rape-camp full of starved, brutalized women is one horror; but then to imagine that the rape and murder, the torture and mutilation, the children and grandmothers shot to pieces in their own homes all have a muse in *pop music?* This is manipulation on a scale I never imagined. And still, the music sells out.

Later I'll learn that turbo-folk began in Serbia, but the music migrated across the former Yugoslavia, and now it's popular throughout the Balkans. Even during the war, Serbs and Bosnians listened to the same songs, believing the lyrics pertained only to them.

I'll also learn that the term was first coined by a musician named Rambo Amadeus, in the late 1980s. His real name was Antonije Pušić. When he described his own music as "turbo-folk," he meant this as a kind of joke. Rambo Amadeus, it turns out, is not considered an actual turbo-folk singer.

"Have you been to the Tunnel?" Amila asks.

"Not yet. Can you tell me about it?"

Amila tells me about her friend, Zoran. He was only a teenager, but he was the eldest brother, so he was obliged to help feed the family. Supplies were running short, and most Sarajevans were living in their cellars. Like any good entrepreneur, Zoran noticed what the Bosnians were missing: *eggs*.

"Eggs were impossible to find," Amila recalls. "I did not see an egg for God knows how long."

Zoran didn't have enough money to buy eggs himself, so he asked his neighbors for loans. Going house to house, Zoran collected wads of grimy cash, until he'd collected enough to buy crates of fresh eggs. In a sense, the neighbors were investing in Zoran's scheme, except that they expected a prompt return. So Zoran went to the Tunnel.

The Tunnel wasn't easy to reach. Aside from snipers and artillery fire, the Tunnel was located on the outskirts of town, a long, deadly walk from Sarajevo. Plus, the Tunnel was tightly controlled by the new Bosnian army. There are stories of bribes and black market smuggling, though I'll never know the details. I can only imagine the struggles of a plucky teenager, trying to scuttle through his city's singular escape route. But he reached the Tunnel's opening, and he went through.

I haven't seen the Tunnel yet, but Amila describes a dank mine-shaft that snaked for half a mile. Because the ceiling was low, soldiers and civilians crouched along a narrow railroad track, pushing past each other in the dark. Many soldiers were wounded in combat, and they wore blood-soaked bandages. Civilians were emaciated with hunger, like living skeletons skulking through the warren. Anyone who entered was quickly streaked with grime, so each line looked like queues of zombies slinking past the Tunnel's orange lamps.

Zoran survived the Tunnel and surfaced on the other side. He began to forage for food.

Amila doesn't explain where Zoran found his crates of eggs. Was there a functional market, out there in the war-torn Bosnian hills? A U.N. encampment? I don't know the value of Zoran's cash, or even what currency he used, or how it was printed. But Zoran found his eggs, packed into wooden crates. He bought all the eggs the money afforded, and then he tied the crates to his back.

No food is more unwieldy than an egg. A cracked egg was worthless, and Zoran still had to lug his freight back through the Tunnel. The first trip was terrifying, but the return trip was even harder. The Tunnel's floor was flooded with mud, and as Zoran skidded along the slick surface, he feared for the safety of his eggs. All his money had gone to these eggs. All his *neighbors'* money, too. Without these eggs, Zoran had nothing. He could not repay his debts. He could not sustain his house or feed his family. Zoran carried entire lives on his back.

And then he slipped.

Zoran fell flat on his back, and as his spine slammed against the crates, he could hear a hundred eggshells crunch beneath him. Though he couldn't see the eggs, Zoran probably imagined the shells cracked and shattered, the messy yolks dribbling out. Did he also imagine his family going hungry? The neighbors chasing him, beating him? Was life now over—lost in a single bad step?

Zoran had no time to pity himself. His fallen body clogged the passageway. The lines of soldiers pushed up against him. The lines grew longer every second, and soldiers cried, *Get up, boy! You have to keep moving! You're holding up the line!*

But Zoran was lashed to his crates. The eggs were useless now, but he was tethered to his failure; he couldn't stand up or roll over. His feet scraped uselessly at the ground. He was deadweight, a clot in the Tunnel's artery. How many hundreds of soldiers would arrive late, on either end of the Tunnel, because Zoran had stood in their way? And not even stood, but *sprawled?*

So Zoran looked at the cold black ceiling, and he spread his arms out, and he cried: "I'm done. Let me die. Just let me die."

But as Amila tells me about Zoran, she is laughing. Hysterically. She throws her head back, giggling to the sky. She says again, imitating Zoran: "Let me die!" And her laughter is renewed, louder than before.

I try to mimic her laugh, but I don't know why. What about this denouement could possibly be funny?

"I'm sorry, Amila," I say, still forcing out uncomfortable chuckles, "but this seems like a tragic story."

Amila waves this off, then sips her coffee and calms herself. "It is much funnier the way he tells it," Amila says, as she takes a cleansing breath. "You have to hear him tell the story. When he says, 'Just let me die!', it is much funnier in Bosnian."

Amila pays the check. "Please," she insists, "you are my guest."

I thank her profusely. We sip tea as the waiter clears our dishes.

"I can't believe we weren't better friends," I say.

"There were lots of people who wanted to be your friend," Amila says. "We always thought, *What's with him? Maybe he thinks he's too smart for us.*"

This catches me off guard. *Really? Too smart for them?*

"I guess I was always a loner," I say. "But I'm so happy we're here. Better late than never."

I've always admired people who refuse to regret their mistakes. This seems like a rare luxury—to have such confidence in past decisions. But now that we're here, I feel I have nothing to begrudge in life. Not *really*. Amila and I share our table, our laughter echoes in the alley. Amila and I are happy, and when we part ways, we will always have this rendezvous, for as long as we live; we will always cherish our willingness to meet, as veterans of each other's lives, eight thousand miles from our brief and circumstantial home. We are fed on food and recollection, and we will ricochet back into our own lives, a hair wiser than before.

27

The next morning, I switch on my camera and frown. A little graphic of a battery is blinking. My camera's battery is either fully charged or a breath away from death—the meter shows nothing in between. My camera is a Canon Rebel SLR, a fine model, nearly professional, and I'm determined to document my visit with it. The camera came with a charger, so the battery can be revived, but there's a problem: Europe uses different electrical outlets.

As I walk away from the Muzej Sarajevo, down a quiet little street, I'm dismayed that these few snapshots are the last pictures I can take. Then I look up, and there is a little photo-store. A large sign reads KODAK. Thank *God*.

I step inside, and the office is cramped. There are printers, a copying machine, bland carpet and plain walls decorated with framed photographs. An older man stares at me, looking surprised and agitated. *What is this? A customer?*

"What would you like?" he says. His accent is thick: *Vwat vwood you lick?*

"My battery is dying," I explain. "But it's an American charger. Do you know any way I could charge it here?"

The man shakes his head and squints. He doesn't understand. My English is beyond him, and his entire language is beyond me. We hang in the dusty air, uncertain.

"You need a converter?"

A young woman is standing next to the photocopy machine. She is short and dense; she dons slick, thick-framed glasses, whose stems disappear into an auburn mullet. Her expression is blank, but her cheeks are loaded with freckles.

"I think so," I say. "Is that possible?"

"Yes," she says flatly. "*Where* is the battery?"

She stresses the *where* like an amateur actor—a burst of breath that makes the question dramatic. I slip the battery out of my Rebel and plop it in her hand. She nods at this, as if it's a rare but familiar specimen, and clicks the battery into an adaptor.

"*You* come back in—" And now she pauses; her head tilts sideways. She's thinking the way an android would think—*Processing. Please wait.* "—in one hour."

"Thank you so much!" I blurt. "I didn't even know these things existed."

"*Reeea-lly*," she says. This one word sounds sarcastic, demanding. An unhappy mother. *Reeea-lly, Anabelle, what shall I do with you!* Two syllables, and they say a dozen things: *Reeea-lly!* It's a question, almost a demand. But also insistence, conversion. I've never heard anyone use this word in this way, and I never will again. I can't help but smile as I step backward, out the door, and make a little bow.

"Great! I'll be back in an hour! Thank you!"

And the girl nods mechanically. Her blank stare is broken only by the closing door.

When I return an hour later, the gruff old man is gone, but the girl remains. She hands me the revived battery and rings me up. But before we can exchange money and receipt, she says, "*Where* are you from?"

"The United States."

"And *why* do you come to Bosnia?"

"I'm hoping to write about it. I'm a writer."

"*Reee-lly*," she says.

Her name is Jasenka. She's a student at the university, and this is her father's store. She loves to travel, she tells me, and she badly wants to go to Greece. Also Spain, Turkey, Africa—*anywhere*.

"So what do you study?" I ask.

"Genetic engineering," she says flatly.

Somehow I was expecting her to say *photography*, or maybe business—anything but genetic engineering. She tells me about her love for science and botany; she has a garden and she collects plants in her room. She has over one thousand specimens of flowers.

"Funny you should mention that," I say. "I was hoping to take a hike in the hills around the city. Do you recommend anywhere?"

"Yes," she says. She suggests a place called Bjelasnica, and a waterfall called Skakavac. "There are some of my favorite places."

I take a chance. "You wouldn't happen to be free tomorrow, would you?"

She blinks at this. *Processing.* "*Perhaps* I can." She begins nodding. "*We* could take the bus to these places. But *only* if we leave very early."

"How early is very early?"

"*Eight* o'clock," she says, jutting her chin in the air. She looks like she has challenged me to a duel. "You meet me here at *eight* o'clock. *Not* a moment later."

"That would be great. I hope I'm not hijacking your weekend."

"No. *This* is fine. I like to go to these places."

When we meet the next morning, she is a half-hour late. But Jasenka has agreed to guide me through the woods around Sarajevo, and I couldn't be more grateful.

The city bus jumbles up hills, a slalom of awkward turns. We power past walls and quaint cottages, rising one asphalt ledge at a time. The evergreens mass around us, until we reach an open heath scattered with picnic tables. When the bus's door squeals open, the Bosnians disperse; most of them are young, escaping; they smoke cigarettes around their tables and pose for each other. They're a motley, adolescent bunch, seeking nature for its remoteness from all things home.

On foot, Jasenka and I take the road—smooth, one lane, an asphalt river that flows upward, into the bush. I follow Jasenka on shortcuts, slicing up paths yellowed to the bedrock. After all these bus rides, my body has atrophied; the climb has me heaving for breath. But Jasenka is a tank; she grinds her feet over the loose stones and surmounts rise after rise, her eyes plaintively peering ahead.

The fields are severe with rocks, which pierce through the knotted grass and angle jaggedly. All the fields are lassoed in by straight barbed wire fence, which forbids frolicking. But when I turn around, I see a cut through the trees and there, far below, lies the city of Sarajevo, a gray lake resting between so many hills.

And suddenly I remember the first time I saw Pittsburgh. After hours of riding the Pennsylvania Turnpike, past endless waves of dwarfish mountains and high-tension wires, the purplish bulk of the U.S. Steel Building was thrust into view, penetrating the slow glide of the hills and demanding reverence. This is one of my happiest moments—the day Pittsburgh welcomed me, and my life truly began.

Until now, I have never watched another city demand attention in the wilderness—yes, the dull color of an angry sky, but also defiant, resolved. *Behold. Sarajevo is here.*

We veer off the road—I follow Jasenka into an open field. The swathe of naked grass is freckled with wildflowers. We crunch and stagger and find a spot: Jasenka suddenly crouches and points. "This is my favorite flower," she says, and hovers above a violet bloom, shaped like five drips of ink from an eyedrop. I know that I would have never spotted this flower; I might even have trundled over it, speculating instead the broad blue sky. How different we are: I, the enlarger, floating along a wavy sea of sensations; she, the specifist, zooming in on a colored sprout.

Jasenka carefully uproots the flower, cupping the clump of soil in her hand. She dips the flower into a plastic bag and wraps it. "This is for my collection," she states.

We continue along the road, until it branches into a path.

"It is very *important* to stay on the path," Jasenka says. "We are probably safe here, but you should not walk just anywhere you want."

The message is clear: Landmines still abound.

Nobody knows exactly how many landmines still lurk beneath Bosnian soil. Maybe it's 500,000, maybe one million. But the danger is real. The guidebooks tell me to stay on pavement and well-trod paths. This is the only surefire way to avoid having my legs blown off.

The evergreens gather on all sides. They break and become meadows, sloped hills and gullies. The land is so quiet; even when we pass picnickers, they bask silently in a bright sun. I try to envision this place

The fields are severe with rocks...

through Jasenka's eyes: Clearly, she loves taxonomy, the Greek and Latin names that demarcate the natural world. She points to plants and calls out their scientific nomenclature, then huffs toward another specimen.

Now I can walk through Sarajevo and accept that the war happened. War has destroyed nearly every city in Europe; nearby Belgrade was leveled fifty times in the past thousand years. I'm accustomed to the scars, ugly as they are. The war may be recent, but the story is old.

Here, though, my blood boils. What kinds of assholes contaminate nature with *landmines?* Here, among the rolling, pristine hills, walkers breathe fresh air and hold hands. They unfurl blankets and feast on fruit and bread. They gaze at Sarajevo, spread out below them, and they sun themselves in the shorn grass.

And still, somewhere in the backs of their minds, they are wary of explosives hidden in the topsoil. War's most grotesque practical joke. Sarajevo is so functional, so *alive*; I see how much Pittsburgh and Sarajevo have in common. But only a short drive from the Old City, one false step can rip a man apart. Nothing but bloody mist and bits of bone. The country will never cleanse itself of landmines; if there's one, there might as well be a thousand. If a thousand, a million.

We walk along a stone wall, and Jasenka points to a snake. The snake's scales are patterned with black triangles over a dull-orange body. I lean in to take a picture, but the snake slithers away, just beyond focal range.

"*Are* you afraid of the snake?" Jasenka chides.

I chuckle at this. Jasenka has such a factual tone that I wonder whether she has Asperger's syndrome. She has the awkward haircut and unfortunate fashion of an outlier; she tucks her shirt into her pants, and her boxy torso is as dense as iron. Conversation is slow, but I'm learning about her: Jasenka takes pictures, but she doesn't like to show them off. "They are private," she says simply. Her family is Muslim, but once again, this doesn't seem to mean much: She still drinks alcohol, goes to rock concerts, dances at dance clubs, and she's not intimidated by men.

"But Bosnian men," she scoffs. "They are terrible. I would never like to have a Bosnian boyfriend. They are…" She shakes her head and makes a guttural noise, like a German *ach*. I half-expect her to spit, ejecting the possibility of Bosnian courtship along with her phlegm.

Jasenka doesn't like Bosnia at all, really. She wants to move somewhere sunny, somewhere near the ocean. She wants to travel the world and make friends in foreign countries. She has already learned English and Arabic; now she wants to learn Turkish as well. If she never returned to Bosnia, it would be too soon. Nor does she feel much kinship with other Muslims; when she was first invited to celebrate Christmas, she was astonished that Christmas was so *uplifting*. "Christmas is about giving and good feelings," she says. "But Ramadan, it is all about *suffering*. You fast and meditate, and everything is so *sad*."

We pass the ruin of a house. The stone walls are jagged and rubble litters the tall grass around it. I watch Jasenka as we pass; she seems unmoved. We continue down the trail, until we reach a road.

"Would you like to hear a joke?" Jasenka asks.

"Absolutely. I love jokes."

"How do you tell time in Bosnia?"

"How?"

"Before and *after* the war."

I laugh, but more out of surprise than good humor. It's not really *that* funny, even if it basically makes sense. But I appreciate her attempt to bridge the cultural gap.

"Okay, here is another one," she says. "Hitler is walking through Auschwitz…"

Now I'm stunned. *Did she really just say that?*

"Hitler walks up to a little boy," Jasenka continues. "He says, 'Little boy, how old are you?' The little boy says, 'Tomorrow, I will turn four years old.' Hitler says, 'Hey! Not so fast!'"

I burst into laughter, and Jasenka allows herself a chuckle. Not because the Holocaust is funny, but because Jasenka has said something outrageous. Because she *stayed* in Sarajevo during the war. Because she went through the Tunnel—*twice*—and although I don't yet appreciate the terror of that passage, Jasenka can find humor in the catastrophe that nearly killed her and everyone she knows.

"Jasenka, you're a very unique person," I say.

"I know this," she sings back. "*Reee*-lly."

We find a fort, which straddles a ledge over a valley. Jasenka explains that this is an Ottoman fort, which used to guard the region. We pass another martyrs' cemetery, and when we finally reach Sarajevo, I'm winded and sweaty.

"I must go home now," Jasenka says. "I must have dinner with my family."

"Thank you for such a great day," I say.

Then I extend my arms. For an embrace. It's instinctual. I work in the theatre, after all. But Jasenka only blinks at me, then steps back.

"I do not do this," she says. "Many of my friends do, but I do not."

I drop my arms at my sides. "I'm sorry. I didn't mean to offend."

"No. It is okay. This is just something I do not do." Jasenka adjusts her backpack straps and says, "I am a very unique person."

And we say goodbye.

28

On a narrow street paved with stone, I look for souvenirs. I'm not proud of the practice, but I've pursued no knickknacks this entire trip and I'll buy only what I can carry in my backpack. There is so much junk—T-shirts and watches, thimbles and teaspoons, all embossed "Sarajevo." These aren't worth procuring. Instead, I scan the shops' windowpanes for something more authentic, something I'll have to explain. *Oh, this? I found it in Bosnia.*

A burly man offers me a coffee set for thirty euro. "Excellent price," he says, nodding in agreement with himself. "This is very beautiful set."

The coffee set includes a metal serving dish, which is busy with etchings, plus four metal cups the size of shot glasses. But the finest artifact is the coffee pitcher—a little cylinder indented in the middle, also richly decorated. A handle protrudes from the rim. Not only is the pitcher designed for pouring; it's also a coffee *maker*. Bosnian coffee is ground to a fine powder, and this is spooned into the pitcher. Boiling water follows, so that the grounds and water mix together, a molten concoction. When the coffee is finished, it's muddy and thick. The host serves the coffee into the tiny cups, and unlike Americans, who efficiently suck down their venti cappuccinos over a morning commute, Bosnians savor their coffee, sipping for hours at the same gnomish cup.

Still, I decline and move on. Buying this now means nothing. I could find the same coffee set anywhere. At best, I'll return and earn a smile as I fork over the cash. Maybe I'll barter with the burly hawker. But later.

As I glance over an outdoor display—of ashtrays, cups, Bosnian flags—a man steps out of his shop. His body is soft inside his T-shirt and jeans, and he smiles. The man's face is preternaturally kind; sleepy eyes, a button nose, a cherubic face.

"Hello," he says.

"Hello," I say.

"Would you like to come inside?"

Everywhere in the world, salesmen invite customers into their shops, promising goodies and incredible bargains. Everywhere, their voices ooze with motive. But this man is different. His tone offers a roof, not a sale. Somehow, I can't refuse, and a moment later he clears a chair for me. He sits down across a tiny table and lights a cigarette.

"It is a beautiful day," he says.

"Absolutely," I say. "My name is Robert."

"I am Mohammed," he says.

As smoke lifts and curls from his fingers, Mohammed looks like he's awoken from eons of slumber. As if he's grateful, after years of eyelidded darkness, to see the sun brightening his window.

The shop is the size of a toolshed, and we can barely share the space without kicking each other's feet. But the walls are packed with framed paintings—watercolor landscapes of peaceful pastures, oil canvases of roads and buildings. And all around us, Arabic writing swirls and interlocks. The calligraphy bends and laces into shapes and patterns; each stroke is as firmly minted as metal, clasping and interlocking into the others; the dots of vowels punctuate the consonantal framework. Each script is rendered in a different gold or silver, and the backgrounds are awash with vibrant colors—maroon, tapioca, teal, fuchsia.

"Is this Arabic?"

"It is Farsi," he says. "My native language. I am from Tehran."

"Iran?"

Mohammed's eyes alight. He smiles, astonished that I should know Tehran's location. "Yes! You have seen Iran?"

"Oh, no," I say. "That is, not *yet*."

"You are from America?"

"Yes. Pittsburgh."

"Pittsburgh." He nods, approving.

"What brings you to Sarajevo?" I ask.

"My wife," he says. These two words are a poem. *My wife. The air I breathe.* "She is Bosnian. And so I come to Bosnia."

Mohammed's eyes alight.

Mohammed tells me about leaving Iran when he was young, after the Revolution. He talks of his young son, now six-years-old. He has never been back to Tehran, but his eyes embrace this regret, the way all people embrace the years that have already passed and will never be relived.

Mohammed asks where I've been. I give him the list—Greece, Albania, Montenegro, Croatia—countries that now seem very far away, just as all places seem far away. I explain my journey—to explore the Balkans, because Americans don't understand.

"The Prophet tells us that travel is good for the soul," Mohammed says. "To see, and to meet people, is the most important thing. We must learn, and this enriches us."

"I couldn't agree more."

"You are doing what you should be doing."

This takes me aback. No one—not one single person—has told me this in so many words. People have expressed their fears, or wished me luck. But this is different. A proclamation. A blessing.

"You speak excellent English," I say.

"Well..." He shrugs a modest shrug. "Thank you. Farsi, Bosnian, English—this is all I have learned."

I ask about the paintings. He points to the watercolors. "My wife is an artist," he says. "That is a painting of a field, where she was a child."

"And the Farsi?"

"These are from the Holy Qur'an. They are teachings."

"My favorite calligraphy is Arabic," I say. "I love to see Arabic scripture written on mosques. It's so beautiful. These paintings remind me of it."

"Yes. It is very similar."

"Who painted them?"

He smiles, more warmly than ever. "I painted them."

"They're *beautiful*."

"Thank you very much."

"I wish I could read them."

Mohammed bobs his head, weighing this. Then he says: "The best language is feeling. And I think you understand perfectly."

I quiver. Mohammed has pulled a kind of trigger. Chemicals squish around inside my brain; my guts murmur. I grimace stupidly, keeping composure, but I nearly sputter; I can feel tears swarming my ducts.

Have I come so far—bushwhacked through borders, ticket booths, hostels, mountains, valleys—to hear these words? Something anyone could say, anyone could think; words so simple and obvious; a Hallmark card; a bland haiku; junk advice; New Age nonsense; a slogan; a bumper sticker.

But *true*. Truer than anything I've ever heard or said. Spoken by a shopkeeper named Mohammed in a brutalized valley, a place nobody I know will ever visit. As if transmitted through his sotto voice by an Unspeakable Power. All the noise of the past year muffles in an instant. *The best language is feeling. And I think you understand perfectly.*

Yes! Yes, yes, yes! *Yes!*

"I, uh," I stutter. *I need to leave. Digest. Air. Movement. Something must happen now. Revelation. Rebirth.* "I'm afraid don't have any money on me."

"That is all right. We are only talking."

"Yes, right, of course," I stammer. "And this has been *perfect*. Thank you. Thank you so much. But I do need to go. I'm sorry."

Mohammed extends a hand and we shake. I try to still my trembling fingers.

"Would you like to come tomorrow?" Mohammed asks. "For coffee?"

"Yes! That would mean so much to me."

"I will see you tomorrow, then?"

"Yes. Tomorrow."

It's a disarming statement...

29

"You can see everything in one or two hours," an agent tells me at a tourist office. She unfolds a map and sweeps the gridded streets with her fingers. "Sarajevo is not very large."

But she's wrong. Lifetimes unfurl each afternoon. Every day is my Bloomsday. Hour by hour, the city pops.

At the Café Vienna, an ancient man leans over and asks, "Enschuldigung, sind Sie Deutscher?"

"Nein," I say, "ich komme aus Amerika, aber ich spreche eine bißchen Deutsch."

"Amerika!" the man proclaims. He's senile and emaciated; he shakes convulsively as he hovers, his gnarled hand using my bistro table for support. "Bitte, können Sie uns fotografieren?"

He holds out his compact digital camera with his free, shivering hand. He then points to his equally elderly friend, sitting behind him, who squints and grimaces. Taking pictures of strangers is one of my favorite requests, and I take my time sizing up the shot. The two men don't exactly smile; their expressions are meditative, as if they're pondering their many decades of friendship, and the endangered years to come. The camera snaps mutedly, and they thank me, bowing their heads, before returning to their coffee. It occurs to me that they only *speak* German, but they themselves are Bosnian. They presumed that I, being blond-haired and sipping cappuccino at the Café Vienna, *must* be Austrian, or at least German or Swiss.

I look up from my torn sugar packets and see a clothier across the street. Shirts and sweaters hang from a rack outside the shop, and the front sweatshirt reads: BOSNIANS ARE CUTE. It's a disarming statement, more fitting in Cape Cod than in Sarajevo. *Yes, the survivors of a war-torn, mostly-Muslim, former Communist city are actually pretty sexy*, the shirt suggests. *When you look past the casualties, the starvation, the genocide, the bullet holes and the long tradition of praying five times a day in the direction of Mecca, our girls are downright hot.*

"We're not like that," locals tell me again and again, referring to regular prostration and abstinence from sex and liquor. "We're *Bosnian Muslims*." And they shrug, as if that explains everything.

I eat ćevapi. I'm not proud of this, but my money is running out, and it's always the cheapest item on the menu. Ćevapi is a kind of over-cooked sausage; they're small and clumped together inside a pocket of pita bread. In lieu of seasoning, chefs accompany the meal with a pile of chopped onion. The meat tastes about as spicy as a bland dish can, and it grows tiresome after the second helping. But I begrudgingly enjoy each bite, because I can eat it outdoors, at checkered tables as old Bosnians scrape forks and sip coffee all around me.

Eastern European cuisine isn't known for its color, and the flavor is an acquired taste. When I first visited Pittsburgh, I discovered Polish cuisine for the first time—the beige noodles and boiled cabbage that make haluski, the orange mess of goulash. I never discovered the glorious pillows of pierogies until I was nineteen. Dining on ćevapi for every lunch makes me nostalgic for the Polish Platter at the Bloomfield Bridge Tavern. I think of Easter at my friend Brad Keller's house—the enormous meatballs, the sauerkraut. Slowly, ćevapi becomes less a necessity than comfort food. For the first time since leaving the States, I yearn for my own kitchen. And my favorite Indian restaurant.

In the heart of the Old City, I find the Mosque of Gazi Husrev-beg, a house of worship built in 1531. It's a miracle that the building still stands; Serb soldiers turned the mosque into a symbolic target, pummeling the medieval walls with artillery to ruin Bosnian morale.

The building has since been rebuilt and renovated, and I spend some time walking the perimeter. Cavalier tourists waltz through the interior, taking snapshots of everything they see, and although I find this

I can't help but shoot pictures through the grates in the walls.

distasteful, I can't help but shoot pictures through the grates in the walls. I see a man hunkered over in prayer; women converse on the front steps. An old man saunters between the pillars as pilgrims meditate behind him. I don't realize, as my shutter clicks, that these portraits will make me tremble for years to come.

On the exterior wall, a fountain spurts water into the street. There are many such fountains in Sarajevo—one in front of the train station, others in the squares—and I'm astonished to see how people use them. They drink the water; they splash the trickle over their faces. Some men remove their shoes and rinse their feet, a longstanding Muslim practice. I can't imagine a public fountain in the U.S. so adamantly shared.

As I drink the water from its ornate brass spout, I consider the beauty of this municipal line. Did water still run during the siege? Did Bosnians still congregate at these fountains, risking life and limb for a cool drink? All these pipes connecting to each other, quenching so many thousands of thirsts—how appropriate, that humanity's most urgent resource binds all these people together, here in Eastern Europe's most dedicated city of peace. I slurp the water, but I don't know its full significance. Soon, I will learn.

Thanks to Anna's invitation, I decide to go to the theatre festival—Teatarfest 2009.

The Festival is held in various venues throughout the Sarajevo, such as opera houses and black box theatres. But Anna and her troupe will perform in a converted dance club.

I climb a set of wide, creaky stairs, passing a wall plastered in posters—ads for DJ's, dance parties, incoming bands from all over Europe. When I reach the third landing, there's only a greasy black door. Two young women in starched white blouses tear tickets. I explain that Anna left a comp, and once they scan the guest list, the girls smile and let me pass. Nothing like VIP treatment in a country you've never visited before.

The building clearly predates the dance club by at least a hundred years. With its antique wood floors, dusty old stage and a second-tier balcony that horseshoes round the ceiling, it's easy to imagine this place as a Weimar-era cabaret. The chairs are cheap, foldout models, but they're arranged in the same rows as wood-and-velvet seats would have stood a century ago. Spotlights are affixed to the balustrade above. The curtains are bunched by the wings. Men and women chatter in the aisles, adjusting their thick-framed glasses and sipping from dark pints of beer. Actors from previous shows talk excitedly and trade hugs with their collaborators; they pose for pictures on their friends' camera phones as older patrons fold their programs and look on. Thousands of miles from my house in Pittsburgh, I feel right at home. Theatre people are the same everywhere.

The house lights darken and the show begins. Anna's company is Chiaradanza, and they specialize in avant-garde performance pieces, heavy on the dance element. A shapely young woman brags about her body. "Look at my beautiful ass," she coos in English, rolling her hips as if posing in the mirror. Suddenly the scene transforms into a kind of reality TV show, and vacuous women perform erotic routines to American pop music.

"*Tell me what you want, what you really, really want!*" The lyrics blare from the speakers as a skinny blonde splashes whipped cream into her own mouth. It's circuslike, over-the-top. The audience nods and chuckles coolly.

Then the stage darkens, and so does the mood. The women gather together into a tight of fist of frightened bodies. They move in unison across the stage as jungle noises erupt around them. They shake and shudder, jerking their heads at the terrifying sounds. The fun has ended. Now they are haunted, cold, alone. A woman in a burqa crawls across the stage, reaching into the darkness for help. Finally, the lead woman appears again, now dressed in a suit jacket and pleated bands. She dances confidently, emerging from the alienation with severe, angular movements. This is the New Woman—strong, independent, hard stepping. She knows what she wants, and she'll get it, society be damned.

When the show ends, I shake Anna's hand and congratulate her—like Jasenka, she doesn't seem like the hugging type. Anna beams. Then she asks, "How did you like our performance? Did you understand the symbolism?"

The question is funny, because I wonder who *didn't* get the symbolism. It seemed like a pretty straightforward feminist parable to me—and having graduated from a progressive university, whose English department was about as left leaning as a Green Party rally, I almost laugh. *Did I get it? Are you kidding?* Then I remember the reputation of my country among European artists—as a land of warmongers, oil drillers, gun-totin' wife beaters. I've been pigeonholed before—by wary Palestinians, skeptical Frenchmen, presumptuous Cubanos. No matter where I go, I can't shake the expectations of my culture. And anyway, Anna knows I work as a theater critic for an American newspaper, and my opinion might mean something to her.

"Oh, yes," I say. "It was very insightful."

Anna presses my arm. She nods her gratitude. Then she invites me to dinner tomorrow night.

I stick around for the next show—a Swiss mime named Damir Dantes.

In general, Americans hate mimes. They appear fey and obnoxious—and not a little creepy. There's something about whiteface and striped, skintight shirts that give Americans the heebie-jeebies. If circus clowns have become icons of childhood nightmares, mimes aren't even taken as seriously. They are the buskers at Sea World, the sideshow at Cirque du Soleil.

But in Europe, clowning and pantomime are fairly serious art forms, and some students spend years studying physical theater. I've studied mime myself—if only the basics—and I'm always astonished that a single performer can create an entire world out of empty air. To any other performer, an empty stage is only an empty stage. To a talented mime, an empty stage is a blank canvas, infinite with possibility.

Dantes is a tall man, broad shouldered, and his body seems unnaturally jointed—to impersonate cooking in a kitchen or climbing a staircase, his spine curves as fluidly as paper. The show's title is *Frauen sind anders, Männer auch (Women Are Different, And So Are Men)*, and it's basically a satire about gender habits. He impersonates women shopping, then men shopping; women showering, then men showering; women trying to park a car—badly—then men trying to park—vehemently. I sit across from Anna at a lounge table, and at first I worry that my feminist company will snarl at these bland stereotypes. But she laughs along with everybody else. The show is sophomoric, but Dantes is such a skilled performer that we all settle comfortably in.

Then the finale: In an extended blackout, Dantes moves a particleboard wall across the stage. The spotlight beams acutely, illuminating the top rim of the wall. Here, we see only Dantes' hands. His hands and fingers roll upward—like hydrilla plants waving on the ocean floor. The two hands seem to solidify, evolve, until they become the beaklike faces of two people. The two "people" meet—they talk to each other, using their thumbs as lips. Then they kiss—a fierce, sloppy embrace. Then they meld together, caress each other, move in perfect synchronicity. Then they slowly separate, move apart. They spat, argue, look away, refuse to talk. They look guilty, sagging in their separate corners. One turns around, then the other turns around, and the two hands whisper their apologies. They embrace once more—less heated now, more intimate, understanding. The hands join, and the lights go out.

Lights up, and Dantes bows. He kisses his masterful hands and salutes the audience.

I'm floored—I never imagined seeing an entire relationship transpire, from first meeting to final consummation, created by only two palms and ten fingers. I join the standing ovation, whistle, clap until my own hands are raw.

In 1993, at the height of the siege, Sarajevo received an unlikely visitor: Susan Sontag, the American writer and cultural critic. She arrived with her longtime lover, Annie Leibovitz, one of the most famous photographers of the Twentieth Century. At the time, Sontag was 60 years old, Leibovitz not quite forty-four. This visitation produced two remarkable works of art: A photograph called "Sarajevo Bicycle," and a guerilla production of *Waiting for Godot*.

Leibovitz was best known for her celebrity portraits, largely for *Rolling Stone*, but she wanted to kindle a macabre love affair with war photography. One winter day, while driving together through a snow-dusted neighborhood, Leibovitz and Sontag watched a boy on a bicycle get blasted through by a mortar shell. His body was torn apart and flung from the bike seat. The car screeched to a halt, Leibovitz switched on her camera, and she snapped one of the most harrowing photos of the war: a fallen bicycle lying across pavement, circumscribed by a streak of blood.

At the same time, Sontag was busy directing a production of *Godot*. She didn't secure the rights to the script, and she had no intention of doing so. Instead, she staged Beckett's existential drama in a candlelit theatre—since there was no electricity—and audiences arrived from all over the city to watch. Surgeons, soldiers, aid workers, and curious everymen filled the seats, which were mostly sacks of flour salvaged by UN relief workers. As the *New York Times* reported it, the house was absolutely silent. *Godot* is the story of two men, Vladimir and Estragon, who stand in a wasteland and await the arrival of Godot, a mysterious authority figure. They wait and wait, but in their blighted environment, where only a dead tree stands, time and effort have no meaning. Quite a bit like war.

The play was controversial in the West, for many valid reasons, but the culturati in Bosnia continue to celebrate Sontag's sojourn to this day. After years of petitioning, the city finally decided to commemorate this landmark achievement: Only a month before my arrival in Sarajevo, a small square was renamed "Theatre Place—Susan Sontag." As I later read in the London *Observer*, there is a further coincidence: When the square was selected for re-naming, the mayor was unaware that this is where Sontag came up with the idea to produce Beckett's masterpiece. The inspiration came full circle.

Outside the Teatarfest dance club, drama students smoke cigarettes in the street. They prattle in the flamboyant way of young actors—wide eyes, lots of hand gestures. I want to cavort with them, ask them about their latest projects, but they stand close together. Their spitfire Bosnian creates a firewall. I head down the street, looking for someone to talk to.

The narrow streets of the Old City vibrate with music. Queues form outside doorways as bars of light shoot from the windows. I slip into a bar and cut through a crowd of crew cuts and leather jackets. The music throbs all around, but the patrons' expressions are somber, contemplative. I take a rum and Coke to the patio, where a group of Italians talk animatedly in the corner. They wear elegant gowns and handsome tailored suits; they pose for photographs and laugh into their cell phones, flashing teeth. There are other people standing alone, but they lean against their tables and stare off, lost in grim thoughts.

When I go back inside, the floor is psychedelic with colored disco lights, but only one couple is actually dancing. Against the wall, on a raised platform, four women dressed in miniskirts shake their hips to the beat. They smile giddily, and I wonder whether they work for the establishment. Their mirth looks faked, the way strippers feign excitement. I drained the rest of my glass, weigh my options as I crunch cubes of ice, and finally exit to the street.

Amila warned me about this. "Nightlife is not a big deal in Sarajevo," she said. "If you are looking for bars and dance-clubs, these are not very common."

Clearly, they *are* common—every few feet, I pass another window packed with writhing bodies—and clearly *somebody* thinks they're a big deal. But they aren't for me. A light rain pecks the puddles in the cobblestone. Pedestrians run for the cover of awnings. But I amble, through one dark alley and another, until the drizzle clears.

I'm about to climb the hill again. This hill has become familiar. The cemetery, the view—I know how much energy I'll expend, how the road curves, how exactly my breaths will feel in my lungs. And then:

CRUNCH.

It's as quick as that. Just as loud as a steel door slamming shut. But grislier: An ant crushed, its exoskeleton crackling, amplified by a thousand times. I jog across the street, the brick median, and I see what has happened: A tram has hit a car.

The car is tiny, and looks tinier because of the crowd gathered around it. I can't make out the driver or passengers, but cell phones have been drawn, serious words are being mumbled. The yellow tram has stopped in its tracks—literally—but the only sign of damage is some scratched paint. The struck car is dented toward the front, and the windshield has crackled, but these are cosmetic wounds. The car is wedge between track and curb, leaning slightly into the gap. The street is poorly lit, and the silhouettes mill around the darkness, each person solemnly trading places with the others. No one screams or jabbers. No one is arguing. I can't make out the uniformed tram driver.

I want to help, but I have no phone, no emergency numbers. There is no ribcage to depress, no trachea to pierce. The scene feels like a sound-stage—crew members exacting their angles and lighting, extras waiting for a stubborn director to yell, *Action!* I'm only in the way, another onlooker taking up space. I wonder how this will resolve—whether the car will be towed, or will it hobble away? Will police be summoned? Will cash be palmed? Do these minuscule traumas make the evening news, or will it evaporate?

So I return to the hill. Familiarity returns. The next day, even the glass shards will be swept from the street, swept clean.

30

Today I see the Tunnel.

I decide to bike there. A taxi would cost a fortune, and as the crow flies, the Tunnel is only five miles away. After ten days of planes, buses, taxis, and trams, my legs quake with atrophy. Mirza loans me his mountain bike for ten euros. He details how he wants the bike to be treated: No scratches, no crashes. If it's stolen, I'll owe him eighty-five euros. By now his paranoia is wearying. I'm starting to miss the freewheeling nature of America, where bicycles are loaned from garages without a second thought. But when I asked for a helmet, he just shakes his head and smiles.

"We don't use those here," he says.

As I pedal through the narrow streets, thumping over curbs and weaving between pedestrians, I fear for Bosnian crania. Cars fly around corners and blow through red lights. Pedestrians cross wherever they like, pausing only for the trolley cars, whose drivers are notoriously blind to traffic patterns. The Old City has no shoulder at all, so I'm forced to ride on the skinny sidewalks, tailing clumps of walkers until an opening emerges and I can scoot between a bus stop and a row of parked mopeds. Here, helmetless, a wrong move means a split skull.

But then the streets open up, the sidewalk widens, and all the buildings rise vertically into the bright blue sky. Two kilometers beyond the bazaars and minarets of the Old City, concrete high-rises emerge and cluster. When Sarajevans talk about the New City, they smirk, spitting, "It is very *Socialist*." The tenement buildings are gray and rise twenty stories into the air; each apartment has a few windows and a balcony, where chairs are positioned and laundry is strung. Some buildings are abandoned, pocked with mortar blasts and bullet holes and covered in graffiti.

The New City is ugly, surely—at best, a Communist wasteland, at worst, an eerie mirror of the Chicago Projects, where any kind of mischief could be lurking within the massive cement boxes. But I can also see the theory behind this architecture: Each building looks exactly like the others, and each apartment looks equally sized. The narrow sidewalks have stretched into broad, convenient bike trails, and the four-lane highways meet at sensible intersections. The New City is built on flat soil, yet the tall buildings force me to look up—up toward the sky, the *future*. This is not suburban sprawl, but a reasonable use of space, where each building is surrounded by public courts and greenspace. This was the vision of General Josip Bros Tito, the revolutionary leader of Yugoslavia from 1943 to 1980. As prime minister, then president, Tito rebuilt his shattered nation in the spirit of Soviet socialism, Tito's urban design is logical, even if time has chewed these buildings apart, leaving them colorless and abandoned.

There are no signs for the Tunnel Museum. The streets aren't well marked, and Mirza's directions are vague: *Go to Ilidža, turn left.* If I get lost, I should ask locals just one word: "*Tunel?*" And they will direct me to the museum.

Ilidža is a crossroads of old trolley lines, now muffed with grass and surrounded by new-school shopping malls. Shoppers and tourists pour through the streets, but I don't have time to mingle and search for Rolexes. The museum closes at four in the afternoon, and still no signs direct me there. I follow the main highway, turn toward the mountains, pass a university campus, but when I ask for help, a jolly older Muslim points me in the opposite direction. I glide into a suburban neighborhood, where cottages are widely spaced and topped with handsome tile roofs.

After one wrong turn, the houses separate, revealing a vast field of garbage heaps. And there, suddenly, I see gypsies.

The camp consists of ramshackle huts and ragged tents, which form a circle around two Volkswagen minibuses. A fire burns in an oil drum. Smoke rises sloppily into the sweaty air. The camp is set in an open wasteland, surrounded by mounds of rubbish. A woman with wild black hair and mangy clothes hungrily glares at me from afar.

Each building looks exactly like the others.

I stand across the street, not sure what to do next. The woman continues to glare. Then she backs away, retreats into the bus, slams the door. The bus's lights switch on. The bus roars to life. It grinds forward, over the gravel. It crawls toward me, just as I press my pedals and begin to cycle away.

Fear injects me. Why is that bus revving *just now?* Are these people following me? Again I remember all those terrible comments about gypsies—how they steal, kidnap, brandish knives. The bus gains on me as I pedal toward those suburban houses, their manicured lawns, their fresh paint. Surely the gypsies wouldn't accost me here, so close to middle class families? But what's stopping them? Who would rush to my aid? I'm alone, the houses' owners are at work, and they're not paying attention to their windows, or they just don't care about a lost tourist from America, the country that failed to save them. Maybe this is it. Run down in a cul-de-sac by a Volkswagen T1 camper.

Then I turn an acute corner, and the bus bumbles along, raising dust clouds. I pedal away, in the opposite direction. Situation normal. Why did I expect otherwise?

Another wrong turn: I reach a chain-link fence crowned with coils of barbed wire. I realize that this is the edge of the airport; just over the gate, beyond some scraggly brown bushes, jets are parked on the runway. I stand there, breathing hard, until two young men approach me. They wear blue jumpsuits and their sunburned brows are furrowed. They ask, in Bosnian, what I want.

"*Too-nihl?*" I say, trying to mimic the Bosnian accent.

They look relieved at my explanation. I'm not a criminal or a trespasser, just a lost tourist. They point in the opposite direction. "One kilometer," they say.

I cross a bridge, ride along an irrigation ditch, then coast between two pretty rows of trees, and there, at last, stands the Museum. It's just an ordinary house; chunks have been torn out by mortar fire. The green fields around it are flat and empty. But I'm not looking for frills. If it weren't for this dusty little house, the city of Sarajevo might have fallen. I wouldn't be standing here right now. Many people I've met wouldn't be alive. Instead of mosques and high-rises, the city might be piles of rubble. And all because an 800-meter mine was dug by hand beneath the Sarajevo airport.

Bajro Kolar was a typical middle-class man living in Butmir. His house had the strategic advantage of being beyond Serb lines, as well as being close to the airport, which made it perfect for hoarding fresh supplies. When the Bosnian army approached him with the idea of building a tunnel from his cellar into a garage in Sarajevo, Kolar didn't hesitate to say yes.

On March 27, 1992, Kolar, his wife, his son, and about 200 soldiers began burrowing through nearly 2,500 feet of soil—digging every inch by hand. Because the Tunnel was so confined, miners had to crouch low with their picks and shovels. They reinforced the walls with wood and steel beams, like an old-fashioned coal mine, and the railroad track was laid on the dirt floor. Working in eight-hour shifts, the workers completed the Tunnel on July 30, 1992. It took them just four months.

The Sarajevo Tunnel was the Trojan Horse of the Bosnian War. Historians estimate that about twenty million tons of food flowed through the Tunnel, along with machine guns and ammunition, helping the Bosnian army defend against the better-armed Serb forces. By the end of the siege, thousands of people had successfully passed through the Tunnel, including Alija Izetbegović, then-president of Bosnia. For the sake of his country, Izetbegović needed to make appearances on both sides of the Serb lines, and the Tunnel was his only dependable route. But it wasn't easy. At one point, Izetbegović was wheelchair bound, and he had to roll through the corridor in its primitive tracks. According to popular lore, Kolar pushed the wheelchair himself.

Inside, it's hard to imagine the house as a house: The door is made of rough planks, like a barn-door, and the vestibule has the open-air feel of an old shed. Inside the house proper, the Museum is fairly straightforward: moving photographs of siege survivors, survivors shaking hands with heads of state, survivors receiving medals and plaques. Flags hang in the corner. Maps illustrate the Serb positions during the war, using tanks to represent troop units.

The Tunnel itself has mostly collapsed; only twenty meters of the original 800 remain. None of the printed information explains why the walls caved in, but I can hazard a guess: The Tunnel was only as sturdy as a prospector's mine. In winter, the soil froze solid, but when spring came, the ice melted and dribbled from above, bleeding into rivers of murky water. Without concrete or stronger metal girders, the soft earth might likely collapse under its own weight.

As I descend the rough wooden steps into the Tunnel's darkness, I consider how busy this thoroughfare was—the lines of men and women who trudged their way through every day. I crane my head, and for once I feel tall. There is a lamp affixed to the wall, but otherwise the Tunnel is just a long, snaking cave—cold and black and musty. Soldiers and escaping civilians would crouch their way through, squeezing past single-file soldiers and civilians passing in the other direction. They would drag carts, haul rucksacks, lift crates and suitcases. Some were laden with heavy explosives. I imagine passing scores of other men and women—most of them emaciated with hunger, smelling rancid from lack of running water—ever fearing that the ceiling will rumble and fall. I think this fear would haunt me the entire way—of suffocating in the darkness, my body trapped and immobile, buried forever.

But the Tunnel ends only a moment later; sunlight shines into the cave, and another stairway guides me toward the Museum's back patio. So I take a breath of fresh air; these twenty meters may be original, but they're more symbolic than anything. I'm just as clean and comfortable as before, as comfortable in the abbreviated Tunnel as I feel at the Smithsonian.

Usually, patrons are asked to watch the DVD before they tour the Museum. The curator suddenly appears, having been absent, and asks for an admission fee. By now I've already viewed the displays and read the literature. I even examined the gift shop, which is just a short wall of cubbyholes with pictorial guides and buttons. The curator doesn't introduce himself or welcome me; he just takes my two euros coin and ushers me

The Sarajevo Tunnel was the Trojan Horse of the Bosnian War.

toward a cellar door. The room is small and dark; its walls are lined with steel ammunition canisters the size of shoe-boxes. The curator presses his remote and the TV flickers to life. I sit on an ammunition canister and watch.

The DVD is twenty minutes long and has only a few words of English at the very beginning. Otherwise the documentary is a dumb-show of harrowing images: mortar shelling, snipers, machine guns firing. Civilians jog between houses and cover their heads. The camera zooms in on a high-rise, and for a few seconds nothing happens; then, suddenly, a window mushrooms with smoke, and debris is vomited all over the street. Office buildings billow smoke, their upper stories grimacing lines of fire.

This is all the grimmest Sarajevo news footage I've ever seen, condensed into ten minutes of explosions and tumbling walls. Having spent these days in Sarajevo, the images are particularly sickening. I see streets that I have walked, hillsides that I have climbed, mosques that I have passed, all savaged by rockets and raked with machine guns. The ruination of war is easier to digest *post facto*. To see the damage *being done*, filmed with grainy camcorders by civilians on the street, numbs me.

The second half of the film is recreated. Actors portray soldiers slogging through the hole, brandishing Kalashnikovs as they exit the house and rally behind bombed-out houses. As they emerge, a woman dressed in a head scarf pours water from a plastic jug into a small metal cup. The men thank her wordlessly, sip the water, and gently hand the cup back to her. The woman smiles. Here I roll my eyes in the dark cellar. I'm ready for the video to end. In a few shots, the documentary has become propaganda, and cheesy propaganda at that. I've seen the Tunnel, the one-fortieth of it that remains. I've explored the house and even biked here. It's time to go back to the hotel.

That night I have dinner with Anna and her troupe. After some small talk, she mentions touring the Tunnel Museum. Anna has warm eyes, and tonight they shine with enthusiasm. I don't tell her about my mixed feelings about the Museum's video. Sure, I wish the Museum was better advertised, so that travelers can find it more readily. But as every Bosnian tells me, Sarajevo has no money. What else can they offer? Even street signs are expensive.

"Did you see the woman?" Anna asks me.

"The woman?"

"The woman who donated the house."

"No, actually. There weren't any women there at all."

"In the video," Anna says, "there was the woman at the end, who gave water to the soldiers. You remember?"

"Yes."

"I felt that this was a metaphor—to give water, it is the opposite of war."

I nod. This "metaphor" feels obvious to me, but Anna is less cynical about the meaningfulness of a small cup. For her, it's an oasis. So I politely agree.

"That woman was Signora Kolar. She owned the house and offered it to the builders of the Tunnel."

"No kidding?" I say. "I didn't realize that."

"And she was *there*."

"There?"

"When I stepped outside, I looked over and she was standing there. The *real* Signora Kolar. And she was beautiful. I have a picture. I do not have my camera. I wish I could show you. But we took a picture. In it, she is kissing me on the cheek."

Mrs. Kolar was there. And I missed her. I shake my head and retract my juvenile judgments. "I'd like to see that picture," I say.

31

Mohammed greets me with a smile. He remembers. He bids me sit down, then he scurries off to fetch some coffee. He has a tray and the little metal coffee maker, which I've learned is called a *dzezva*. He pours the tarlike liquid into each cup, and the skins swirls into place. We raise our cups and sip. I'm no longer compelled to drain my cup.

Mohammed and I talk—not about anything in particular. Some customers look inside, Mohammed welcomes them. One woman buys a scarf and thanks him. Meanwhile, Mohammed fills the room with smoke; sunlight filters through the window. I have never been in a place more peaceful, more fixed in time. This Mohammed—the merchant of Sarajevo—is shrouded in an aura of enlightenment.

"What have you done?" Mohammed asks.

I tell him everything. About Amila, the hills, the Tunnel Museum. Mohammed listens. Then he says, "Did you drink from this fountain?"

"The one on the corner?" I point through the window. "Next to the mosque?"

"Yes, yes," he says. "Did you drink from this?"

"I did, actually."

Mohammed smiles. "It is said, if you drink from this once, you will return to Sarajevo."

Again, Mohammed has cut to the bone. I must sip, or else my heart will burst.

At dinner, Amila told me about Bosnian coffee. "They say that coffee saved Sarajevo," she said. Drinking coffee from a *dzezva* is a time-honored ritual. Bosnians have met for coffee since the days of the Ottomans, and such meetings can last for hours. Family and friends gather together, in parlors and at cafés, and they sit and chat for entire afternoons. "Almost nobody goes to therapy," Amila explained. "Coffee is like therapy for all of us."

And entertainment. And diversion. These get-togethers are the neighborhoods' local news service. For as long as Sarajevo was under siege, Bosnians assembled at tables and sipped their cares away. Their talk drowned out exploding shells.

At last I stand up and stretch my legs. "Mohammed, this has meant so much to me," I say. "And I feel silly buying something from you. But I would love to have one of your paintings."

Mohammed smiles humbly, and he sweeps his hand along the walls. "What would you like?"

I select two small paintings: In each, a gold Farsi script is written against a black background, which is bordered with a grass-green frame. I take these tiny paintings—only the size of a drink-coaster—and I take a *dzezva* as well. I pay for these, but Mohammed will not let me leave without a gift: He hands me a petite floral painting. "For your mother," he says. Then he gives me a thimble, with a tiny picture of Sarajevo glued to it. The thimble is junk, the kind of souvenir people give to nursing-home grandmothers; but I know better than to turn down a gift. Mohammed wraps each object in a different piece of paper and seals them with masking tape. When I've collected them all in a plastic bag, I shake Mohammed's hand.

Mohammed has no e-mail. He avoids the telephone. When I step out, I doubt I will ever see him again; nor ever meet his wife or daughter. I walk through the narrow streets of the Old City, past the mosque and the fountain, whose water has destined me to return.

32

In the yard outside my hostel stands an elegant marble sink. The cold water spigot is used for everything: washing hands, rinsing dishes, filling mop buckets, and even drinking water. This morning, as a hot sun rises over Sarajevo, I bundle an armload of foul-smelling clothes and carry them to the sink. It's laundry day.

I've determined that, in most ways, Sarajevo is a modern city. Yes, walls are still pecked with bullet holes and some buildings are condemned and covered in graffiti, but most people drive cars and iPods are sold in Old City electronics stores. Everyone is connected by Facebook, and many Bosnians carry two separate cell phones. Even the city buses run on time.

But laundry is a different matter. When I ask Mirza about Laundromats, he hums and haws. Not only can't he name me a place in town; he doesn't even bother to look one up in the directory.

"How much laundry do you have?" he asks. "I have a washer, but it is only good for six kilos or more."

I have no concept of kilograms. "I have four pairs of pants and five shirts. Also six pairs of socks and boxers. How does that sound?"

Mirza thinks about this for awhile, looks around absently, and sees the sink. "If you don't want to pay for it, you could of course wash these in the sink. And you could use the laundry line for drying."

I smile with relief. "That's exactly what I hoped you'd say."

Most middle class Americans would balk at washing their clothes by hand. Even the dingiest trailer park has its washing machines, or at least a Laundromat nearby. Most high-rise apartment buildings are equipped with a laundry room, and most laundry rooms have electric dryers. Only in the remotest U.S. countryside do travelers spot laundry lines; they're as strange in normal homes as medieval tapestries. Laundry lines are strung up in slums and around mountain cabins. Surely no self-respecting American has *time* to bother with actual clothespins.

Crazily, I actually *enjoy* doing laundry by hand. Nobody is more surprised than me. I never expected to have a fondness for dunking my arms up to the elbows in soapsuds and blackened water. But there's something satisfying about drowning a pair of pants at the bottom of a murky sink, then crushing its fabric with your bare hands to squeeze out the soapy froth. For millennia, this job has been relegated to subservient women, but every time I dunk another sweat-stained shirt into the creamy depths, I feel like a frontiersman on the trail, cleaning himself up before his bimonthly trip to the trading post.

The sink has no plug, so I press a bunch of socks into the drain, using the drainage pressure to suck them into place. The spout pours only ice-cold water, but in Bosnia's intense dry heat, the coolness is refreshing. One by one I pour powdered detergent over my clothes and dunk them, squeezing the soap into the folds and then running them under the spout to rinse. After ringing them out over the concrete walkway, I throw them in a heap for drying.

As I shake out pants and shirts, then pin them to the line that hangs above the hostel's grassy backyard, I consider how few electric dryers have *ever* appeared in Bosnia. When the Communists took over in 1945, dryers hardly existed on the planet, much less in the impoverished, war-ravaged Balkans. As the U.S. became more dependent on appliances—buying brand-new dishwashers and ceiling-high refrigerators—most Bosnians moved into shared farms or tenement buildings, where personal appliances smacked of bourgeois luxury. Once Communism fell apart, Yugoslavia started breaking into smaller nations, and war broke out. Even today, with its iPods and cell phones, Sarajevo's infrastructure is badly damaged. Energy is a major concern for ordinary Bosnians, who haggle with sky-high electric bills. This is particularly painful during the bitter Balkan winters.

But for this backpacker, one sink and a few gallons of water are a life saver. Having grown up in cold-weather Vermont, I don't handle heat well. On a summery day, I'll soak through a T-shirt in a matter of minutes—which is fine when I'm taking a walk through my local park; but here, 7,000 miles from my dresser, my only wardrobe is a rucksack full of jeans and polo shirts. Clipping them onto the line, watching them drip into the grass, I feel the rising sun singe the back of my neck and I smile. When there are open skies, clean water, and air smelling of soap, who wants to laze around a Laundromat, watching Court TV all afternoon?

By evening, my clothes are stiff and crisp. Each shirt folds as easily as thin sheets of cardboard. As the sun sets over Sarajevo's terra cotta roof-tops, I stuff my bag with fresh clothes, sniffing each item before zipping them into place. And now I'm good for the remainder of my stay.

And I'm reminded how little time I have left.

33

This story is incomplete. I am leaving out a vital part, and I'm loath to admit it. If I could, I would take one more journey—to Serbia.

Somehow, Serbia became the enemy. When fighting began, extremists in Belgrade plotted to invade their new neighbors. Their vision was "Greater Serbia," a tiny empire comprising only Serb people. This would be a Christian nation, washed clean of Muslim and Croat stragglers. When war breaks out—any war—everybody picks sides, and the Western World chose Bosnia as its wounded child. Bosnia was Us. Serbia was Them.

Yes, Serb pride is strong. It's a medieval pride, dating to the Battle of Kosovo Field in 1389. Serbia was a small principality then, and her noblemen struggled to defend against vast Ottoman legions. When the Christian and Muslim armies met at Pristina, tens of thousands of knights and janissaries were slaughtered on the ground. Serbia lost all her able-bodied men, while the Ottomans easily reinforced.

When the media glibly referred to "ancient ethnic hatreds," this is what they meant. Serbia wanted only independence, a right to language and culture, but when the Ottomans invaded, they reigned over the Serbs for 500 years. An epic poem describes the battle, and the loss still aches Serbian hearts. The Yugoslav Wars found inspiration in this old wound. Milošević referenced the Battle of Kosovo in an infamous speech, just as Hitler drew from Teutonic lore.

But this is misleading and simplistic. If the West knows little of Bosnia, we know almost nothing of Serbia. As a nation, Serbia was unfairly vilified, just as the world ignored the atrocities committed by Bosnian and Croatian militias. I know this intrinsically. I'd like to believe I've always known this.

In Athens, I met a flower arranger from Belgrade. He was muscular and effeminate—he loved to assemble bouquets, for all occasions. When I said I planned to visit Bosnia, he didn't bat an eye. He only said, "You must also see Belgrade! It is beautiful!"

"I've heard that," I said, though I'd heard no such thing.

"The kindest people! The most generous people!"

"Do you miss it, now that you live in Greece?"

"Oh, yes," he said, smiling sadly. "Oh, yes."

I have spent my entire life obsessed with war—its unfairness, its emotional costs. Even as Yugoslavia fractured, I knew the headlines couldn't be trusted. Even if Serbia was the sole aggressor, surely there were millions of Serbs who silently opposed the mass rape, the racist executions, their sons and brothers dying in a newly foreign nation. Just as I quietly gritted my teeth at the invasion of Afghanistan, sick at the fruitless devastation of our smart bombs, how many Serbs were too frightened to oppose their sociopathic president?

A few weeks before I left for Athens, I stepped into a used bookstore in Pittsburgh and found a strange little volume: *Serbian Diaries*, by a certain Boris Davidovich. I absently bought the paperback for fifty cents and took it home. The discovery was shocking: Davidovich wasn't just a Serb citizen—he was also a university professor and an active playboy. Not just a master seducer, but a *gay* master seducer. Throughout the 1980s, Davidovich defied Soviet homophobia and scoured Belgrade's streets and public bathrooms for easy sex. As translated by Dragan Vujanić, the text is rife with pornographic phrasing. He fucks his way through the city, even during the AIDS crisis, which was as epidemic in Serbia as in the U.S. In one scene, a suitor attacks him—in an effort to rob him as well—and jams a nail into Davidovich's shoulder.

As the war descended, Davidovich became more ornery. The fall of Soviet repression didn't ease his lifestyle; the tyrants only shifted course. Instead of secret police, Davidovich now contended with street gangs and economic sanctions. Food ran short, thugs broke up gay trysts, and Davidovich sank into an angry depression. He flirted with suicide, or escape to another country, but decided to sulk instead. Davidovich never once mentions the Battle of Kosovo Field or his own Serbian pride. He is disgusted by his bigoted countrymen, finding solace only in brief flings with likeminded men. These lovers never stick around; he always drops them off where he found them, on some street corner, expecting never to see them again.

Davidovich is a rare case, but I know that Belgrade is full of such unexpected chronicles. So many people, so many stories. I will have to come back, I know.

Each time I pass the train station, I consider the railroad that just opened between Sarajevo and Belgrade. For the first time since the late 1980s, passengers can ride a coach from one capital to the other. Belgrade was never on my list; a month ago, I booked my plane ticket from Sarajevo to Athens. But I fantasize about boarding these cars, where Bosnians and Serbs can finally intermingle. Not long ago, this union was unthinkable—to share space on public transit. The line runs boldly through former battlefields, decimated villages; people died on these very rails. And now these nations, which supposedly despise each other, may exchange visitors at any time.

One day, I tell myself, I'll take that train.

34

My penultimate night, Mirza and his father are watching television. They stand behind the desk in the reception room, and they look annoyed.

"What are you watching?" I ask.

"Eurovision," Mirza says. "It is the final night."

"Eurovision?"

They both look away from the TV, their mouths agape. "You have never heard of Eurovision before?"

"Uh, no."

"This is a music competition. Each country in Europe sings a song. It is very popular."

"Is it like 'American Idol'?"

Mirza sniffs at this, then chuckles. "No, no. 'American Idol' is *crap*. This is a competition that is very old."

But Eurovision, I soon learn, isn't much better. The contest has been held every year since the 1950s. The idea was to create a kind of musical Olympics for the European nations, who had so recently decimated each other during World War II. Each country would send their finest musicians to perform, and each musical act would reflect the musical traditions of that country.

That was the original idea, anyway. But the music has become increasingly poppy, and nearly every song now incorporates English lyrics. I catch only a handful of songs: There are spastic dance numbers and flamboyant costumes; the songs sound like Christina Aguilera radio hits. By the time Mirza pours me a cup of coffee, the voting has begun.

A man steps out of the back room. It's Sid, from the tourism office.

"Sid!" I say.

"Oh, yes," Mirza says. "You have met my brother, of course."

I've been here nearly a week, and I had no idea that Sid and Mirza were brothers. Sid nods to me and points at the screen. "You must watch this. The voting is absolute shit. Neighbors only vote for neighbors."

"How do you mean?"

"So right now Norway is winning. And yes, Norway performed well. But when Sweden votes, they will vote for Norway and Denmark, possibly Finland. Russia will vote for Lithuania and Latvia, and so on. It is nothing but politics. Some say that it is statistically impossible for Bosnia to win, even though we have so many countries that border us."

"It is *kat-AH-strohf*," Mirza says.

"It's what?"

Mirza throws his hands in the air. "*Kat-AH-strohf.*"

It takes me a second to realize he means *catastrophe*. Mirza says this a lot. A few days ago, I saw him scrubbing the floors of the bathroom. He kept shaking his head and murmuring to the floor. "I wish there was someone to help me do this," he said. "But it is impossible to find someone who is dependable. These Oriental people, they don't like to do any work. It is *ka-TAH-strohf.*"

Mirza clearly doesn't like Muslims. It's hard to tell who Mirza *does* like. Day after day, he complains about some other ethnic group, some lowly demographic. He insists that the streets are safe, but then he warns me about visiting the suburbs late at night, where there are "knife fights" and "drag races." I haven't met these mysterious people, and for awhile I doubted his bigotry, but I've started to notice the damaged young men who roam the streets—they wear their arms in makeshift slings, or bandages on their cheeks and brows. These are fist fighters' wounds, and Mirza's comments seem less fantastical. Unemployment is high in Sarajevo, and tens of thousands of villagers migrated to the city after the war. Jobs are scarce and bills are high; modern city or not, it's not easy to live in Sarajevo.

The voting is in full swing. The camera shifts from country to country, where a different representative says hello and announces his nation's vote. Some are beautiful women; some are smiley hipsters with

"It is kat-AH-strohf," *Mirza says.*

spiked hair; one is an effeminate young man, which surprises me. Like clockwork, each nation votes for cultural similars, geographic friends.

"Neighbors to neighbors!" Sid bellows. "Every time! France for Belgium! Germany for Austria! It is comical!"

Norway continues to rack up votes. Mirza pours me a second cup of coffee. We start placing gentlemen's bets: The United Kingdom will vote for Ireland and France. Or will they vote for Switzerland, just to mix things up? I am swept up in the moment; I've bet no actual money, but I'm invested now. Russia votes for Serbia.

"It is only politics!" Mirza proclaims. "Russia wants Serbia to win, because they were allies during the war. It is utterly crap."

The night is dark, and midnight has passed, but I wait to see the results. Norway is clearly winning by a long shot, but I wait until the finale, announced in English, French and Russian. When Norway is declared victor, the program shows crowds of people partying in studios, in the streets, in bandstands and stadiums. Millions are tuned into this program. No matter how cynical the outcome, they want to root for their homelands. The music means nothing now. The band plays on.

The TV turns to commercials, and Sid sips coffee in the flickering dark. Then, unprompted, he begins a quiet tirade.

"So many people move to Sarajevo," he says. "They cannot find work, so they fight. All these young men. These *Orientals*. They are not civilized. They say that different people are all equal, but they are *not* equal. You cannot bring medieval people into a modern city and expect them to behave properly. To find work and have discipline. Or the Africans, when they move to Europe—Stone Age peoples, living in civilized society. It cannot work."

Sid's tone is low now.

"I do not like dictatorships. But sometimes I do miss the days of Tito. Tito did some things right. He knew there were people who were lazy. So he rounded them up and put them in work camps. He *made* them work. That is what should happen now. You find the bad people and put them together, and if some of them have to die, then some of them have to die. But then they find discipline. They are grateful for what they have.

You give them jobs and education, and there are no more fights or cars racing on the streets."

Sid pauses. He must sense how much his monologue saddens me. How many times have I found a place on Earth, and my happy vision is shattered by a few coarse words? In Iceland, they complained about the Poles. The Kenyans mocked the Jews. In Washington, D.C., a pair of Californians told me how much they loved black culture, but it was the Mexicans who caused all America's problems. I think of the lonely gypsy child in Montenegro, or the Roma camp on the outskirts of town— living on the fringes of society, abhorred by all. When will a music contest revert into baser battles? When will another city have to dig its tunnel to escape bombardment? Last decade, it was Sarajevo. Now it's Sudan, Iraq, Afghanistan. I wait for Sid to start again, but I want to convince him these are paltry hatreds. Instead, hate the landmines. Hate the generals and their turbo-folk mistresses. Hate the poverty that keeps Mirza working all day and night.

"What do you want to do?" I ask.

"What do you mean?"

"I mean, eventually. What do you hope to do with your life?"

Sid takes a long breath, a sip of coffee. He stares at the screen, which has turned to a German gardening show.

"I want to save money," he says. "I know I can never move to Vienna. I wish I could, but it is too costly, and too difficult. So instead I will work until I have money, and I will buy a farm. There is very good farmland in Bosnia. I will move there and be alone. Or I will raise a family, and we will be alone together. But it will be *mine*, and I will make an honest living of it." He takes the remote control and turns up the volume on the TV. The German gardener speaks loudly now. "But that will be many years from now."

35

I spend my last night wandering the streets of Sarajevo. The sun has set, and the streets are dark. People lumber through the alleyways, but their faces are hidden by veils and hats, by the shadows of the walls. I slip into a pub, which is venerable with inlaid wood and vintage posters for Bob Marley concerts. I order a beer, then a second, and third. I talk with the bartender, a puckish kid who spent the war years in England, where he learned to surf. We chat about music and life. Outside, men smoke cigarettes and shout football chants; they're all fans of British soccer teams.

I drink until I can no longer see straight, and then I wander up the hill, past the martyrs' cemetery, for the last time. The hostel is quiet when I arrive; the other guests are still painting the town, or they're asleep. I sit in a lawn chair on the concrete patio, and the leaves of a small tree web shadows over my face. The lamps glow muted orange over the grass. Beyond the walls, I can see the hills of Sarajevo mapped with streetlights.

I weep. The tears escape. My body quavers. This is the tipping point. I've seen all I can, and now I must convert it all into memory. My passage is complete.

Mirza drives me to the airport. He asks for ten euros for gas, but I know he wouldn't charge me if he didn't have to. We talk about nothing; he points at some landmarks.

"Some people laugh at me for my car," Mirza says. "But I am not ashamed of this. I can drive forty kilometers per liter of petrol. That is why I drive a small car. If I had more money, then I might buy a better car. But this is good enough for me. They can laugh all they want."

I can only smile at this. In a way, he's talking about everything.

Mirza drops me off at the airport and we say goodbye. He waits for me to pass through the door before driving off.

At my gate, three Americans sit together. The airport is practically empty, except for a platoon of German soldiers wearing dark green fatigues. Only four airlines service Sarajevo International. Bosnia's capital is not a popular destination. Not yet, maybe not ever.

Two of the Americans are handsome and muscular. One is black, the other white; they both look about forty years old. The third American is pudgy; his chin has disappeared into flab, and his face is gray with inadequate shaving. They all talk. The handsome men flash smiles with perfect teeth.

I walk over to them and say, "Sorry to interrupt, but I haven't heard American English in two weeks. It's good to hear."

The men chuckle. "Where've you been?" the white guy says.

"All over the place. Greece, Albania, Montenegro, Croatia, Bosnia…"

"Man, you've been *everywhere*," the black guy says. "You're like the fucking Green Berets."

I chuckle. "Well, I don't think the Green Berets take the bus."

"You took the *bus?* That's crazy, man."

I tell them a few anecdotes. It picks up my spirits. The melancholy of last night has worn away. I can't stay on vacation forever, no matter how meaningful the journey. I realize how much I've missed the bombastic nature of American conversation—loud, upbeat, fast talking. The slow dreariness of Slavic conversation now seems so strange.

"So what do you guys do?" I ask.

Their mirthful smiles fade. The white guy takes a breath, looks me square in the eye, and says: "We work for the government."

Their faces have turned to stone. They aren't fucking around. They're dead serious.

"Oh," I say. "Well, I guess I shouldn't ask any more questions, huh?"

"Honestly," says the white guy, "no, you shouldn't."

This is a friendly warning. I sense no malice behind it. Only a statement of fact. They will give me no more information, and this conversation should probably end. No problem, of course. I sit in my seat, my backpack wedged between my knees, and wait for my flight's announcement. Through the massive plate glass windows, I see storm clouds bleeding into the overcast sky. Lightning flashes in the distance; nearly a minute later, I can barely hear the thunder's rumble.

"So the key thing," says the heavyset man, "is you guys are gonna be out there for *a while*."

"Right," says the white guy.

"So seriously, you just gotta enjoy yourselves. As much as you can. You gotta take breaks now and again, or else you'll go crazy." The heavyset man rubs his nose, then snorts. "I mean, there's been a lot of technical problems. Stuff you guys should really know about. Like Martha? *That* fucking bitch? You know she's been on the team for six months and she's only level *two*."

"Are you serious?" says the black guy.

"Only level *two*," repeats the heavyset man. "She keeps fucking everything up. And some of the systems, they're just not working *at all*. We've had some serious problems."

As they talk, their voices drop to a murmur. I'm sitting next to them, and I can hear everything, but I know I shouldn't. This murmur is for my benefit. Or because I'm a nuisance, sitting so close.

"So where do we pick up the side arms?" says the white guy.

"Honestly, there's nobody even *at* the locker today. And I don't think you'll even need 'em yet. Just pick 'em up tomorrow."

Now I stand up.

"It was a pleasure talking with you guys," I say. "Have a great trip."

"You, too, man," the handsome men say, simultaneously. They give a half wave. They don't really give a shit what I do.

I go to my gate. My head spins. Clouds gather outside, as if on cue. When the security door opens, a string of passengers moves into the plane. By the time the main door closes and we're sealed inside, half the cabin's seats are still empty.

This is what peace looks like.

The engines rev. The plane rolls forward. *Peace is cease-fire. Peace is the absence of war.* The plane hiccups along the tarmac, angles into position. *Peace gives directions on the bus for pleasure. Peace has lingering disdain for people who scrub floors.* On the intercom, the Captain alerts us to inclement weather, turbulence ahead. *Peace tastes like warm pita packed with ćevapi and onions. Peace is a train between two tired enemies. Peace charges extra for laundry and spare sheets.* The engines roar, the cabin shakes. My head presses against the headrest as the rest of my body falls centripetally limp. *Peace is a stone bridge that survives world war. Peace is a border patrol guard who must keep up appearances. Peace invites you into the house of a stranger. Peace is the occasional knife fight among frustrated teenage boys. Peace wears a veil. Peace scoffs at people who wear veils.*

The plane lifts into the broiling sky. The view is absorbed by watery gray. A branch of lightning reaches through the billows.

Peace will rent you a bicycle. Peace will take you to dinner, because you're a guest. Peace pours from fountains in front of the mosque. Peace is a safe trail through a minefield in the hills. Peace is sand to fill the bomb-craters. Peace is an afternoon of sipping rich coffee with a friend. Peace studies genetic engineering and collects flower specimens. Peace is a theatre festival. Peace is a 20-meter tunnel. Peace will recharge your battery. Peace is lingering barbed wire fence. Peace is crawling with German and American servicemen. Peace speaks many languages. Peace is a string of nervous islands.

Now, back to the war.

Acknowledgements

Frankly, too many people helped in the creation of this book. More than I could count, much less name. But I am grateful to all of them, and these people in particular: In the field, the key players were Amila Ibricevic, Jasenka Besic, Anna Redi, Regina, Mirza, Sid, Elina, Stelio, and Ioanna (i.e. The Center of the Universe), plus all those unnamable people who helped me along the way, including that Montenegrin security guard, who is probably a really nice guy.

Here at home, I am forever indebted to the Autumn House crack team, Mike Simms, Kriscinda Meadows, Rebecca King, and Rick St. John, who not only took a chance with this project, but did so with gusto. Thanks also to my many academic mentors, particularly John E. Lane, Jr., Dr. Sheryl St. Germain, Mike Rosenwald, Patsy Sims, Harry Kloman, and Sandy Sterner. Much love to the Ophelia Street gang, who inspire me to this day. Also thanks to Stephen Segal, who gave me my Big Break – not once, but three different times.

And on the strictly personal front: I really lucked out by being born in the world's greatest family, and thanks always to Mom, Dad, and Joe. Luckier still, I met the greatest womyn on Earth, who not only encourages these far-flung adventures, but shares all these days with me. Thank you, Ky, for making my life.

Robert Isenberg is an award-winning journalist, playwright, and stage performer. He is the creator of the Pittsburgh Monologue Project and co-founder of the Hodgepodge Society comedy lecture series. Isenberg serves as the first ever Whitford Fellow at Chatham University and teaches at Duquesne University. Originally from Vermont, he lives in Pittsburgh, Pennsylvania.

Design and Production

Cover, Text, and Layout Design by Rebecca King

All Original Photography © Robert Isenberg

Author Photo © Tina Castillo

Archipelago Logo © Rebecca King

Text font set in Minion Pro.
Title font set in Phosphorus Triselenide.

Printed by McNaughton-Gunn on 60# Natural Offset.

EL BALANCÍ

525

MANUEL DE PEDROLO

Mecanoscrit del segon origen

Pròleg de Josep M. Castellet

Edicions 62

Barcelona

La primera edició del *Mecanoscrit del segon origen* va ser publicada dins la col·lecció «El Trapezi» d'Edicions 62 l'any 1974.

Primera edició dins «El Balancí»: novembre del 2005.

© Hereus de Manuel de Pedrolo, 1974, 2005.
© pel pròleg: Josep M. Castellet, 2005.

© d'aquesta edició: Edicions 62, s. a.,
Peu de la Creu, 4, 08001 Barcelona.
correu@grup62.com
grup62.com

Compost a Víctor Igual, s.l., Peu de la Creu, 5-9, 08001 Barcelona.
Imprès a Liberdúplex, s. l., Ctra. BV2241, km. 7, 4. Pol. Torrentfondo
08791 Sant Llorenç d'Hortons.
DIPÒSIT LEGAL: B. 42.958-2005.
ISBN: 84-297-5739-2.

Al llarg de més de vint-i-cinc anys vaig tractar amb una relativa freqüència Manuel de Pedrolo. Jo era director literari d'Edicions 62 i ell autor de la casa: tot sigui dit, l'escriptor més prolífic de tots —i van ser molts— els que vam publicar. Visitava l'editorial amb assiduïtat pels petits problemes que tota publicació comporta, des de la lectura de l'obra i la contractació fins a l'edició del llibre, passant pels tràmits de correcció d'original, de galerades, de compaginades, etc. En el cas de Pedrolo, calia afegir-hi els tràmits de censura, llargs i complicats, que moltes vegades acabaven amb la prohibició total de l'obra o uns retalls tan considerables que el llibre s'havia de refer o, en alguns casos, deixar-lo per si arribaven temps més propicis.

Jo no m'ocupava de la marxa corrent de l'edició dels llibres, però sí òbviament de la lectura dels originals i dels comentaris amb l'autor fins a arribar a un acord de publicació, pendents sempre de l'aprovació prèvia del Ministerio de Información y Turismo que era l'encarregat de vetllar per la moral i l'estabilitat intel·lectual del règim franquista que ens governava, fet que va durar fins al 1976. Que jo sàpiga, Pedrolo va ser l'autor català més castigat per la censura, no solament per ser el més prolífic sinó per les seves afirmacions catalanistes (independentistes fins a on el deixaven manifestar-se), per les seves idees progressistes i per l'erotisme d'alguns textos, els quals no solament vulneraven els principis reaccionaris del règim, sinó també la carcúndia inherent al nacionalcatolicisme. Així, doncs, vaig parlar moltes hores amb Manuel de Pedrolo. Comentàvem els originals que em portava; em deixava discutir-li aquelles parts o fins i tot la idea global d'una novel·la que desentonava, al meu entendre, del projecte inicial del llibre tal com me l'havia exposat; discutíem d'un punt que per ell era important: la inserció de la seva obra en la literatura contemporània, perquè era un lector incansable d'autors estrangers, a més de traductor de grans novel·les del segle XX (de Faulkner a Henry Miller, de Caldwell a Dos Passos, de Salinger a Norman Mailer, de Lawrence Durrell a Robbe-Grillet).

Manuel de Pedrolo era, doncs, un interlocutor ideal per a un director literari cansat de les pretensions de molts joves escriptors que et duien l'obra «definitiva», més o menys «genial». Pedrolo escoltava, discutia i, evidentment, acabava lliurant —amb o sense modificacions— el llibre que havia donat per bo. Era afable i modest d'expressió, encara que no costava gaire adonar-se'n que no hauria pogut bastir una obra tan extensa i diversa sense un rerefons d'ambició, segurament per damunt de les seves possibilitats.

És així com un dia em va portar el *Mecanoscrit del segon origen* que vaig llegir amb una certa rapidesa i notable satisfacció. No sabria explicar, ara, passats més de trenta anys, per què d'aquella lectura em va sorgir la idea d'editar-lo a «El Trapezi», una col·lecció de literatura juvenil d'alt nivell —hi havíem publicat Saroyan, Fournier, Chesterton, Buzzati, Gorki, Simenon, etc.—, potser per tal d'afegir-hi autors catalans on gairebé no n'hi havia. Quan li vaig suggerir la idea el va sorprendre, però la companyia literària i la provatura de temptar un públic al qual no s'havia adreçat mai el van convèncer.

El que va passar a continuació ni l'autor ni jo mateix no ho hem sabut explicar mai. Que el *Mecanoscrit del segon origen* és una obra reeixida, concisa i rodona ho sabíem des del principi, però en una literatura de tiratges limitats per raons demogràfiques i polítiques no podíem sospitar que —al llarg dels anys i, òbviament, de l'adveniment de la democràcia amb l'ensenyament generalitzat del català— trenta anys després de la primera edició hagués assolit la tirada aproximada d'un milió d'exemplars.

En aquest 15è aniversari de la mort de Manuel de Pedrolo i com a preparació d'un pla global de recuperació d'alguns dels seus millors llibres, aquesta edició vol ser un homenatge a l'autor, una celebració de la persistència de la cultura escrita en llengua catalana i un bon auguri de futur per a les nostres lletres.

J. M. CASTELLET
tardor 2005

MECANOSCRIT DEL SEGON ORIGEN

QUADERN DE LA DESTRUCCIÓ
I DE LA SALVACIÓ

(1) L'Alba, una noia de catorze anys, verge i bruna, tornava de l'hort de casa seva amb un cistellet de figues negres, de coll de dama, quan s'aturà a avergonyir dos nois, que n'apallissaven un altre i el feien caure al toll de la resclosa, i els va dir:

—Què us ha fet?

I ells li van contestar:

—No el volem amb nosaltres, perquè és negre.

—I si s'ofega?

I ells es van arronsar d'espatlles, car eren dos nois formats en un ambient cruel, de prejudicis.

(2) I aleshores, quan l'Alba ja deixava el cistellet per tal de llançar-se a l'aigua sense ni treure's la roba, puix que només duia uns *shorts* i una brusa sobre la pell, el cel i la terra van començar a vibrar amb una mena de trepidació sorda que s'anava accentuant, i un dels nois, que havia alçat el cap, digué:

—Mireu!

Tots tres van poder veure una gran formació d'aparells que s'atansava remorosament de la llunyania, i n'hi havia tants que cobrien l'horitzó. L'altre noi va dir:

—Són platets voladors, tu!

(3) I l'Alba va mirar encara un moment cap als estranys objectes ovalats i plans que avançaven de pressa cap a la vila mentre la tremolor de la terra i de l'aire augmentava i el soroll creixia, però va pensar de nou

en el fill de la seva veïna Margarida, en Dídac, que havia desaparegut en les profunditats de la resclosa, i es va capbussar en l'aigua, darrera els nois, que s'havien oblidat del tot de llur acció i ara deien:

—Guaita com brillen! Semblen de foc!

(4) I dins l'aigua, quan ja nedava cap a les pregoneses, l'Alba es va sentir com estirada per la puixança d'un moviment interior que volia endur-se-la altre cop a la superfície, però ella lluità enèrgicament i amb tot el seu braó contra les onades i els remolins, que alteraven la calma habitual del toll, i bracejà amb esforç per atansar-se a l'indret on havia vist desaparèixer en Dídac.

Una altra commoció de l'aigua, més intensa, l'apartà de la riba sense vèncer-la, car ella li oposà tota la seva voluntat i els recursos de la seva destresa i, per sota el vòrtex que estava a punt de dominar-la, s'enfonsà encara i va nedar cap a les lianes que empresonaven el noi.

(5) I sense tocar terra, ara en una aigua que tornava a encalmar-se sobtadament, va arrencar en Dídac de les plantes grimpaires, entre els circells de les quals altres infants havien trobat la mort, i, sense que ell li donés cap feina, puix que havia perdut el coneixement, va arrossegar-lo amb una mà, mentre l'altra i les cames obrien un solc cap a la superfície, on la respiració continguda va explotar-li, com una bombolla que es forada, abans de continuar nedant fins on la riba baixava a nivell de l'aigua.

En enfilar-s'hi i hissar-hi el cos exànime del noi, encara va tenir temps de veure com el núvol d'aparells desapareixia per l'horitzó de llevant.

(6) I, sense entretenir-se, l'Alba va ajeure en Dídac de bocons sobre l'herba del marge, va fer-li treure tanta aigua com pogué, el girà de cara enlaire en comprovar que encara no donava senyals de vida i enfonsà la boca entre els seus llavis per tal de passar-li l'aire dels propis pulmons fins que el noi parpellejà i es va moure, com si aquella boca estranya li fes nosa.

Va treure-li la roba xopa perquè el sol eixugués el seu cos, va friccionar-lo encara, tota abocada al seu damunt, i només llavors, quan ell ja es recobrava, se li acudí d'estranyar-se que els dos nois que l'havien empès no haguessin acudit.

(7) I després va veure que tots dos eren ajaçats a terra, garratibats i amb les faccions contretes, com colpits per un atac d'apoplexia que els hagués deixats amb la cara groc-rosada. El cistellet s'havia capgirat i totes les figues eren escampades a llur entorn, però no n'havien menjat, car tenien els llavis nets. En Dídac, que es redreçava, preguntà:

—Què fan, Alba?

—No ho sé... Anem, que no et volen.

—Vols dir que no són morts?

(8) I llavors, l'Alba, que es girava en adonar-se que tenia un gran esquinç a la brusa, va alçar la vista cap al poble i obrí la boca sense que li'n sortís cap so. Al seu davant, a tres-cents metres, Benaura semblava un altre, més pla; sota la pols que hi penjava com una boira llorda i persistent, les cases s'amuntegaven les unes damunt les altres, com esclafades per una gran mà barroera. Tornà a tancar els llavis, va obrir-los de nou i exclamà:

—Oh!

I tot seguit, sense recordar-se que la brusa ja no li amagava les sines, va arrencar a córrer camí avall.

(9) I a la vila no quedava res dempeus. Els edificis s'havien aclofat sobre ells mateixos, talment com si de cop i volta els haguessin flaquejat les parets, sobre les runes de les quals havien caigut les teulades. Tot de pedres i de teules partides eren escampades pels carrers i cobrien, sobretot, les voreres, però l'esfondrament era massa aplomat per haver deixat intransitables les vies més amples, per on ja corria l'aigua de les canonades esbotzades que, en alguns llocs, alçaven guèisers impetuosos entre la polseguera.

En molts indrets, els murs baixos continuaven drets, com per contenir a l'interior el vessament dels pisos alts amuntegats, en alguns casos, entre parets que, esquerdades i tot, havien resistit l'impuls ferotge d'un atac anihilador. Perquè tot allò ho havien fet aquells aparells misteriosos, l'Alba n'estava segura.

(10) I arreu, mig colgats per les runes, a l'interior dels cotxes aturats, pels carrers, hi havia cadàvers, una gran quantitat de cadàvers, tots amb la cara contreta en un rictus estrany i la pell groc-rosada.

No els havien abatut ni pedres ni caps de biga, car alguns reposaven en espais nets i jeien sencers, sense sang visible ni ferides, simplement caiguts com sota el llamp de l'apoplexia. D'altres, en canvi, penjaven dels trespols oberts o treien tot just un membre, o el cap, d'entre els enderrocs que els empresonaven. Ella els coneixia gairebé tots; eren veïns, amics, gent que estava acostumada a veure cada dia.

També hi devia haver els seus pares.

(11) I va tornar a córrer, ara panteixant sota un esquinçall de brusa que s'havia lligat a la cara a tall de morrió, contra la pols que la feia estossegar. Es va moure cap a la plaça, on el capdamunt del campanar, gairebé intocat, s'alçava ben dret sobre les runes de l'església, que tallaven l'entrada als carrerons de darrera, prou estrets per obligar-la a escalar turons de mobles, de tàpia, de cadàvers, i a davallar per terraplens la superfície dels quals rodolava sota els seus peus.

Va anar orientant-se per una geografia ciutadana ací desconeguda, travessà pel talús d'uns baixos que després es van enfonsar i gairebé la colgaren, va saltar un mur alt on s'enganxà un camal dels *shorts*, que van obrir-se de dalt a baix, retinguts només per la trinxa, i, per un carrer curt i badívol, però inundat per una font improvisada, continuà corrent cap al tombant on hi havia casa seva.

(12) I ara la casa ja no ho era. Els dos pisos de la construcció s'havien precipitat damunt el sostre dels baixos, el qual també es devia haver

ensulsiat darrera la porta que ara, amb la paret lleugerament inflada per la pressió, tancava la tomba on reposaven el pare, la mare, la germana que s'havia de casar el mes vinent...

Va alçar les mans, les aplanà contra la fusta sòlida i, després, les va anar deixant relliscar lentament, amb tot el cos que cedia sobre les cames desvalgudes fins que els genolls van tocar el terra ple de guixots, i tota ella, indiferent al dolor físic, es va arraulir bo i mormolant:

—Mare! Mare...

(13) I els llavis li tremolaven amb el plor que li desencaixava la cara d'on el morrió havia lliscat, i les mans, obstinades, continuaven gratant la fusta on va anar perdent fragments d'ungla fins que la petita veu tèbia, que també plorava, digué al seu costat:

—I la mare, Alba?

En Dídac l'havia seguida des de la resclosa, havia recorregut com ella els carrers visitats per la mort, havia saltat muntanyes de runa i, pel laberint dels carrerons, acabava de fer cap al seu cau. Perquè vivia allí, al costat, amb la Margarida que, anys enrera, se'n va anar a servir a fora i va deixar-se prenyar per un negre.

L'Alba se li abraçà, el va prémer contra seu amb un gest desesperat, però va interrompre el plor que encara li nuava la gola i es va anar redreçant, sostinguda pel cos infantil, de nou anys, que pidolava amb un somiqueig:

—No s'ha mort, oi?

(14) I s'havia mort. La van trobar als peus del fogó, després d'haver penetrat a la casa per un forat del sostre, i encara tenia a les mans una cullera amb què devia estar a punt de remenar la pasta que es veia en una olla de terrissa, intacta.

El noi va abraçar-se-li amb un renill de bestiola i la cridava com si ella dormís i la volgués fer despertar, mentre l'Alba li amoixava els cabells arrissats i el deixava desfogar, ara amb els ulls eixuts, tot i que el cor se li inflava com si les llàgrimes brollessin allí, en les clivelles dels batecs arítmics.

Després en Dídac va arrapar-se-li com un nàufrag que s'agafa en una fusta i li mullà les galtes amb el seu plor tot balbucejant mots sense sentit. Ella digué:

—Deuen haver matat tothom.

(15) I quan li explicava allò dels avions, que ell no havia vist perquè era sota l'aigua, van sentir un inesperat refilet que els va fer girar cap a la finestra del pati, que conservava l'ampit, i, de seguida, van veure la gàbia, sencera, de l'ocell, que movia les ales.

—La cadernera!

En Dídac va desprendre les seves mans del coll de l'Alba i es va redreçar.

—La Xica...

La noia, esperançada, es premia les mans contra els pits per tal d'aquietar el cor que gairebé li saltava.

—No estem sols, Dídac, no estem sols!

(16) I hi estaven. No havia quedat ningú de llur espècie, ni cap mamífer. Com van anar veient en deixar la casa i recórrer les runes, entre els cadàvers humans també n'hi havia de gossos, de gats i, al barri dels pagesos, de mules, de porcs, de conills que jeien als estables i als corrals. Havien quedat, però, les gallines, que escatainaven entre la terra de les tàpies, a trossos caigudes, o que s'enfilaven, esvalotades, pels sortints de biga dreçats com peces d'un esquelet mal sepultat. Tampoc no havien mort les mosques que borinaven entorn de les víctimes patètiques i que ells no podien pas pensar a sebollir; n'hi havia massa.

Carrer rera carrer, d'un cap de vila a l'altre, l'Alba i el noi, agafats de la mà, van anar explorant un escenari que es repetia sense imaginació i pel qual, de tant en tant, deixaven sentir la crida de llurs veus tremoloses per si algú, agonitzant, o simplement atrapat pels enderrocs, volia donar fe de vida. I sempre els contestava el silenci, només pertorbat pel xiulet dels brolladors que regaven el carrer.

(17) I l'Alba s'estranyava de la forma en què havia tingut lloc la destrucció. Perquè a poc a poc va anar observant que amb escasses excepcions, on quedava un pany de mur erecte o la tossa d'una teulada que s'aguantava en equilibri inestable sobre el buit, l'acció que desféu les cases havia obrat uniformement; arreu, els baixos s'haurien salvat sense el pes de la caiguda dels pisos alts que esbotzà els sostres i els inundà desigualment de runa, segons l'alçada de l'edifici o la resistència dels trespols.

Fins i tot als seus ulls inexperts, allò semblava el fet d'una vibració prou puixant per esberlar les parets superiors i, doncs, abatre-les, i massa feble, alhora, per somoure els murs més pròxims als fonaments, on l'ensulsiada havia estat l'efecte del material de sobre. Però, quina mena de vibració podia haver estat aquella que colpí les persones i les anorreà amb tanta unanimitat? I per què havia respectat els insectes i les aus?

(18) I les preguntes es van multiplicar quan desembocaren a la carretera que travessava els ravals de Benaura i van veure els cotxes i els camions que devien haver-se immobilitzat en sec i darrera els parabrises dels quals hi havia tot de persones desconegudes que mai no es devien haver imaginat que moririen en aquell poble per a elles foraster.

¿Que potser el fat de la vila havia estat compartit per les altres ciutats del país? ¿Es trobaven davant una catàstrofe més intensa que no creien, total? El mateix Dídac es va fer ressò de la seva angoixa en preguntar:

—A tot arreu deu haver estat igual, Alba?

Tenia la cara com escanyada per la por i la noia va adonar-se que el cos nu sagnava per tot de ditades vermelles, les esgarrinxades que s'havia fet. I el seu també. Va dir:

—De seguida ho sabrem. De primer, però, anem a vestir-nos.

(19) I van tornar a la plaça, on sota els porxos hi havia una botiga on venien robes de tota mena i a la qual es podia entrar per un dels aparadors. Dins, l'amo, la dependenta i dues clientes ocupaven llocs

gairebé simètrics a banda i banda del taulell, sobre el terra de rajols grocs, i al fons hi havia un gat blanc amb la closca partida per una llata.

L'Alba va estirar uns pantalons per al noi, uns *shorts* per a ella, dues camises virolades i una tovallola. Es va treure el cassigall que li tapava malament el ventre i tots dos van rentar-se en un brollador que s'alçava entre dues pedres. Ni l'un ni l'altre no s'avergonyia de la seva nuesa, ell perquè era innocent i la noia perquè sempre havia estat honesta i a casa seva li havien ensenyat a no tenir hipocresia.

Després van vestir-se amb la roba neta i es van calçar espardenyes d'una gran estesa que omplia aquells mateixos porxos, més avall, on l'espardenyer sempre en penjava d'allò més en dos ferros que posava i treia cada dia.

(20) I seguidament van penetrar a ca l'armer per un forat de la banda de darrera, on l'home i algú altre jeien sota la runa amb els peus cap a fora, submergits en un toll d'aigua, van agafar uns prismàtics i se'n van anar cap a un turó dels afores, no pas més elevat que la casa més alta de la vila, on hi havia els dipòsits, ara molt baixos de nivell, puix que l'aigua s'escapava per les esquerdes i inundava els camps veïns.

Des del cim, l'Alba va confirmar que el seu poble no havia estat escollit a l'atzar o especialment afavorit. A quatre metres de distància, el poble veí, que de fet era a sis quilòmetres, s'havia convertit també en un laberint d'enderrocs. I més lluny, a dotze quilòmetres, encara va poder veure, si bé amb no tanta precisió, l'antiga colònia fabril que amb els anys s'havia transformat en una vila gran. Darrerament hi construïren un modest gratacels, de sis pisos, i també hi havia la torre del campanar; ara, però, no hi eren, i cap teulada no brillava sota el sol.

En Dídac, que era al seu costat, va dir amb la veu molt prima:

—No hi ha ningú, Alba?

Ella va abaixar els prismàtics i li va estrènyer la mà.

—No, Dídac, no hi ha ningú.

(21) I al cap de vint minuts ja sabien també que els telèfons no funcionaven, que no hi havia electricitat i que les estacions de ràdio havien emmudit, puix que cap d'elles, del país o estrangera, no acudí a la cita de les busques del transistor que van trobar en un racó de dormitori d'una casa del Carrer Ample, on tot just s'havien salvat una tauleta de nit i l'aparell.

En Dídac, que cada cop feia una cara més trasmudada, gemegà:

—Què farem, ara, Alba?

Ella va passar-li el braç per l'espatlla amb un gest aconhortador i, sense abandonar la petita ràdio que pensava endur-se, va dir:

—Ens en sortirem, Dídac; no et desanimis.

—I què podem fer, tots sols?

—Moltes coses. Per començar, dinarem.

No tenien gana, però l'Alba sabia que els esperava una jornada molt dura, i estava disposada a lluitar; sempre havia estat una noia pugnaç.

(22) I van dinar en una botiga de queviures de la cantonada del Carrer Major, entre les lleixes plenes de pots i de llaunes de conserves i sota una vara llarga, carregada de pernils i de moltes menes d'embotits, que per un extrem s'havia desprès del seu suport i penjava sobre les balances.

Menjaven a poc a poc, per obligació, i les mossades se'ls entretenien per la boca, els calia donar grans cops de coll per empassar-se-les, fins i tot quan obriren una ampolla d'aigua mineral per facilitar la deglució. Tots dos tenien l'estómac regirat i el cor petit.

A l'Alba, ara que s'havia concedit un moment de descans, l'enquimerava, sobretot, allò que sovint havia sentit dir a la gent del poble: que, després de guerres i malvestats, sempre hi ha epidèmies de grip, de tifus, potser de còlera...

Els morts, reflexionà aleshores. A Benaura hi havia més de cinc mil cadàvers, una bona part d'ells sense enterrar, i s'anirien podrint, fermentant; durant dies i dies, mesos i mesos, l'aire estaria impregnat de la fortor de les carcasses, saturat de gèrmens pestífers que ells inhalarien si no es decidien a fugir ben lluny dels indrets habitats, puix que a tot arreu devia ser igual.

(23) I l'Alba va agafar un tros de paper d'estrassa i un cap de llapis que trobà al taulell i començà a escriure amb l'esquena repenjada contra la paret. En Dídac li va preguntar:

—Què apuntes?

—Faig una llista de coses. Perquè ens n'hem d'anar.

—On?

—Lluny. Al bosc.

Era el lloc més indicat. Començava a cinc quilòmetres del poble i s'estenia, quasi planejant, cap a les muntanyes de darrera, on els arbres cedien l'espai a la pedra. Hi havia estat dues vegades, d'excursió, i recordava que hi havia un rierol. Hi tindrien l'aigua assegurada, doncs, per tot el temps que calgués, potser dos o tres anys.

—Allí estarem segurs. Entre els morts no s'hi pot viure, saps?

—Agafarem un cotxe, per anar-hi?

—Si el podem engegar rai...

En Dídac es va animar:

—Jo en sé. Ho he vist fer molts cops al garatge d'en Josep, sota casa.

(24) I, havent dinat, van tornar a la carretera, van treure el cadàver d'una dona de darrera el volant d'un Chevrolet i en Dídac s'enfilà al cotxe per tal d'engegar-lo. Però ja ho estava. Ho estaven tots i, a desgrat d'això, no funcionaven. El noi s'admirava:

—Sí que és estrany! Jo ho faig bé...

—Potser els avions deuen haver espatllat els motors.

—Si sabia una mica més de mecànica... Sé on hi ha un llibre.

Però no es podien entretenir, perquè l'Alba volia arribar al bosc aquella nit i ja eren les tres de la tarda. Digué:

—Quan veníem cap aquí he vist dos carrets de mà al magatzem del mestre d'obres; ens serviran.

En Dídac va deixar els cotxes amb recança i la va seguir.

(25) I van treure d'entre les runes els dos carretons, que havien servit per a transportar taulons i materials de paleta, i es van dirigir en primer lloc a la ferreteria més gran de Benaura, un local que no tenia pisos damunt i tot just havia perdut la teulada i un mur.

Amb cordes, van fer un reixat a la banda de darrera i a la banda de davant dels petits vehicles de dues rodes perquè no caigués res i van carregar-hi dues galledes, dues serres, una aixada, un caveguet, dos martells i tot de claus; unes paelles, unes graelles, dues olles, dos pots, quatre gots, sis plats, tot d'alumini, coberts d'acer inoxidable i ganivets i tisores. Al darrer moment, hi van afegir dues destrals.

(26) I a la caserna de la guàrdia civil, entre el riu i el cementiri, un ca-salot gran de planta i pis on hi havia un forat que, des del pati, els va menar a l'armeria, van apoderar-se de dos màusers i de dues armes curtes, però després van tenir molta feina a trobar les municions, que eren enterrades sota un envà, darrera el despatx on el tinent s'havia quedat amb el cap sobre els braços repenjats a la taula, com si dormís.

(27) I a la botiga de queviures, on van tornar aleshores, van recollir conserves de tota mena, dos pernils, un cabàs d'embotits, sis for-matges, una caixeta de sabó, llet en pols, melmelades, ampolles de li-cor, oli, sal i fruita. També es van endur el llapis amb què l'Alba ha-via fet la seva llista, un bolígraf que els sortí d'un calaix i un grapat de bosses de plàstic.

(28) I l'estació següent fou la farmàcia vella, a la qual van haver de despenjar-se pel sostre i no sense perill de quedar sepultats, per tal de recollir, indiscriminadament, tot de medecines que després l'Al-ba va dir que ja estudiaria amb l'ajut d'un receptari que va descobrir a l'armariet de la rebotiga, on també hi havia un diccionari de medi-cina, gruixut i ple d'il·lustracions.

(29) I de pas cap a la botiga d'electrodomèstics, se'ls acudí d'entrar a l'estanc, per davant del qual passaven, on van fer un arreplec previ-sor de capses de llumins i d'encenedors i van omplir dues bosses ben plenes de paquets de tabac, perquè l'Alba sabia que el fum allunya els insectes, i al bosc n'hi hauria. També aquí van arreplegar un altre bolígraf.

(30) I a l'establiment d'electrodomèstics no hi van poder entrar de cap de les maneres, car era sota una de les cases més altes de Benaura i estava massa enrunat, però no gaire lluny hi havia una fanaleria que els va permetre de proveir-se de llanternes elèctriques de taula i de butxaca i d'un grapat de piles de recanvi que entaforaren en un altre sac de plàstic.

(31) I se'n van anar aleshores a la botiga de roba on hores enrera s'havien vestit i, de les lleixes ben curulles, van anar estirant tot allò que necessitarien: mantes, samarretes, bragues, calçotets, camises, mitjons, mocadors, pantalons, jerseis, dues jaquetes, un impermeable i una gavardina per cap... Fora, van agafar més calçat de l'espardenyeria i dos parells de botes d'aigua.

(32) I llavors els carrets ja eren tan plens que en Dídac, tot i que pels seus anys era un noi robust, no podia arrossegar-ne cap. Amb l'Alba entre les vares, doncs, van anar portant-los l'un darrera l'altre a la sortida del poble, on els van deixar per anar-se'n a buscar aquell llibre de mecànica. Però pel camí en Dídac digué:

—També vull la Xica.

La noia, que temia que es tornés a afectar si veia de nou la seva mare, aprofità que ja es feia fosc per contestar-li:

—És molt tard, Dídac... Si de cas, per guanyar temps, farem una cosa: tu vas a buscar el llibre i jo la Xica.

(33) I d'aquesta manera l'Alba se'n va poder anar tota sola al veïnat on havia viscut sempre i on ara reposaven els seus.

Va agafar la gàbia on la Xica ja s'endormiscava, va fregar la galta freda de la Margarida a tall de comiat i, en sortir, féu una pausa davant la porta de la llar perduda. Va aplanar suaument la mà contra el cancell, com si l'acariciés, i nuada per un sentiment de tendresa, de recança, mormolà:

—Adéu, estimats...

(34) I després d'haver reordenat la càrrega, que ho necessitava, prop de les vuit van emprendre el camí cap al bosc, on no arribarien aquella nit, car era un camí de carro amb tot de roderes, en les quals, durant les tres hores següents, van enfonsar-se més d'un cop. Ella davant, estirant, i en Dídac darrera, empenyent, van anar avançant successivament els carrets de quilòmetre en quilòmetre per tal d'allunyar-los tots dos del poble, on ni l'Alba ni el noi no volien tornar.

Amb la nit, el cel s'havia encès en dos indrets distints, on devien cremar pobles, i allò feia més feréstega la fosca per la qual progressaven en silenci, concentrats en un esforç tan insostenible que, a la fi, cap a les onze, els músculs, rebels i massa adolorits per respondre a la voluntat, els obligaren a aturar-se al peu d'un turó on, sota uns quants arbres, hi havia una clapa d'herba.

En aquell moment, eren a tres quilòmetres de Benaura.

(35) I asseguts en una riba, amb els peus nus i encetats d'haver trescat per les runes, van menjar formatge i pomes dels aliments que portaven, i en Dídac va dir:

—¿Tu creus que ha estat un càstig de Déu, tot això, Alba?

—És clar que no, Dídac! D'on l'has treta, aquesta idea?

—Com que de vegades, a la trona, el capellà deia que en aquest poble hi havia molts pecadors i que Déu els castigaria...

—Això, predicava?

—Sí. Tu, com que no anaves a missa... Per què no hi anàveu, vosaltres?

L'Alba, el pare de la qual fins i tot havia fet presó sense haver assassinat, robat o estafat mai ningú, va contestar-li:

—Potser per això, Dídac, per no haver de sentir aquestes prèdiques.

—Què vols dir?

—Que no pot ser que tu i jo siguem els únics justos, Dídac.

El noi va callar, pensarós.

(36) I van estendre una manta a frec del marge, on la terra era plana sota l'herbei, es van gitar l'un al costat de l'altre i es van tapar amb

una altra manta per tal de protegir-se de la fresca de la nit. Però a l'Alba li costava d'adormir-se. Dintre seu sordejava un dolor punyent que, ara, la trobava sense resistències i l'obligava a preguntar-se què pretenia amb aquella idea d'anar-se'n al bosc i si no era ridícul que ella, una noia, volgués continuar vivint quan tothom s'havia mort i no l'esperava cap futur.

Cap de les seves il·lusions d'adolescent no es podria realitzar en un món buit, en la soledat. Estudis, diversions, amors... Tot això havia estat anorreat com les cases i les persones. Només entre elles tenia sentit. Si cap accident o cap malura no l'abatien, es faria gran, es faria vella, sense haver viscut de debò, aclaparada per la tristor d'una lluita diària i no compensada per una existència que ja li pesava tant com les cames, els braços, les parpelles que es tancaven sense apressar la son.

Però després va pensar que no hi havia cap feina tan ben feta que fos perfecta. No era possible que, entre tants milions de persones, només se'ls hagués estalviats a ella i a en Dídac. En algun lloc hi havia d'haver altra gent, poca o molta, i la buscaria de seguida que li semblés prou segur de recórrer, sense dany, un domini que ara, provisionalment, era dels morts...

(37) I en adormir-se van començar a turmentar-la tot de malsons recurrents en els quals s'enfonsava tot i que una part d'ella, que maldava per escapar-se'n, sabia que no eren reals, que la realitat era allò, aquell jaç sobre la terra dura i poc familiar, no pas la fugida desarticulada davant l'escamot d'ombres que l'encalçava.

Va despertar-la el propi gemec, però no la despertà prou perquè no caigués altre cop entre els persecutors, sinó que ara s'havien metamorfosat en tot d'homes i de dones com ella que l'empenyien cap als aiguamolls on se li enganxaven els peus i, des del fons, algú l'estirava cap a un reialme interior, subterrani.

Una segona mutació va traslladar-la a la platja plena de cadàvers, de ferits i de moribunds, que alçaven les mans i se li arrapaven entre un gran rebombori d'objectes invisibles i de crits metàl·lics, mentre les aigües que pujaven impetuosament de l'abisme l'embolcallaven amb una alenada fètida.

En allargar la mà amb un gest de rebuig, va ensopegar amb un cos dens i aquàtic, l'onada que es movia. Però això havia estat en el món del somni; ací, al camp, quan obrí els ulls i parpellejà, la celístia, que ja evocava l'aurora, li va deixar veure que el cos que sentia contra el seu era el d'en Dídac. El noi, que s'havia anat desplaçant sota la manta, bleixava amb una respiració tranquil·la, tan arraulit a la vora d'ella que les cames la fregaven i una mà, necessitada d'assegurar-se una presència amical, l'abraçava amb el palmell obert sobre els pits que fugien de la camisa descordada.

L'Alba va tornar a adormir-se immediatament, ara sense malsons.

(38) I ja era migdia de l'endemà quan van arribar a la llinda del bosc amb el darrer carretó i s'endinsaren en la verdura sense perdre de vista el rierol que el travessava des de les muntanyes. No feia gens de vent, però allí, entre els arbres que s'anaven espesseint sobre una terra de pinassa, es respirava una atmosfera fresca, lleugerament humida, plena de sentors vegetals, d'humus indestorbat des de la tardor passada, quan hi acudiren els darrers boletaires.

Hi havia menudes clarianes assolellades i, ara i adés, pendents abruptes, sobtats, que enfonsaven el torrent i, a ells, els forçaven a enfilar-se de quatre grapes, però en conjunt la pujada era planera, suau, animada, sovint, pel cant d'algun ocell que feia aturar en Dídac amb una pregunta:

—Què és, Alba? Un canari?

—No n'hi ha, aquí. Potser un rossinyol...

—N'agafarem un?

—No, Dídac. Els ocells són més feliços volant que engabiats.

—No és feliç, doncs, la Xica?

—Em penso que no.

I el noi rumiava aquesta resposta i altres respostes que el desconcertaven una mica.

(39) I al cap de molta estona, van desembocar davant d'un replà alt, de terra, potser a dos-cents metres de les roques, on el rierol queia

amb una petita cascada transparent i prima, sota la qual el llit del torrent s'eixamplava entre els matolls i les alzineres que havien anat substituint els pins. Tots dos es van extasiar, i en Dídac digué:

—Oi, que bonic! Aquí sí que ens hi podríem quedar, oi, Alba?

La noia va mirar el marge cosit de matarrades que penjaven entre les arrels dels arbres de damunt i contra el qual, un cop netejat, seria relativament fàcil de construir una barraca, però el pendent de sobre potser la faria perillar en dies d'aiguat...

—No ho sé. Mirarem una mica més. Ara, però, ens banyarem i dinarem.

(40) I, nus, van endinsar-se en l'aigua que només els arribava al tou de la cama, i l'Alba es va asseure per xopar-se tot el cos cobert de suor fins que en Dídac, que s'havia posat sota la cascada, baixà xipollejant i es va estirar al seu davant, amb el cap alçat. Es va quedar quiet, mirant com ella es rentava les cuixes i, al cap d'un moment, va preguntar-li:

—Com és que les noies sou diferents?

L'Alba li va somriure en adonar-se que les seves pròpies paraules el torbaven i va dir:

—Si tots fóssim iguals, no hi hauria ni homes ni dones.

—I a tu t'agrada de ser una noia?

Ella, ara, va riure.

—Sí, Dídac. Com a tu també t'agradarà de ser un home.

El noi va assentir i tornà a fitar-la.

—No et fa res que et pregunti coses?

L'Alba, que sempre havia obtingut respostes franques i honestes de casa seva, el tranquil·litzà:

—No, Dídac; em pots preguntar tot el que vulguis.

(41) I aquella tarda, quan ja havien menjat i reposat, van descobrir una cova no gaire lluny de la cascada, i tots dos se'n van alegrar, puix que això els estalviaria d'haver de fer una barraca amb troncs d'arbre. Era un forat prou alt perquè no s'haguessin d'ajupir i d'uns dos metres i mig de fondària, on fins i tot hi havia una mena de banc, una

llosa plana encastada en dues pedres, que indicava ben clarament una ocupació anterior, confirmada per l'enfosquiment del sostre a conseqüència d'algun foc del qual ja no quedava cap rastre; potser era un refugi de llenyataires o de caçadors.

L'Alba s'ho va mirar detingudament, examinà la gruixària del sostre de terra i digué:

—Ja tenim casa.

(42) I aquella nit, com que en arribar a baix ja era tard, van quedar-se a dormir a la llinda del bosc, però a partir de l'endemà, i durant tres dies, van anar pujant tot allò que havien recollit a les botigues del poble. Ho havien de traslladar a l'esquena, car el bosc era massa espès i de terra massa accidentat per fer-hi entrar els carrets, que van haver de deixar al camí.

Ho van col·locar tot a l'interior de la cova, per si plovia, però havien arreplegat tantes coses que, gran i tot com era, no ho era prou perquè, un cop plena, hi poguessin dormir. Va ser per això que la darrera nit, quan ja era tot dalt, van decidir que també construirien una barraca.

(43) I l'endemà van posar-se a la feina, però van començar per la comuna, perquè, com va dir l'Alba:

—No hi ha cap necessitat que ho embrutem tot.

Amb l'aixada i el caveguet, doncs, van obrir una rasa a trenta metres de l'habitatge i van amuntegar tota la terra que havien tret en un costat per tal de poder anar-la tirant dins i cobrir així cada cop els excrements.

(44) I va ser al cap de poques hores que van deixar en llibertat la Xica. Aquell era un indret amb molts d'ocells, més que res moixons, i el noi no es cansava de seguir llur vol de branca en branca i, sovint, a terra, on de vegades es barallaven per un cuquet o altres menges.

—Oi que fan gràcia?

L'Alba va dir:

—Mira la Xica...

La cadernera, dintre la gàbia, que havien penjat en un sortint d'arrel, era enfilada, molt quieta, a una de les dues canyetes aguantades pels filferros i, amb un piupiueig malenconiós, contemplava també els ocells.

—Està trista, oi?

—És clar; veu els altres i té ganes de sortir.

—Vols que l'aviem, doncs?

—Sí.

—Però jo me l'estimo...

—Precisament perquè te l'estimes, Dídac.

El noi va vacil·lar un moment, com si s'hi pensés, i aleshores es va atansar a la gàbia i la va obrir. La cadernera, però, no es va moure fins al cap de dos o tres minuts, que saltà a la porteta, va fer un refilet i, després d'haver mirat d'una banda a l'altra, va emprendre un vol curt i maldestre en direcció a la branca més propera.

(45) I com sigui que mentre dinaven l'Alba va pensar que seria convenient d'aprofitar els taulons del cul dels carrets per fer-ne una teulada, en acabar van baixar altre cop al camí de sota amb les serres i d'altres eines i es van passar gairebé tres hores desmuntant els petits vehicles.

Ja fosquejava quan, carregats com uns rucs i amb la roba enganxada al cos per la suor, van travessar el rierol pel pas de prop de la cascada i van amuntegar les fustes al costat de la cova, on la noia entrà a buscar roba per tal de canviar-se després d'haver-se rentat. I era dins quan en Dídac va cridar:

—Alba! Alba! Mira!

La cadernera havia tornat a la gàbia, on ara, tota estarrufada, es disposava a amagar el cap sota l'ala com feia sempre per dormir. L'Alba digué:

—No la tanquis. Que entri i surti quan vulgui.

—Sí. Oi que deu ser feliç, ara?

(46) I, tot i que havien pujat les fustes amb tant d'esforç, no van fer la barraca. Eren massa curtes i a l'Alba va semblar-li que potser val-

dria més obrir un altre forat, prop de la cova, i fer-les servir de lleixes per tenir-ho tot ben endreçat.

S'hi van posar amb els caveguets, convençuts que avançarien de pressa, però no tenien les mans acostumades a feines d'aquesta mena i de seguida els van sortir butllofes que els obligaven a prendre-s'ho amb calma mentre no se'ls formessin durícies protectores. Va ser durant aquests dies de descans que l'Alba començà a llegir el diccionari de medicina. Volia saber tant com li fos possible del cos i de les seves malures per si un dia queien malalts. Ara no hi havia cap metge al qual es pogués acudir.

(47) I no van acabar, doncs, la segona cova fins al cap de més d'una mesada, un matí bròfec que amenaçava pluja. Pel cel es passejaven tot de núvols negres darrera els quals brandava una tempesta que es descarregà a la matinada, quan els trons, molt propers, els van desvetllar i obligaren la noia a sortir a buscar la Xica, que ja estava molla.

L'endemà continuava plovent, i va ploure durant quatre dies i cinc nits; l'atmosfera es refrescà i, en tornar a brillar el sol, ja feia un temps gairebé hivernal. Van haver de posar-se els jerseis.

(48) I van traslladar llurs possessions a la cova que havien fet, on ja hi havia les lleixes instal·lades, però una part de les coses de menjar van deixar-la amb ells i l'Alba ho aprofità per fer inventari. Va calcular que, a tot estirar, en tenien per uns vuit mesos, que ja era molt. I, al mateix temps, era poc, perquè al bosc només hi havia glans i pinyes ara que l'estació de les móres i de les cireretes de pastor ja havia passat. També hi havia aus, però no disposaven d'armes per caçar-les; una mica tard, l'Alba va pensar que hauria d'haver-se endut una escopeta de ca l'armer.

En Dídac, que la veia preocupada, va dir-li:

—I també hi ha rels i herbes que es poden menjar. A casa tenia un conte que parlava d'un noi perdut en una selva que en vivia.

L'Alba l'acaronà.

—Sí, però devia ser un conte de fades...

(49) I hi havia els bolets, que aquell any van ser abundants. Sinó que molts no s'atrevien a collir-los; ella només coneixia els rovellons, les mocoses, els fredolics i els pinetells.

En sortien a buscar amb dues bosses de plàstic i després, en veure que es trinxaven, amb una galleda, que gairebé sempre omplien, puix que ella era una bona boletaire i el noi de seguida en va aprendre. Van fer tires d'unes peces de roba i, de banda de vespre, els enrastellaven per penjar-los a la cova que els servia de magatzem.

També van amuntegar tot de pinyes i més endavant, un matí, van trobar tòfones. Encara que no n'havien menjat mai, els van semblar bones, i, a partir d'aleshores, es dedicaren a perseguir-les. Però n'hi havia poques, o potser era que no sempre les sabien trobar.

(50) I durant aquells mesos, cada dia engegaven una estona el transistor i escoltaven els espetecs de l'estàtica, car totes les estacions continuaven silencioses, com per confirmar-los que vivien en un desert.

De vegades el noi feia preguntes que ella no s'esperava, com quan va dir:

—Així, si un dia ens morim, ja no quedarà ningú?

—Confio que sí. Quan siguis més gran, tindrem fills.

En Dídac se la va mirar amb la boca oberta, estranyat.

—Tu i jo? Vols dir que ens casarem?

I quan ella assentí, va exclamar amb tota espontaneïtat:

—Però tu ja seràs vella, llavors!

Ella li va somriure:

—Ja veuràs com no, Dídac.

(51) I en aquell moment ja s'havien organitzat prou perquè l'Alba fes una mena de programa d'estudis per al noi. Ell ja llegia bé, i escrivia, però no era pas qüestió que aquella habilitat se li rovellés. Gairebé cada dia, doncs, dedicava una estona a la lectura del llibre de mecànica, una disciplina per la qual tenia molta afecció i que ella encoratjà, car els havia d'ésser útil. També aprenia amb facilitat les altres coses que ella li ensenyava oralment, sense poder repenjar-se en els

textos que havia estudiat a col·legi i que, per sort, encara tenia frescos. I quan els calia escriure alguna frase o fer algun dibuix, ho feien a terra, amb un cap de bastó, perquè no disposaven de paper.

(52) I va ser per aquell temps, mentre els dies s'escurçaven més i més i el fred augmentava, que van construir una llar rudimentària a la cova. Van excavar un forat de dos pams de profunditat per dos i mig d'alçada i tres d'amplada i, a partir de l'angle exterior de dalt, van obrir, diagonalment, una mena de canal que donava a fora, el van revestir amb lloses primes que els calgué anar a cercar més amunt, on hi havia el roquissar, van pastar fang per tapar les escletxes i, a sobre, hi van clavar una fusta que ho aguantava.

De nit, a dins, amb el foc encès i una manta que penjava a la porta, sempre hi havia una mica de fum, però dormien calentons i bé sobre el jaç d'herbes i de branquillons tendres que renovaven tot sovint.

(53) I de bon matí, quan ja no quedaven brases, en despertar-se estaven arraulits l'un contra l'altre, o abraçats, i hi restaven bona estona mentre fora els ocells s'eixorivien i la llum anava creixent. Noia i infant s'havien acostumat a domir plegats des del primer moment i el contacte dels cossos els feia sentir-se més acompanyats.

(54) I a mitjan gener va caure una nevada que aquietà la terra i abaixà el cel gairebé fins a frec de les copes dels arbres, i ells van calçar-se les botes d'aigua, es van posar roba gruixuda i van córrer pel bosc, il·lusionats com dues criatures, però la neu persistí, es féu monòtona, i els calgué netejar el davant de la cova amb l'aixada.

No va ser fins aleshores que l'Alba s'entretingué a classificar les medecines, moltes de les quals no sabia per a què servien malgrat les indicacions dels prospectes que hi havia dins. Però tenia el llibre per consultar tot allò que no entenia i, a poc a poc, s'anava orientant.

(55) I l'hivern va ser dur, i llarg, amb glaçades persistents i matins fredíssims, però assolellats, que ells esmerçaven fent llenya per tal d'alimentar la llar de la cova i una foguera que ara, des de la nevada, tenien perpètuament encesa a dos metres de la porta, on van netejar-ho tot de brossa i eixamplaren la clariana per no provocar un incendi.

El bosc era verd i misteriós i dels arbres penjaven tot de gotes que s'escorrien lentament en el silenci d'una vida com suspesa que només ells pertorbaven amb llurs veus i, l'Alba, amb les cançons que li pujaven als llavis quan, agenollada a la vora del rierol, rentava amb les mans balbes i la memòria trista.

(56) I abans de la primavera van tenir un dia malastruc que mig immobilitzà la noia durant una mesada llarga. En anar a alçar-se, després d'una caiguda des de dalt del marge, on havia relliscat, la cama esquerra no li va respondre i s'adonà que, sota la pell, hi havia una protuberància, com si des de dins quelcom empenyés una part dura que pugnava per sortir. En tocar-se-la, el dolor la féu gemegar.

De seguida va comprendre que s'havia trencat la tíbia i, sense moure's, va cridar en Dídac perquè li portés el diccionari de medicina i dues camises. Allí mateix, prop del torrent i davant la cara enquimerada del noi, va cercar l'article «fractures», estudià un gràfic de la cama i, sense perdre temps, va esquinçar les camises per fer-ne una mena de benes.

Amb les dents serrades, puix que l'operació era dolorosa, va anar enfonsant l'os fins que els dos extrems tornaren a coincidir i, amb la cama estirada, va fer que en Dídac la hi embolcallés estretament des de sota el genoll fins prop del peu. Aleshores va fer-li serrar dues fustetes sobre les quals, un cop posades, repetí l'embenat amb les tires de l'altra camisa.

I tot seguit, estalviant el membre ferit, s'arrossegà cap a la cova.

(57) I s'hi va estar més de vint dies sense moure's, covant secretament el temor d'haver fet malament la reducció i quedar-se coixa per sempre.

En Dídac, que ara havia de tenir cura del menjar i del foc, va tallar amb paciència una de les galledes de plàstic per convertir-la en una mena de palangana on ella podia fer les seves necessitats sense haver d'alçar-se gaire i, després, va tallar i polir dues crosses amb dues branques en forca prou resistents perquè la noia s'hi pogués repenjar.

Mai no s'allunyava gaire, per si ella el necessitava, però l'Alba era soferta i s'entretenia moltes hores llegint i bellugant el peu com el llibre recomanava. De vegades, això els feia riure.

(58) I quan va començar a sortir, amb les crosses que substituïen la cama malalta, en Dídac no la perdia de vista en tota l'estona, per si vacil·lava. Però ella només va vacil·lar els dos primers cops, més que res per culpa de la cama bona que, durant aquelles tres setmanes, semblava haver-se desacostumat de caminar. A l'altra ara ja feia dies que hi tenia una frisança molestosa que de bona gana li hauria fet treure's els draps per poder rascar-se, i ella la resistia com havia resistit la sofrença de les primeres nits, com s'havia sobreposat al traumatisme d'aquell dia, ara semblava molt de temps enrera, quan va trobar-se amb la vila destruïda, la gent morta, i tingué el coratge de recomençar.

(59) I el primer dia que va posar el peu a terra i féu unes passes cauteloses, encara amb una crossa per si calia, va veure que havia fet un bon treball i que l'os estava ben soldat. Es va arrencar les benes i les fustes i tots dos, ella i en Dídac, es van quedar llarga estona mirant la llisor de la cama pàl·lida, on la pell semblava més fina. El noi va dir:

—No es nota res, oi?

Però ella, en tocar-s'ho amb els dits, va palpar una lleu irregularitat, com si un dels caps pugés una fracció de mil·límetre sobre l'altre. La diferència no devia ser prou important, car aviat va veure que no coixejava, com havia temut.

(60) I ara ja tornava a fer bo i el bosc es despertava de la seva letargia hivernal. Arreu hi havia brots nous, el cabal del rierol havia augmentat i es tornaven a sentir les xiscladisses dels ocells que es preparaven a aparellar-se.

La Xica, que s'havia passat tot l'hivern pràcticament a la gàbia, va fer-se fonedissa i ja es pensaven haver-la perduda per sempre quan un matí en Dídac va cridar l'Alba:

—Guaita-te-la, tu!

Els havia tornat amb una altra cadernera, sinó que ara no semblava disposada a reintegrar-se al seu refugi. La parella va escollir un esbarzer alt i hi va fer niu. L'Alba i en Dídac es van sentir feliços.

(61) I cap a mitjan maig les provisions havien minvat tant, bo i el racionament imposat per l'Alba, que van decidir de baixar de nou a la plana, on no havien estat en tot l'hivern. A l'altra banda del camí s'estenia un plantat en el qual alternaven els ametllers i les oliveres. Ningú no n'havia collit el fruit i al peu dels arbres es veia un petit escampall d'olives arrugades entorn del pinyol, inaprofitables, i d'ametlles despreses de la clofolla exterior. En alguns indrets els grans de blat caiguts de les espigues de la collita de l'estiu anterior havien fructificat i ara s'alçaven tot de menudes clapes on el cereal ja granava. La noia digué:

—És llàstima que no tinguem cap falç...

—Segaríem?

—Sí. Ara ho haurem de fer amb les mans, si podem.

Van recollir dues bosses d'ametlles i durant un parell de setmanes van repetir el viatge cada dia. I cada dia descobrien coses noves: figueres, una vinya, nogueres, uns quants presseguers... Si ho volien aprofitar tot se'ls preparava un estiu i una tardor de feina llarga...

(62) I al juliol van començar la sega amb unes tisores. Tallaven les tiges arran d'espiga i, dalt, estenien la collita en una clapa neta de bosc per tal que s'acabés d'assecar. Era una tasca ingrata i lenta que els ocupava gairebé de sol a sol. Vestits tots dos amb una simple camisa que els protegia el cos i deixava circular lliurement l'aire per damunt

la pell suada, anaven omplint bosses de plàstic al llarg dels bancals, feblement ombrejats pels arbres, i, a migdia, corrien cap al rierol, allí planer, on es refrescaven abans de la pausa del dinar en qualque tou d'herba. I ara que es tornaven a veure despullats, l'Alba observà que s'havien aprimat durant l'hivern.

—Se't dibuixen totes les costelles, Dídac. Entre els menjars que fem i que has crescut...

—He crescut? No ho noto, jo.

—És natural. Devem haver crescut tots dos.

—Tu tens els pits més grossos, eh?

—Potser sí. O potser s'hi veuen perquè estic més seca. Mentre no agafem una anèmia...

Però tots dos se sentien forts i després es tornaven a posar la camisa per sortir sota el sol i continuaven treballant fins a la posta.

(63) I a darreries d'estiu la noia estava tan colrada que, un dia, en Dídac li va dir:

—Gairebé ets tan negra com jo, ara...

—És que tu ho ets poc.

—I com és que hi ha gent negra i gent blanca?

—Ho fa un pigment de la pell. Vaig llegir que se'n diu melanina.

—M'agradaria més ser blanc, a mi.

—Per què? El negre és ben bonic.

—Però al poble els nois em feien mofa. I alguns grans també.

—Ara ja no et passarà més. Només som tu i jo, Dídac.

—I a tu t'és igual que ho sigui, de negre?

—Ja saps que sí. I a tu no et fa res que sigui blanca?

—Oh, no!

—Som el darrer blanc i el darrer negre, Dídac. Després de nosaltres, la gent ja no hi pensarà més, en el color de la pell.

I es va quedar cavil·losa, perquè encara no se li havia acudit que, si per atzar no restava ningú més, el món futur podia ésser totalment diferent.

QUADERN DE LA POR I DE L'ESTRANY

(1) L'Alba, una noia de quinze anys, verge i bruna, es va immobilitzar a frec dels matolls que acabava de separar i, sense girar-se, va dir:

—Mira, Dídac.

El noi va saltar al seu costat i també va aturar-se.

—Una masia...

Eren a uns tres quilòmetres de la cova, seguint el bosc cap al nord, paral·lelament al rocam, i mai no s'havien aventurat tan lluny. La casa era sota mateix, en la fondalada de terres de conreu que interrompia el tossal, i darrera hi havia un camí.

A continuació de la construcció principal, enderrocada, es veia una mena de cobert llarg i més baix la teulada del qual gairebé no havia sofert gens. Davant, prop del pou on penjava una galleda, hi havia una màquina de segar i batre.

En Dídac es va mirar la noia.

—Hi baixem?

Ella, sense moure's, ensumà, però no se sentia cap mena de fortor bo i que l'aire bufava cap a ells. Potser ho feia que els morts estaven ben colgats sota les runes. Va dir:

—Provem-ho.

(2) I no hi havia ningú, ni mort ni viu. S'hi van anar atansant a través d'allò que havia estat l'era quan encara batien a potes, van fer una pausa prop del pou i aleshores, amb unes quantes passes més, ja van ser on hi havia hagut la porta. Encara hi era, però les runes, dins, formaven una muntanya que havia fet saltar les frontisses sense obrir-la; perquè els dos batents estaven units pel pany. L'Alba mormolà:

—No ho entenc... Com no sigui de nit, a les masies la porta sempre la tenen oberta.

Van fer la volta a la construcció per la banda oposada al cobert i, ensumant de nou, es van endinsar per un forat. La neu, les pluges i les glaçades havien acomplert l'obra destructiva, però no es veia cap membre humà que sobresortís dels enderrocs ni se sentien ferums de descomposició. Al moment de la catàstrofe, la casa estava deshabitada.

(3) I en sortir de nou fora van comprendre que no ho podia haver estat, car no gaire lluny hi havia dues gallines que, en veure'ls, van fugir esvalotadament. De nit es devien ajocar al corral, on al galliner quedaven tot de trossets de closques d'ou; segur que se'ls menjaven.

En una gàbia propera van comptar set esquelets de conill que encara conservaven part de la pell. A l'Alba li va semblar que, per una casa de camp, eren pocs, i de seguida endevinà:

—Ja ho sé: eren a mercat! Aquell dia n'hi havia a Vilanova.

L'absència d'animals de vara semblava confirmar-ho; en aquell temps encara hi havia molts pagesos, de les masies, que a mercat hi anaven en carro.

(4) I al cobert, la porta del qual van haver de forçar, van trobar-se amb un tractor i amb tot de forcs d'all i de sacs de patates que s'havien grillat i només en part eren aprofitables.

El vehicle no funcionava a despit que, aparentment, estava en bon estat i el dipòsit era quasi ple. L'Alba va preguntar al noi:

—Series capaç de reparar-lo, ara?

—Em penso que sí. Però per què el volem?

—Per anar-nos-en, Dídac.

Les rodes eren massisses i, amb ell, no tindrien problemes de pneumàtics. I podrien desviar-se pels camps, si trobaven les carreteres obstruïdes.

—Tens tot un any per estudiar què és el que falla.

—Vols dir que ens quedarem aquí?

—Si al pou hi ha aigua i és bona, sí. Hi estarem més bé que a la cova, oi?

(5) I el pou era ple d'aigua clara i fresca que, en tastar-la, els agradà; una tela espessa, de sedàs, havia privat que hi caiguessin animals o porqueries, tot i que al poal es veien cagarades d'ocells i de gallines. La família que havia ocupat el mas devia ser ordenada i curosa, com ho corroborava, també, el palleret dreçat a l'altre cap de l'era; bo i que tot just devien haver acabat de batre, ja s'havien preocupat d'enfangar-lo i, sota, la palla era blanca i ben preservada. En van treure per fer-se un jaç al cobert i tots dos s'hi van rebolcar, enjogassats, abans d'adormir-se per passar llur primera nit a la nova llar.

(6) I l'endemà de bon matí van tornar a la cova per tal d'anar transportant llurs béns: el menjar que encara els restava, les armes, els fàrmacs, la roba i les eines. Hi van esmerçar quatre jornades completes i la darrera tarda es van banyar per últim cop a la cascada del rierol. En Dídac hauria volgut dir adéu a la Xica, però ara ja feia temps que no la veien i l'Alba suposava que es devia haver mort.

Aquell vespre, en arribar a la masia, van poder salvar el primer ou.

(7) I al matí següent els va despertar la pluja, puix que al cobert hi havia goteres i feia un bon aiguat. Ho van aprofitar per apoderar-se de les gallines, acovardides, i les van tancar en una de les gàbies dels conills que la noia netejà amb uns grapats de palla mentre en Dídac subjectava l'aviram per les potes, cap per avall.

No s'explicaven com aquelles bestioles havien pogut viure tant de temps sense disposar d'aigua amb regularitat, i ara els en van posar un pot ple i les van alimentar amb espigues de les que havien segat temps enrera; calia desacostumar-les de menjar-se els ous.

(8) I aquella mateixa setmana, en cessar la pluja, que va durar un parell de dies amb escampades breus, van reforçar la teulada del cobert amb tot de teules recuperades de les runes de la masia.

Va ser mentre ho feien que a l'Alba se li va acudir que seria convenient de netejar tota la casa, car estava convençuda que allí dintre trobarien moltes coses de profit.

S'ho van emprendre amb calma, atès que era una mena de feina molt feixuga, però de seguida es van veure recompensats pel descobriment de dos somiers que pertanyien al mateix llit, de matrimoni. El moble, mig trinxat, era inutilitzable, i els matalassos que l'acompanyaven s'haurien de refer i de rentar; les teles metàl·liques, en canvi, rovellades i tot, encara servirien.

Però aquell vespre en Dídac va dir:

—Que no estem prou bé, ara, amb la palla?

—No t'agradaria, doncs, dormir en un llit?

Ell va agafar-li la mà:

—No, perquè hauria de dormir sol. I vull dormir amb tu.

(9) I al cap de tres setmanes, quan ja havien netejat potser una quarta part de l'espai que ocupava la casa, es van trobar davant d'una porteta tancada amb un forrellat i, en obrir-la, van veure que era un rebost. Uns quants guixots, caiguts del sostre, havien trencat una gerra, però les altres eren senceres i, dins, hi havia tupines. D'altres pots, aquests de vidre, contenien conserves, i la tenalla que es dreçava al fons, en un racó, era plena d'oli. En un extrem de la post que feia de salador, sota el pernil encetat que penjava d'una biga, dues grosses penques de cansalada semblaven acabades de curar.

Abans de prosseguir amb el desenrunament, van netejar la petita cambra, on hi havia teranyines, i hi van traslladar les altres provisions. Aquella troballa, junt amb les ametlles que havien arreplegat i les patates aprofitables, els asseguraven la vida durant uns quants mesos més. El gra que tenien, seria per a les gallines.

(10) I gairebé de seguida van haver d'ajornar de nou llurs exploracions per dedicar-se a veremar. A la propietat hi havia dues vinyes no gaire grans i força descurades, amb molts ceps morts, però en quedaven prou de vius, i amb fruit, per proveir-los d'unes reserves suficients de raïms.

Al mateix cobert on dormien, van disposar tot de sogalls d'una paret a l'altra, darrera el tractor al qual en Dídac dedicava cada dia una estona, de moment sense acabar d'entendre-s'hi, i hi van penjar els fruits més sans que, a poc a poc, s'anirien eixugant i assecant i es convertirien en una mena de panses com les que feia la mare de l'Alba, a casa.

Va ser mentre veremaven que van esbrinar com s'ho havien fet les gallines per sobreviure sense aigua. És que en tenien; en una de les vinyes hi havia una petita bassa que recollia la del vessant del bosc; sempre devia estar plena.

(11) I cap a l'acabament de la tardor, després d'haver trobat, a la casa, tot de peces de roba escampades o, de vegades, desades en els armaris caiguts i mig esberlats, i atuells de cuina, i un altre llit i més matalassos, aquests amb les teles podrides per la humitat, un matí van posar al descobert l'inici d'una escala estreta i curta que els menà al celler de la masia. Era increïble que per aquells graons haguessin baixat les portadores plenes de vi, però ho havien fet: a baix hi havia dues bótes, una de més gran i una altra de més petita, i el vi d'aquesta devia ser molt vell, perquè era ranci. El de l'altra, plena fins prop de la meitat, era negre i espès, aspre.

Va ser la darrera troballa important, puix que els sacs de farina que van rescatar al cap de dos dies no es podien aprofitar; s'havien mullat i era corcada. També hi havia un remitjó de blat de moro que van destinar a les gallines.

(12) I fou aleshores, en acabar de desenrunar la casa, que van construir una mena de dutxa en un racó protegit de l'edifici. Dues parets en angle recte, que es conservaven dempeus, els van permetre de fixar una barra de ferro travessera a la qual penjaren una galleda amb el cul ple de forats. Sota, van col·locar un cossi dintre el qual saltaven l'Alba o en Dídac mentre l'altre, enfilat en una cadira vella reforçada amb unes quantes fustes, s'encarregava de vessar l'aigua d'una altra galleda en la qual li havien fet perdre la fredor, car del pou sortia glaçada.

Ara s'hi rentaven cada matí, en llevar-se, ja que l'Alba insistia en la necessitat d'una higiene corporal rigorosa, condició, li semblava, d'una bona salut. Continuava preocupant-la la possibilitat d'emmalaltir i cap dia no deixava de dedicar una estona al diccionari de medicina; ara ja era a la segona lectura, més reposada.

(13) I a entrada d'hivern van fer una altra llar de foc per tal d'escalfar-se, sinó que aquesta era molt diferent de la de la cova; van bastir-la amb les mateixes lloses que, anys enrera, potser un segle o dos i tot, havien servit per construir la de la casa i, damunt, van alçar una xemeneia amb trossos de maó pastats amb fang, la van prolongar, ja sobre la teulada, amb una canonada de llauna dels desguassos de la masia i van rematar l'obra amb una mena de barret cònic, fet amb una tapadora vella, també de llauna, que subjectaren amb filferro.

Després, amb unes quantes fustes de les que havien recollit i separat en netejar les runes, es van fer una taula rudimentària i dos banquets que col·locaren davant del foc, on menjaven i llegien.

(14) I cada dia, o gairebé cada dia, l'Alba continuava instruint el noi en totes les coses que sabia. Només molt rarament es referien a llur vida d'abans, car la noia pensava que aquestes converses els farien mal, en farien sobretot a en Dídac. Ella ja era massa gran, al moment del cataclisme, per no recordar sempre una existència anterior que ara semblava agradable i planera, però en Dídac ho oblidaria si no li'n parlava, i més valia així.

Com li havia promès un dia, no es negava mai a contestar les seves preguntes, ni que fossin delicades, i, de tant en tant, el noi li'n feia alguna sobre el passat, però ella mai no s'entretenia en aquestes respostes com ho feia en d'altres que tenien importància per al futur. Ben cert que no podia amagar-li les runes, però volia que per a ell no fossin l'enderrocament d'un món vell, sinó els materials amb els quals construir-ne un de nou.

(15) I un migdia que feia molt de vent, una remor estranya, com de motor, els va fer córrer, armats amb un màuser i un revòlver, camps a través i enllà d'un pujol a l'altra banda del qual, però més lluny, potser a dos quilòmetres, hi havia el riu que, més avall, passava per Benaura. Però no era cap cotxe ni cap camió, sinó un molí de vent que havia trencat les seves amarres oxidades i ara giravoltava a gran velocitat.

Curiosament, la catàstrofe no l'havia afectat, tot i que era alt, però prop del dipòsit reposava un cadàver i, a l'altre extrem de l'hort, es veien les runes d'una construcció.

Van tornar-se'n sense atansar-s'hi, per si hi havia més morts, persones o animals, i durant dos dies van continuar sentint la remor del molí que treballava com embogit. Després, tot i que encara feia vent, cessà; probablement es devia haver espatllat.

(16) I bo i que els arbres no havien estat esporgats i arreu hi havia se-callers, aquell era un any d'olives i, quan ja foren grosses, a punt de madurar, van confitar-ne dues gerretes que havien quedat buides de tupina. Les altres, en gran part, se les van anar menjant els estornells i aus semblants que acudien a les finques sense por i fins s'atansaven a la masia com si sabessin que ara la terra era un reialme que els pertanyia. Cap bèstia terrestre no els feia la competència i es desplegaven en grans bandades que volaven baixes, animant el cel fred de l'hivern amb llurs xiscles enjogassats, amb el moviment incessant de les ales esteses que solcaven l'aire.

Ells, de vegades, es passaven hores senceres mirant-los.

(17) I se n'anaven a jóc així que es feia fosc i es llevaven així que es feia de dia, però no sempre dormien. Arraulits l'un contra l'altre sota les mantes, esbossaven projectes per l'any següent, quan abandonarien el mas, i l'Alba deia que en algun lloc trobarien llibres i que tots dos estudiarien medicina perquè no els agafessin desprevinguts les inevitables malalties dels fills que tindrien quan ell, en Dídac, fos més gran.

—En tindrem molts, Alba?

—Tants com puguem. Una dona, si és forta, en pot tenir un cada any.

En Dídac reflexionava:

—M'agradarà que hi hagi d'altres nens...

I ella reia:

—Però aleshores tu ja no ho seràs, un nen.

—Hi podré jugar, oi?

—Això sí; com un pare.

El noi ponderava:

—Em fa estrany, pensar que seré pare...

I reien tots dos, ben calentonets en llur jaç de palla.

(18) I durant l'hivern se'ls van morir les gallines, potser de velles, potser perquè havien agafat alguna malura, ja que es van morir l'una darrera l'altra, amb vint-i-quatre hores de diferència. No es van atrevir a menjar-se-les, per precaució i, un cop més, es van trobar sense ous. En algun lloc n'hi devia haver de perdiu, i d'altres aus, o devia haver-n'hi hagut a l'època de la cria, però ells mai no els havien perseguit i no tenien gens de manya a descobrir nius.

Ara cada dia menjaven calent i, per postres, torraven ametlles. Havien aprofitat els clemàstecs de la masia i el foc de terra cremava bé, quasi sense gens de fum, llevat de quan feia massa vent. Aleshores, de vegades els calia apagar-lo per no asfixiar-se, però sempre deixaven brases per escalfar les menges.

Després de tot un any de beure només aigua i, de tant en tant, una mica de licor, ara s'havien acostumat al vi, i això també els envigoria.

(19) I una tarda que queien quatre volves de neu, l'Alba, que rentava fora, va redreçar-se sobresaltada en sentir uns grans espetecs al cobert. En precipitar-s'hi, va veure en Dídac enfilat dalt del tractor, d'on li somreia.

—L'has reparat!

Però el noi va dir:

—Mai no ha estat espatllat, sinó que no ho sabia.

Va fer callar el motor i, sense moure's del seient, va explicar-li que la vibració produïda per aquells estranys aparells devia haver desconnectat tot de peces i afluixat tot de rosques sense fer malbé res. Si no funcionava, era perquè els diferents elements no encaixaven.

—I no ho has vist fins avui?

—No, ja fa dies, però no volia dir res per si m'equivocava. Aparta't, que ara el trauré.

Però ella no va voler, per la neu.

(20) I van haver d'esperar-se més d'una setmana, fins un matí de sol que fonia la capa blanca, molt prima. En Dídac, que semblava més infantil que no era en la relativa immensitat del vehicle, va moure precauciosament els peus, accionà unes palanques i, encara no gaire segur del que feia, perquè era la primera vegada que conduïa, li va fer travessar el llindar de la porta ben oberta, sortí a l'era, va fer-hi majestuosament una volta una mica zigzaguejant i, després, s'aturà al costat de l'Alba que havia avançat fins a prop del palleret.

—No vols pujar?

La noia va enfilar-s'hi, i en Dídac va fer descriure una altra volta al tractor; seguidament, sense consultar-la, l'adreçà cap al camí de darrera la masia; ella, però, l'obligà a aturar-se.

—És una bèstia molt grossa per a tu, Dídac...

El noi gairebé es va ofendre.

—I què?

L'Alba contemporitzà:

—Vull dir que més valdria que t'entrenessis una mica. I que m'ensenyis de conduir a mi. Mai no se sap què pot passar...

Amb recança, en Dídac va fer marxa enrera.

(21) I aquell mateix dia i l'endemà li va ensenyar com es manejava, i ella ho va aprendre de pressa, perquè era senzill. De seguida el va poder menar tota sola per l'era, amb el noi al costat, i a partir de la quarta tarda el van fer córrer també per uns bancals amples i plans la terra dels quals espetegava sota les rodes massisses que anaven i venien, giraven, retrocedien, puix que l'Alba volia que en tinguessin un domini complet, no fos cas que pel camí, estret com era en alguns llocs, es desviessin cap als marges i el fessin bolcar. Al poble, tres estius enrera, havia mort un pagès per culpa d'una falsa maniobra que li precipità el vehicle damunt, se'n recordava.

(22) I no havien pensat en el combustible, de manera que un matí, en plena maniobra, el motor començà a estossegar amb uns retrucs asmàtics, fallà, s'engegà de nou, espetegà altra vegada amb discontinuïtat. Llavors la noia hi va caure:

—Vols-t'hi jugar que ens hem quedat sense gasolina?

—Va amb gas-oil.

—Tant li fa... Què farem, ara?

Perquè no el podien pas deixar allí, en ple camp, exposat a les pluges i, potser, a d'altres nevades. En Dídac va dir:

—A la gasolinera del poble n'hi deu haver. Per què no hi anem?

(23) I tot i que a ella li feia poca gràcia, hi van baixar el matí següent. Es van emportar un preparat de formalina per tal de xopar-ne els mocadors si se sentia fortor, però l'aire semblava net i, d'altra banda, la gasolinera que van escollir, de les tres que hi havia a la vila, es trobava als afores, en començar el raval, si bé a l'extrem oposat.

Per no haver de travessar Benaura, van fer la volta pel gual dels horts de baix i pujaren cap a les eres, d'on un altre camí menava a la carretera. Tot es veia si fa no fa com ho havien deixat, potser una mica més pla, perquè algunes parets, que abans s'aguantaven dretes, ara havien caigut i les runes tenien un aspecte encara més uniforme. La gran diferència, però, era que ara no quedava ni rastre de pols.

Tots dos estaven una mica impressionats, i l'Alba va estar a punt de marejar-se en veure els dos cadàvers apergaminats que s'havien barrejat en caure prop de les rodes d'un cotxe aturat davant del distribuïdor de gasolina.

En canvi, en Dídac només pensà en el vehicle.

—Si l'engego, ens podrem emportar més bidons...

(24) I l'edifici, baix i fet de paret prima, només estava enrunat d'una banda, de manera que per l'altra s'hi podia entrar fàcilment i fins i tot passar al despatx, on hi havia un telèfon. L'Alba va discar immediatament un número, i un altre, però el servei continuava sense funcionar.

Abans de sortir, va apoderar-se de tot de papers en blanc i de dos bolígrafs que trobà a la taula, on també hi havia diners en bitllets i monedes, però això ni ho tocà; en aquest món seu, d'ara, ja no tenia valor.

Fora, va reunir uns quants bidons i dues llaunes d'oli, va escollir tot d'eines i despenjà un termòmetre clavat en un envà. Va admirar-se que assenyalés dos graus sobre zero; no li semblava que fes tant de fred.

(25) I aleshores, sense saber-ho, va tenir un mal acudit, puix que, en veure una porta que deia W.C., va voler entrar-hi a orinar, potser perquè durant tot aquell temps ho havia hagut de fer sempre culivada sobre el terra. I, darrera, es va trobar cara a cara amb un cadàver assegut a la tassa, on l'havia sorprès el cataclisme. Era una noia, ja que conservava les faldilles i, encara que no podia reconèixer-la, no dubtà que era la Maria Dolors, una amiga de la seva germana que treballava, precisament, d'administrativa a la gasolinera.

Va vomitar allí mateix, sense temps d'enretirar-se, i després es va asseure una estona a la banda de darrera de l'edifici, per no haver de dir res a en Dídac, que prou feina tenia amb el cotxe.

(26) I no van poder carregar fins al cap de quatre hores, car els va caldre canviar la bateria i els pneumàtics i greixar el motor, el qual continuava resistint-se a funcionar fins i tot quan el noi ja havia restablert totes les connexions. I, quan s'engegà, ho féu com de mala gana, amb una mena de xiulet que persistí fins al gual, on es van aturar a rentar-se. Després, inesperadament, la remor es va anar normalitzant, i ja es pensaven que tot rutllaria bé quan d'algun lloc sortí una mica de fum i el vehicle s'immobilitzà.

Per sort, ja eren a més de mig camí i no els va costar gaire, doncs, de transportar un bidó per tal d'alimentar el tractor, amb el qual, l'endemà, van baixar a recollir el carregament i tot d'estris de pesca que hi havia a l'interior del cotxe. El vehicle, que en Dídac va provar d'engegar altre cop, es negà a bellugar-se.

(27) I, pocs dies després, van anar-se'n al riu a pescar, una cosa que fins llavors no els havia passat mai pel cap. Per camins de carro, desembocaren prop d'uns canyars on l'aigua s'entretenia en un rabeig i semblava profunda, però de peixos no n'hi devia haver, car el suro no s'enfonsà ni un sol cop durant les dues hores que s'hi van estar.

Més tard, però, quan ho provaren en una altra clotada, potser cent metres més avall, van enganxar-ne cinc, dos de petits, que van tornar a l'aigua, i tres que feien si fa no fa un pam. Eren uns peixos una mica allargassats, no sabien de quina mena, i al vespre, en menjar-se'ls, van veure que la carn era blana i, alhora, estellosa. Com que feia tant de temps que no en menjaven, però, els van trobar bons.

(28) I va ser al cap de tres dies, quan sortien del bosc, on havien anat a veure si encara trobaven bolets, que van distingir cinc aparells d'allò més estranys en el cel de ponent. D'instint, l'Alba va subjectar la mà d'en Dídac i l'arrossegà cap a terra, on va deixar-se caure darrera uns arbustos.

Els aparells, que volaven amb molta lentitud, eren totalment rodons, però no esfèrics, ja que la forma era aplanada, i tenien dos cossos sobreposats, més petit i immòbil el de sobre. L'altre giravoltava a poc a poc amb un moviment continu que des de terra ni s'hauria notat sense aquella ratlla blanca, de dalt a baix, que solcava la superfície negra. Cada cop que la ratlla del cos de sota coincidia amb la del cos superior, s'encenia una breu resplendor, una mena de petit llampec, com si dos fils elèctrics haguessin entrat en contacte.

Tots cinc aparells eren idèntics, llisos i tancats, sense cap obertura en forma de finestra o de porta, i volaven prou baix perquè l'Alba i en Dídac els poguessin examinar bé. El noi xiuxiuejà:

—Són com aquells que em vas dir?

—No. Tenien una altra forma, i eren d'un color acerat.

D'altra banda, llur vol no produïa cap trepidació; eren tan silenciosos com un núvol que s'allunya, com s'allunyaven ells, cap a l'horitzó.

(29) I durant unes quantes setmanes tots dos van viure amb l'ai al cor per si aquells aparells havien descobert llur presència a la masia i decidien de tornar. Ben just si els tranquil·litzava una mica que no es veiés cap rastre d'activitat humana, com que hi hagués una construcció en curs, o un camp conreat de poc, i la circumstància afortunada que el foc, quan van passar els avions, ja devia fer hores que s'havia apagat i per la xemeneia, doncs, no sortia gens de fum.

Van decidir no tornar a encendre'l, de moment, però l'hivern encara era cru de debò i, per tal de defensar-se'n, quan no tenien res a fer es colgaven al llit. Va ser durant aquells dies que, potser per nerviosisme, l'Alba va acostumar-se a fumar.

(30) I a la noia li va fer estrany, ara, de no haver pensat que aquella gent, qui fos, tornaria. Si verament tot allò, la destrucció de les ciutats i dels homes, era obra d'algú de fora, com havia admès, potser coaccionada pel noi que en veure els aparells exclamà «Són platets voladors, tu!», o qui sap si per la forma i l'abundància dels avions, com s'explicava que després de reduir la terra a runes l'haguessin abandonada?

Era que no l'havien abandonada. Aquells éssers es devien haver instal·lat en un lloc o altre i, des d'aquell cap de pont, l'anirien colonitzant. La presència dels cinc aparells circulars ho demostrava. No tan sols ella i en Dídac eren probablement els darrers humans, sinó que ara vivien en un terreny ocupat.

(31) I van avesar-se, doncs, a adoptar tot de precaucions que fins llavors havien negligit. Des d'aquell dia, cada cop que sortien del cobert, escrutaven el cel amb els prismàtics procedents de ca l'armer i, per poc que s'haguessin d'allunyar, s'emportaven els màusers en previsió no sabien de quin encontre malastruc.

Ja no van tornar a tocar el tractor per por d'atreure l'atenció amb el soroll que feia i, quan anaven al riu a pescar, un cop cada setmana, hi anaven a peu, camps a través. Tot d'una, la vida s'havia fet encara més miserable.

(32) I a punt d'entrar a la primavera els va caure damunt una altra desgràcia, car un matí, en Dídac, que es pensaven que s'havia refredat, va llevar-se amb els ulls tan inflats i llagrimosos i la mucosa del paladar tan irritada, que l'Alba l'obligà a tornar-se'n al llit. Tenia també una tos seca i rasposa que feia mal de sentir. No va alarmar-se, però, fins que, en posar-li un dels dos termòmetres que havia recollit amb els fàrmacs, va veure que assenyalava 38'2.

Li va donar dues aspirines i li va posar unes gotes descongestionants al nas per facilitar-li la respiració, però a migdia, quan li va tornar a prendre la temperatura, la febre encara havia augmentat. Va mirar-li el coll, del qual es queixava, i va veure que a la banda de dins de les galtes hi tenia uns puntets blancs, molt menuts, que no va saber interpretar tot i que li semblava haver llegit alguna cosa sobre aquells símptomes.

Es guardà el descobriment per a ella, però el cor se li encongí en pensar que podia ésser una afecció greu, i es girà de pressa perquè el noi no veiés com els ulls se li enlloraven.

(33) I a la tarda, tot d'una, va saber què tenia. Li havia fet menjar una mica de patata bullida i un trosset de peix, car justament la vetlla havien anat al riu, quan, en acotxar-lo, va adonar-se que darrera les orelles i coll avall se li havien format tot de taquetes d'un color vermell fosc, com una erupció. Se li va acudir a l'acte que era el xarampió.

El diccionari li ho confirmà. Tots els símptomes corresponien: el refredat, la febre, els punts blancs de l'interior de les galtes o taques de Köplick, com deia el llibre, i l'erupció que acabava de descobrir... Va alarmar-se més en llegir que hi havia perill de diftèria, broncopneumònia, otitis, laringitis i diversos altres tipus de malures.

Retingué que, si bé les sulfamides i la penicil·lina no eren de cap utilitat contra el virus del xarampió, combatien, en canvi, amb eficàcia les possibles complicacions broncopulmonars. De seguida, doncs, va repassar la seva provisió de medicaments fins que en trobà un a base de penimepiciclina en càpsules; gairebé tots els altres tenien l'inconvenient que eren injectables, i ella no disposava d'agulles hipodèrmiques.

(34) I al capvespre, quan va voler alimentar-lo de nou, va adonar-se que hi havia un altre problema ben greu. El diccionari de medicina recomanava llet, melmelades, sopes, sèmoles, ous, tot de menges lleugeres o semilíquides, i ella no tenia res de tot això. Podia continuar donant-li patates bullides, o en puré, i sucs d'herbes, però no n'hi havia prou.

Es va gitar angoixada en un tou de palla una mica separat del del noi, a l'altra banda de la llar que s'havia decidit a encendre per primer cop després de tant de temps, car era essencial que ell no patís fred i, comparat amb el perill de les complicacions que l'amenaçaven, el d'un possible retorn dels aparells semblava poc important, però gairebé no dormí. En Dídac no parava de desabrigar-se i li calia vigilar-lo.

(35) I l'endemà el noi ja tenia tot el cos ple de flors vermelles i la seva temperatura fregava els quaranta. L'Alba ho comprovà dues vegades, car ell, a despit de la febrada, ara semblava prou eixerit. Per primer cop des del migdia abans, demanà per orinar.

Li va fer prendre penimepiciclina i li explicà que tenia el xarampió i que no s'havia d'espantar, perquè tothom el passa un dia o altre, com també l'havia passat ella, i en Dídac assentí, ara tranquil, i després, inesperadament li preguntà:

—Tu m'estimes, Alba?

—És clar, Dídac; ja ho saps.

—I no em deixaràs mai?

No es va poder estar d'abraçar-lo sense preocupar-se de la possibilitat, al capdavall remota, d'un contagi, i, amb la galta contra la seva galta, que cremava, li assegurà:

—No, Dídac, mai.

—És que jo també t'estimo molt, saps?

(36) I va ser al cap d'una estona, quan li donava el puré de patates, que decidí d'arriscar-se a baixar al poble a cercar unes menges més convenients. El noi, que s'havia anat ensopint altra vegada i ara ben just si tenia ànims d'empassar-se les cullerades, es recobrà una mica, s'enquimerà:

—I si venien aquells avions?

—Aniré de pressa, no t'amoïnis. I ara ja fa molt de temps que no els hem vist: potser no tornaran més. Això sí, m'has de prometre que faràs bondat...

Per tal d'assegurar-se que no es desabrigaria tot dormint, va entrar quatre pedres grosses i pesades, en col·locà una a cada extrem de la manta de sobre i, amb sogalls, va lligar-les als quatre caps.

Va posar un altre tronc al foc, que llanguia, i, en redreçar-se per sortir, en Dídac ja s'havia abaltit de nou; la seva respiració, de tota manera, era tranquil·la.

(37) I l'Alba, amb un mocador xop de formalina que li protegia el nas i la boca, va baixar al poble amb el tractor i s'endinsà pels carrers

55

fins a la cantonada on hi havia la botiga de queviures de la qual s'havien endut tantes provisions. El matí era fred, sense gens ni mica d'aire, i li va semblar que no sentiria cap fortor ni que anés destapada; la gran majoria de cadàvers que va veure tenien un aspecte apergaminat, com els de la gasolinera, i d'altres devien haver sofert un procés de descomposició força ràpid, perquè només en restava l'esquelet sota els parracs de la roba consumida per la hivernada.

La botiga s'havia enrunat una mica més a causa dels aiguats i de les neus, i res, llevat dels pots i de les llaunes, no era aprofitable. Però hi trobà quasi tot allò que cercava: melmelades, llet en pols, sèmoles i verdures preparades.

Ho va carregar sense entretenir-se, amb una indiferència impressionant per aquella soledat que l'envoltava, i després se'n va anar a la farmàcia a cercar bosses de goma, xeringues i agulles i, ja que hi era i li queien a mà, recollí també tot d'apòsits que li facilitarien la higiene íntima, quan menstruava.

Seguidament va adreçar-se a ca l'armer per tal d'agafar un parell d'escopetes de caça i cartutxos, però l'hivern havia estat poc clement amb aquelles runes i, si bé quedava un forat per on esmunyir-se a l'interior, era tan estret que decidí de renunciar-hi.

(38) I abans de migdia ja tornava a ésser al mas, on, un cop es va haver assegurat que en Dídac continuava tapat, es va treure tota la roba que duia, es rentà escrupolosament, va desinfectar-se i es posà roba neta; la que s'havia tret, la cremà a l'era.

En entrar de nou al cobert, en Dídac s'acabava de despertar i estava xop de cap a peus, de manera que va haver d'escalfar una camisa, que era l'únic que portava, i canviar-lo perquè la suor no se li refredés damunt.

Després el noi va menjar, sense gana, mig plat de sopa de verdures i unes quantes cullerades de melmelada, però no les va poder retenir i, al cap de pocs minuts, ho vomitava tot. L'Alba va haver de renovar-li el jaç.

(39) I van succeir-se, llavors, sis dies i sis nits més de combat amb una malura que en circumstàncies normals no hauria enquimerat

ningú, però que ara, quan només eren ells dos sols, constituïa una tragèdia per a la noia, la qual no s'assossegava, sempre atenta a les seves necessitats, a evitar que es desabrigués, a medicar-lo a hores regulars, a vetllar les seves dormides pregones i turmentades...

Només abandonava el cobert quan li era absolutament indispensable i, de nit, s'instal·lava prop seu i, de vegades, li donava la mà durant llargues estones, car aquest contacte semblava tranquil·litzar-lo i foragitar els malsons que la febre, sempre alta, provocava.

De dia es movia com una somnàmbula, gairebé d'esma, i, a la fi, va haver de decidir-se a prendre uns estimulants. Se sentia la pell seca i ardent, com si també ella hagués emmalaltit. En posar-se el termòmetre, però, comprovava que de febre no en tenia. Era l'ànsia, l'angúnia.

(40) I una nit, la darrera, va ser la pitjor de totes. La temperatura s'enfilà encara més i en Dídac respirava d'una manera tan agitada, barbullent, com si només ho pogués fer a glops, que ella va pensar-se que es moria.

Va abraçar-se-li i el sacsejà, gairebé histèrica, mentre implorava:

—No te'n vagis, Dídac, no te'n vagis! Jo no vull que et moris!

El besà amb una mena de passió estranya i ell, com cridat per aquella carícia o per les paraules del fons del pou en el qual semblava haver caigut, obrí uns ulls blancs i vermells, va moure els llavis clivellats i mormolà:

—Oi que em salvaràs, Alba?

La noia sanglotà, abatuda sobre el pit on el cor martellejava feixugament, com esgotat, i tan sols va poder contestar-li amb un petit gest del cap, de les mans.

(41) I l'endemà hi va haver l'inici d'un canvi que s'accentuà ràpidament. La febre cedia de pressa i l'Alba observà que la pell es descamava, sobretot a l'indret de les taques, on es formava com una mena de caspa. El diccionari de medicina va informar-la que es trobava en període d'efervescència.

Al cap de vint-i-quatre hores, els indicis favorables van quedar confirmats per la primera dormida tranquil·la que en Dídac feia en vuit dies i per la lectura posterior del termòmetre: el mercuri s'aturava a trenta-set u.

Res no era de tan bon auguri, però, com la cara del noi i el fet que, novament, s'interessés per les preocupacions que tenien al moment de caure malalt. Una de les primeres coses que va voler saber fou si els avions circulars havien tornat.

—No; no han vingut més.

La veritat és que feia una colla de dies que ni hi pensava.

(42) I en Dídac, durant aquella estada al llit, havia crescut tant que, entre això i el decandiment provocat per la febre i l'alimentació escassa, ara se li dibuixaven les costelles d'una manera gairebé extravagant; era com si reposessin directament sota la pell, que s'hi aplanava. També ella s'havia aprimat prou perquè pogués dir:

—Semblem dos esquelets!

Però ho deia sense enquimerar-se, ara. En Dídac es mostrava animat davant les menges, per força monòtones, que li servia, i ella, que estava més desganada, feia tot el que podia per no quedar-se enrera. Alhora, començava a comprendre que tants productes de conserva no els podien ser bons i que el cos necessita fruites i verdures fresques. Calia que, d'una manera o altra, solucionessin aquell problema.

(43) I un d'aquells matins, quan el noi, sec i tot, ja semblava ben recuperat, van anar-se'n a explorar l'hortet que havia tingut la masia, una llenca de terra que els pagesos devien regar a braços i que ara, al cap d'un any i mig de no conrear-la ningú, era un garbuix de plantes i d'herbes espontànies, el resultat de les germinacions que havien tingut lloc durant l'hivern, afavorides per les pluges i la neu.

Van recollir-hi unes quantes almostes de faves, de pèsols i de mongetes endurides, que havien caigut, qui sap quant de temps feia, de les tavelles no collides i ara desaparegudes en bona part dels secallers que, en alguns indrets, encara penjaven de les canyes amb què els pagesos havien apuntalat les plantes perquè s'enfilessin. L'Alba va dir:

—Ho plantarem.

(44) I com que no sabien ben bé en quin moment calia sembrar-ho, ho van fer de seguida, però es van reservar la meitat de les llavors per tal de poder repetir la plantada al cap d'una mesada.

Van netejar un quadrat de prop de quatre metres per banda, van fer-hi tot de cavallons per facilitar el rec i, aleshores, amb un bastó punxegut, van anar fent tot de forats a l'interior dels quals deixaven caure dos o tres grans abans de tapar-los de nou. Després, ara que ja hi estaven posats, van anar desbrossant la resta de l'hort, amb més precaucions que de primer, per si trobaven alguna planta aprofitable. A l'Alba li va semblar que identificava un parell de tomaqueres menudes, com de planter, però la gran troballa la van fer amb els espinacs i les bledes; d'aquestes, sota un autèntic bosc d'herbots, n'hi havia dotzenes. Ja en van menjar aquella mateixa nit.

(45) I una tarda, mentre prosseguien aquella mena de feina, en Dídac va preguntar:

—Ja no ens deurem moure, oi, d'aquí?

—Per què ho dius?

—Perquè la gent, quan comencen a fer de pagesos, es fan sedentaris.

L'Alba va riure, complaguda, d'altra banda, que el noi hagués assimilat tan bé les lliçons que li donava i que els eren útils a tots dos: a ell perquè aprenia i a ella perquè l'ajudaven a retenir tot allò que havia llegit o li havien explicat els pares i els mestres. Però digué:

—No, no ens quedarem; cal que sapiguem una mica més bé què ha passat i si queda algú, ja ho saps. De manera que no t'amoïnis.

—Oh, no, si jo ja estic bé!

—No et faria res quedar-te, doncs?

—Em penso que no.

—I faries sempre d'hortolà?

Ell va reflexionar breument i, a la fi, digué:

—És bonic, no trobes?

La noia assentí, una mica estranyada, amb el pressentiment que en Dídac no ho deia tot.

(46) I fins al cap d'uns quants dies no va saber que ho havia encertat, quan el noi, que mirava com ella encenia el foc, va dir-li:

—Com és que ara ja no prenem precaucions?

El va entendre de seguida, és clar.

—No ho sé... No podíem pas viure sempre com uns conills. I, pensant-hi bé, seria una casualitat que tornessin.

—On et sembla que deuen ser?

—Potser se n'han entornat allí d'on venien.

—Però, i si viuen en algun lloc i ens hi trobem?

L'Alba es va redreçar.

—És per això que et voldries quedar aquí?

En Dídac desvià la mirada.

—Per tot.

La noia se'n va anar lentament cap a la porta, més enllà de la qual un matí encara gris s'entretenia pels arbres del bosc, més amunt, i, passats uns moments, en Dídac va seguir-la i li agafà la mà.

—T'has enfadat, Alba?

—Per què m'havia d'enfadar?

—Que tingui por...

—En tenim tots dos, Dídac. Però ens n'hem d'anar encara que en tinguem. Si no queda ningú més, hem de salvar moltes coses perquè no es perdi l'esforç de tants i tants homes... Un dia ho entendràs.

—Si ja ho entenc, Alba.

I se li va refregar, com per estar més a prop d'ella.

—Quan marxarem?

—La tardor vinent.

(47) I aquella primavera hi va haver molts ocells, més que no n'havien vist mai, com si els provés una terra sense homes que els posessin trampes ni nois que els esfullessin els nius. S'atansaven, confiats, a la masia, on de primer feien gràcia i van acabar per fer nosa. Per tal de poder salvar l'hort, on aviat llurs afanys foren recompensats amb la creixença tímida i com insegura d'algunes mates, els va caldre circumdar el quadrat de terra conreada amb tot de canyes i penjar-hi uns quants parracs que, en voleiar, foragitaven les aus.

Moltes llavors, però, havien fallat, potser perquè eren massa eixarreïdes, potser perquè les havien plantades fora d'estació. Tal com s'havien proposat, doncs, van repetir la sembra en uns altres cavallons oberts a continuació dels primers i, dia per altre, els regaven amb l'esperança d'accelerar la germinació.

(48) I una matinada, quan encara era fosc, van sentir un terrabastall que els despertà, com si en algun lloc, no gaire lluny, hi hagués hagut una explosió.

Es van quedar arraulits l'un contra l'altre, amb el cor que els batia descompassadament i la llengua travada per l'emoció, car la violència de la remor feia pensar en una canonada. Quan al cap de deu minuts, però, no s'havia repetit, es van atrevir a abandonar el jaç i a sortir a l'era, des d'on van veure que, a una distància potser de quatre o cinc quilòmetres, cremava un gran foc que de seguida es va anar estenent, com si s'hagués encès el bosc.

No s'ho explicaven, i una inquietud sorda els va privar de tornar a adormir-se aquella nit i els va furtar hores de descans durant el dia i la nit següents, puix que el foc continuava cremant. Sabien que un llamp no el podia haver provocat; no hi havia hagut cap tempesta i la remor no s'assemblava gens a la d'una descàrrega entre els núvols i la terra.

(49) I l'endemà passat, quan encara s'alçava una ampla columna de fum a l'indret on havien vist el foc, van decidir d'anar-hi, però van esperar que el sol s'amagués i s'hi van encaminar a peu, sense preocupar-se ni de camins ni senderes. Els va caldre fer una bona marrada per tal de travessar el riu i, un cop a l'altra banda, es van desorientar, car la nit era molt negra i avui ja no es distingia cap mena de resplendor. Al cap d'una estona, però, van ensumar l'olor de fum, potser perquè el vent s'havia girat, i progressaren de nou en línia recta fins al llindar que, com pensaven, havia estat un bosc.

Encara quedaven tot d'esquelets d'arbres que les flames no havien pogut consumir i s'havien limitat a despullar, però d'altres, i la vegetació baixa, eren totalment carbonitzats. Amb la sortida del sol van poder apreciar més bé la magnitud de la catàstrofe. El foc havia devorat una arbreda d'uns dos quilòmetres quadrats, fins a les properes finques de conreu, on els camps nus l'havien aturat. Va ser allí, a la llinda del bosc, que en Dídac va trobar un estrany aparell, com una mena de rellotge sense cristall, potser perquè s'havia trencat, amb tres busques adherides a la superfície, on res no les subjectava llevat d'una força d'imantació prou feble perquè el noi les pogués enretirar.

(50) I ni l'un ni l'altre no havien vist mai un aparell que s'assemblés a aquell objecte, el qual, en deixar-hi altre cop en Dídac les busques, a l'atzar, les va recuperar fins que totes tres, amb un desplaçament pausat i ininterromput, ocuparen la posició exacta que tenien de primer. Més estranys eren encara els números o lletres que es disposaven de dalt a baix i d'esquerra a dreta en forma d'una creu irregular. Totes les figures eren constituïdes per un pal lleugerament oblic a banda i banda del qual, i de vegades només en una, es distribuïa un nombre desigual de puntets vagament triangulars. L'aparell, que semblava fet d'una sola peça, devia haver estat projectat amb força des d'algun indret, perquè estava abonyegat. En Dídac preguntà:

—Què deu ser, Alba?

La noia va mirar de treure-hi importància:

—No ho sé; ho devia perdre algun excursionista...

Però en Dídac, se n'adonà, no s'ho va creure.

(51) I al cap de ben poques hores tots dos van saber que procedia d'un altre món. També aquest cop va ser en Dídac qui descobrí l'intrús, potser perquè precedia l'Alba al moment d'anar a sortir de la protecció del marge al llarg del qual havien anat avançant per la banda de sota.

La criatura, puix que difícilment se n'hauria pogut dir un home, s'amagava darrera un munt d'herbes, en un extrem de l'hort, i semblava que vigilés la masia. D'esquena, tal com la veien, tenia l'aparença d'una espècie de pigmeu al qual hagués crescut un coll molt llarg i, al capdamunt, una protuberància en forma de pera invertida, o sia amb la part de dalt considerablement més gruixuda, més ampla, que la part de baix. No se li distingien ni pèls ni cabells i la pell, rosada com la d'un garrí, feia una impressió desassossegadora de nuesa. De fet, hi anava, de despullada. Tenia unes cames, o potes, lleugerament tortes i robustes, i els braços, un dels quals repenjava en el munt d'herbots, semblaven, comparativament, llargs i prims. De l'indret on la pera del cap començava a aprimar-se, li sortien uns petits apèndixs en forma tubular que no paraven de bellugar-se. Es van imaginar que podien ser unes antenes.

(52) I estirats a terra, darrera el parapet del marge per damunt del qual ben just si gosaven espiar, tot i que uns quants rebrots d'una olivera desapareguda dissimulaven llur presència, van anar observant l'estranya criatura, tan immòbil com ells. Tots dos anaven armats, l'Alba amb el màuser, però el descobriment de l'intrús era tan recent i inesperat que les mans encara li tremolaven massa perquè s'atrevís a disparar. D'altra banda, estava encuriosida i el desconegut, observà, no duia armes de cap mena. Després, però, va veure que s'havia equivocat.

Perquè, a la fi, la criatura es va moure i féu una correguda cap a l'altre extrem de l'hort, on s'aplanà a frec de les plantes que hi creixien. Va ser aleshores que tots dos van veure l'objecte que duia a les mans i que un breu llampec, en incidir-hi el sol, delatà. Sense això, no se n'haurien adonat, puix que devia ser una cosa rodona, o aplanada, sense culata ni canó, per menuts que fossin.

En aquell moment, va comprendre que l'hauria de matar.

(53) I, a poc a poc, l'Alba va anar desplaçant el fusell fins que el canó reposà sobre el terra, entre els llucs de l'olivera, apuntant cap a l'hort. La criatura, però, ja es movia de nou i, plegada en dues, talment si avancés de quatre potes, s'atansava més a la masia. Sinó que ara llambregà dues o tres vegades cap on ells eren amagats i, per primer cop, els presentà la cara.

A tots dos se'ls va glaçar la sang a les venes, car era un rostre que recordava imatges de malson. La faç, molt plana, tenia tres ulls, un d'ells a l'indret que hauria correspost al front en un humà i els altres dos més avall; eren talment tres forats oberts en una paret, puix que no els protegia cap arc ciliar. A la banda de baix, allò que hauria hagut d'ésser el sotanàs, la barbeta i la boca, formava un musell porcí que s'avenia amb el color de la pell però feia una impressió d'estolidesa a la cara.

(54) I l'Alba es va alegrar que tingués aquella aparença, perquè li seria més fàcil de matar-lo. Sense mirar en Dídac, que gairebé ni gosava respirar al seu costat, va redreçar més l'arma, comprovà que havia fet córrer el fiador i, amb el dit, fregà el gallet. Va anar seguint el progrés de la criatura i, amb la culata ben afiançada a l'espatlla, esperà que s'aturés.

Ho va fer a l'angle de la casa, on es redreça, ara d'esquena a ells. Oferia una diana immillorable, i ella no sentí cap trastorn de consciència en acudir-se-li que l'escometia de traïdor, sense donar-li cap possibilitat de defensar-se. Era un enemic i la seva raça havia demostrat a bastament que era implacable.

Disparà, doncs. I tot seguit, disparà encara dues vegades més. Però potser ja no hauria calgut. La criatura s'anà inclinant sobre la vertical, com empesa per una mà, i, amb una lentitud que només al darrer moment es convertí en una caiguda accelerada, es va abatre de ventre a terra.

(55) I tots dos es van esperar sense bellugar-se, amb la vista fita en el cos jacent i les armes a la mà per si s'incorporava. Però no van sorprendre ni un sol estremiment de la còrpora.

Al cap de cinc minuts, doncs, van deixar el marge i, amb el dit al gallet, van travessar el camp que els separava de la masia, prop de la qual van alentir encara. La criatura, però, continuava quieta, inanimada.

Dues bales, van veure de seguida, li havien foradat l'esquena, mentre la tercera es devia haver perdut perquè, en disparar-la, ell ja queia. Els forats sagnaven un líquid més clar que la sang humana, gairebé rosat, que se li escorria cos avall i, a la banda de davant, on hi havia dos forats més, car els projectils l'havien travessat, el terra era xop.

El van girar amb la punta del màuser, i ara van poder veure de prop aquella cara que combinava trets porcins i humans, i fins i tot d'insecte, perquè l'ull del front, que tenia obert, era de facetes, com els de les abelles. El cos, en canvi, feia pensar en un marsupial per la bossa del ventre, en la qual van trobar una mena de placa, com una targeta, d'un metall lleuger inscrit amb tot de foradets que dibuixaven línies i punts triangulars, com els de l'aparell recuperat al bosc, si bé aquí també n'hi havia d'altres, rodons i de dimensions desiguals, a l'extrem superior esquerre.

Aparentment, la criatura era una femella, ja que el sexe, molt sortit i totalment despullat de vegetació, s'assemblava a la vulva. Potser era l'existència de la bossa marsupial el que feia que el tingués desplaçat tan enrera.

(56) I no va ser fins al cap d'una estona que l'Alba va distingir la petita esfera que havia rodolat fins a prop d'una pedra en escapar-se de les mans de la criatura. Perquè de seguida va comprendre que era l'objecte sobre el qual havia incidit el sol, feia poc.

En mirar-lo, de primer sense atrevir-se a recollir-lo, van veure que hi havia un petit botó, no pas més gros que una llentilla, i, a un quart de cercle de distància, un orifici si fa no fa de les mateixes dimensions. El seu maneig semblava prou clar perquè en Dídac digués de seguida:

—Ja sé com funciona. Pitges aquest piu i la bala es dispara pel forat. Ho provem?

Però no era tan senzill, puix que abans de poder fer funcionar l'arma els va caldre, encara, descobrir un altre indret de l'esfera on s'havia de pressionar perquè el botó s'enfonsés; era un dispositiu de seguretat.

El giny, d'altra banda, no disparava bales; en va sortir un feix de llamps que s'escampava en ventall i, silenciosament, en un no-res, calcinà els dos arbres situats a vuit o deu metres contra els quals van dirigir-lo. No hi havia dubte que era una arma terrible, però no sabien amb què ni com calia carregar-la; l'esfera no tenia fissures per on pogués obrir-se.

(57) I aquell mateix vespre, abans que es fes fosc, van cavar una fossa a poca distància de l'hortet i hi van sebollir la criatura vinguda d'un altre món. En transportar-la, van adonar-se que gairebé no pesava gens tot i que, per bé que curta de cos, era robusta. També va cridar-los l'atenció que les antenes, o el que fos, s'haguessin escurçat fins a convertir-se en una mena d'orella.

Damunt la tomba, van posar tot de pedres perquè l'indret quedés assenyalat per sempre. Probablement, va dir l'Alba, era el primer extraterrestre enterrat al nostre planeta.

(58) I com que no sabien si podia haver-hi d'altres criatures d'aquella espècie pels encontorns i ara ja feia bo, van decidir de tornar al bosc, a la cova de prop del rierol, on estarien més segurs. Això suposava perdre's bona part dels fruits de llur treball a l'hort, però tots dos van convenir que no podien exposar-se a restar a la masia. Els estranys, si n'hi havia més, es podien sentir atrets per les cases, sobretot si, prop, hi havia terra conreada, però no era de creure que, per gust, s'endinsarien en la muntanya.

Van endur-se, doncs, les coses més indispensables i al cap de dos dies, després de tres viatges, van instal·lar-se per tot l'estiu als antics quarters, on van reprendre la vida d'abans, ben conscients que, fos com fos, seria provisional. Per això, aquesta vegada, no es van preocupar de reunir reserves de menjar; a començament de tardor, se n'anirien.

(59) I durant tot aquell temps, només dues vegades, a distància d'un mes l'una de l'altra, van baixar a la masia on, a tall d'esquer, havien deixat allò que ells en deien el rellotge. Suposaven que si algun company del mort hi feia cap, se l'enduria. I totes dues vegades hi era, sense senyals que ningú l'hagués tocat. Tampoc no es veien petjades estranyes, ni la tomba del mort no havia estat destorbada.

Van començar a creure que la criatura enterrada, nàufrag del desastre que provocà l'explosió, era l'únic supervivent. Això no privava que, en d'altres llocs, hi pogués haver més éssers d'aquells. Però tenien el consol de saber que eren mortals i que els podien vèncer.

QUADERN DE LA SORTIDA
I DE LA CONSERVACIÓ

(1) L'Alba una noia de setze anys, verge i bruna, va prémer l'accelerador per tal que el vehicle superés el pendent dels últims cent metres de camí, i dalt, va tombar cap a l'esquerra. Poc acostumada al tractor, semblava que el volgués ajudar amb el seu propi esforç i per això s'inclinava endavant amb els músculs tensos i la boca lleugerament entreoberta, anhelant. Un cop a la carretera, però, es relaxà.

Van travessar pels afores de Benaura sense aturar-se, amb una llambregada cap als enderrocs que, més endavant, es repetien monòtonament, escampats sota el sol que els acompanyava en el viatge, encara puixant. Tots dos duien *shorts* i, la noia, una camisa de mànegues curtes descordada sobre els pits, daurats per l'estiu. En Dídac, darrera seu, tenia un màuser a les mans; l'altre reposava als peus de l'Alba.

Però no era probable que els calgués servir-se de les armes. Darrera els parabrises dels cotxes sobre els quals havien passat dos anys de sol i serena, només hi havia esquelets caiguts contra el volant o damunt del seient, i els camps i els pobles eren deserts solcats, en l'aire, pels ocells que perseguien insectes invisibles. No es notava cap més presència animal.

(2) I en arribar a la carretera general, on un rètol, a la cruïlla, assenyalava les direccions, van comprovar l'encert d'haver escollit el tractor, ja que de seguida es van veure obligats a desviar-se cap a les finques que la vorejaven. En molts indrets, els cotxes i camions havien estat sorpresos al moment d'avançar-se, o hi havia petites caravanes que, en coincidir procedint de bandes oposades, ocupaven pràcticament tota l'amplada de l'asfalt. De tant en tant, gairebé sempre

arran de cuneta, trobaven motos caigudes, els ocupants de les quals jeien amb una cama atrapada sota la màquina i el casc protector damunt la closca de la calavera. La roba, més durable que la carn, cobria sovint els ossos o les pells eixarreïdes, com adobades, amb els seus parracs deslluïts per la intempèrie, i en moltes falanges o sobre els estèrnums lluïen encara anells o collarets.

El cementiri de vehicles i de persones s'allargava quilòmetre rera quilòmetre entre breus interrupcions que quedaven compensades per concentracions increïbles, on els cotxes havien avançat a tocar l'un de l'altre, lents, o bé, enmig d'una pujada, havien anat rodolant fins al pla, on sovint s'encastaven en un amuntegament d'ossos i de ferralla. En un indret, un feixuc camió havia esclafat tres turismes carregats de gent i, en un revolt, un cotxe amb remolc, una furgoneta carregada de màquines d'escriure i dues motos s'havien estimbat en un barranc.

L'Alba i en Dídac, impressionats, serraven les dents, sense atrevir-se a parlar.

(3) I a tocar de les cases de les viles, o d'allò que foren cases i viles, hi havia els cadàvers de la gent sorpresa en llur anar i venir, homes, dones i infants que havien caigut a les voreres, o en travessar el carrer. En una plaça es veien encara les restes de cinc o sis cotxets de criatura prop dels bancs de pedra on havien segut les mares o les mainaderes, ara convertides en carcasses tan inidentificables com els ossos escampats per la gespa, on un dia van ser nens i nenes que jugaven i corrien.

Peus i cames descarnats s'escapaven de les muntanyes de runa sota les quals jeien els cossos i, en un poble, on devia haver estat festa major, es dreçava una plataforma amb cadires de ferro i instruments de música encara garfits per mans esquelètiques davant d'una escampada esveradora de cadàvers enllaçats; hi devia haver hagut més de cent balladors i gent que s'ho miraven.

El temps s'havia endut els miasmes i les fortors i, arreu, l'atmosfera era neta a despit de la temperatura, alta per un dia de tardor. Només restava ja la matèria no putrificable, els ossos, els tendons i els cartílags que s'anirien fent pols en un procés llarg, d'anys o de segles.

(4) I enlloc no hi havia cap senyal de vida, fos de terrícoles o d'aliens. El tractor, ara conduït per en Dídac i amb l'Alba a l'aguait, amb el fusell, travessava els carrers i les places o contornejava els pobles pels ravals sense cap veu, sense cap crit que s'alcés de les runes en sentir la remor viva, gairebé escandalosa, del motor.

I entre poblat i poblat, en els camps on de tant en tant es distingien un tractor i l'esquelet humà que inevitablement l'acompanyava, tampoc no hi havia cap clapa de conreu recent, cap indicació, per petita que fos, d'una activitat ordenadora, humana. En molts indrets, els herbeis espessos i ufans senyorejaven bancals d'arbres tofuts i despentinats que ningú no esporgava, i els mateixos camins de ferradura començaven a cobrir-se de plantes que els desdibuixaven i acabarien per esborrar-los.

El motor roncava en la solitud.

(5) I l'Alba, amb el màuser a les mans i la petita esfera mortífera a la butxaca de la camisa, plorava; unes llàgrimes silencioses li solcaven les galtes brunes i se li esmunyien coll avall, cap als pits que el trontollejar del tractor alterava. Res no li venia de nou, però no havia tingut prou imaginació per evocar tants quilòmetres d'enderrocs, de cadàvers, de soledat. Era molt pitjor que un desert; la companyia de totes aquelles pedres que havien estat cases i de tots aquells esquelets que un dia foren gent viva no creava un erm, sinó un buit.

Instintivament, va reposar una mà en l'espatlla d'en Dídac, el qual, com si fos un home i no el noi d'onze anys que era, va separar la seva del volant i la hi acaricià.

(6) I a darreres hores de la tarda, encara amb llum de dia, van aturar-se a fer nit en un xalet, a dos o tres-cents metres d'una gasolinera en la qual acabaven de renovar llur provisió de carburant. Era una construcció baixa, gairebé intacta, puix que només havia perdut part de la teulada i un tros de paret, i devia pertànyer a gent de ciutat que normalment no hi vivien. Hi havia una llar de foc i la van encendre, sense que calgués, potser per sentir-se més acompanyats o per tenir una mica de claror; ara ja feia temps que les piles s'havien passat.

Després de sopar, en Dídac va dir tot d'una:

—Quants anys et sembla que tardarà a haver-hi tanta gent com hi havia abans, al món?

—Si no queda ningú més, molts; milers i milers.

—I se'n recordaran, llavors, de nosaltres?

—Potser no. Per què ho preguntes?

—No ho sé; és que m'agradaria.

—Dídac i Alba... Com Adam i Eva, oi?

—Sí. No seria bonic?

—Sí, sí que ho seria.

I es va quedar somniosa.

(7) I l'endemà, en endinsar-se per les primeres ciutats industrials que, de lluny, envoltaven Barcelona, van comprendre que, en matèria de desastres, encara no havien vist res. Aquí, on ja hi havia construccions verament altes, els enderrocs obstruïen totalment els carrers principals, amples i tot com eren, i colgaven els vehicles que havien circulat al moment del cataclisme. En alguns indrets, el vessament era tan copiós que fins resultava difícil de distingir el dibuix de les vies de trànsit. Les dues anyades transcorregudes des de l'atac havien acabat d'anivellar les runes, si bé adesiara un pany de paret o d'envà continuava dreçant les seves arestes com un braç mutilat.

Els va caldre fer voltes pels carrers exteriors, de fàbriques, on en algunes portes hi havia camions aturats i cadàvers que encara conservaven, s'hauria dit, el gest d'anar a carregar o descarregar una màquina, un fardatge... En el pati d'una escola, que tenia les parets senceres, potser perquè eren de filferro reixat, una estesa d'esquelets menuts indicava que foren sorpresos per la mort a l'hora de l'esbarjo.

(8) I es van perdre per carrerons sense sortida que els obligaven a retrocedir i per camins i carreteres de segon ordre que menaven cap a d'altres pobles, cap a d'altres ciutats per les quals no els hauria calgut passar i, un cop, directament a un riu que havia perdut el pont, ara aclofat en l'aigua, que circulava mansa i superficial...

Amb penes i treballs, fent marrades, van trobar la carretera reial, on el pont també era caigut, però més amunt, on havien tret grava, un camí duia a les pregoneses del llit i el tractor aconseguí de travessar-lo fins a l'altre marge, massa abrupte per enfilar-s'hi. Els calgué fer-ho per unes hortes, on hi havia tot de canyes seques de blat de moro, i prosseguir a través d'una vinya que s'allargava fins a la carretera. Però no hi van poder pujar fins molt més endavant i després, encara, van haver de tornar a deixar-la per culpa d'una aglomeració de vehicles.

(9) I entre una cosa i altra, com que no duien cap mapa, aviat van veure que s'havien extraviat, puix que gairebé a entrada de fosc van trobar-se a les envistes d'allò que devia haver estat la muntanya de Montserrat. Totes les agulles, truncades, s'havien precipitat pels vessants, i la part de dalt, on hi havia hagut el monestir, era un amuntegament caòtic de roques que feia pensar en un daltabaix geològic. Una de les cabines de l'aeri penjava sobre l'abís, probablement retinguda per un dels cables, i, dins, es veia com un ninot mig plegat cap a l'exterior. No gaire lluny reposava un autocar, rodes enlaire, i entre el rocam es distingien, gràcies als prismàtics que els atansaven, més vehicles mal colgats per l'allau de pedres.

Aquella hecatombe els va fer sentir-se més petits que mai.

(10) I a la nit encara els faltava un grapat de quilòmetres per arribar a Barcelona. La fosca els obligà a aturar-se prop d'una clapa d'arbres on hi havia dues *roulottes* i una tenda de campanya. Dins d'un dels vehicles van trobar-hi dos cadàvers, aparentment d'un home i d'una dona, però els propietaris de l'altre, així com tres criatures, havien mort a la intempèrie. Van instal·lar-s'hi a dormir en unes lliteres, la roba de les quals era plena de pols i l'endemà, en llevar-se, en Dídac es va passar prop de tres hores amb el motor del cotxe que la remolcava, fins que aconseguí que s'engegués. L'Alba, agradada de la *roulotte*, havia dit:

—Estaria bé tenir una caseta així, transportable...

Hi va haver també la feina de les rodes, és clar, però el vehicle disposava d'una bomba d'aire i els pneumàtics, llevat d'un, que van haver de canviar, el retenien. Acabaren d'omplir el dipòsit amb la gasolina del dipòsit de l'altre cotxe, on a més hi havia dos bidons, i a les onze, en acabar, reprengueren la marxa cap a la capital, la noia davant, amb el tractor, i en Dídac darrera, al volant del nou vehicle. No estaven segurs si aconseguirien de fer-lo arribar a Barcelona.

(11) I se'n van sortir. Tant de temps d'haver d'enfrontar-se amb tota mena d'obstacles els havia fet pacients i enginyosos i, algun cop, quan les coses es presentaven massa difícils i era qüestió o d'abandonar la *roulotte* o d'exposar-se, l'Alba no dubtà a envestir els cotxes que, per la carretera, els feien nosa. Només una vegada van haver de renunciar-hi, en trobar-se amb dos camions d'allò més grossos que s'havien quedat l'un al costat de l'altre, en direccions contràries, sense que entre ells o per les bandes hi hagués prou espai per a maniobrar. Per sort, un dels camions anava ple de taulons, i en van descarregar uns quants per improvisar una mena de pont que va permetre la *roulotte* de baixar a la finca de sota i de sortir-ne un quilòmetre més amunt, on hi havia un camí.

(12) I a quarts de vuit, doncs, ja eren aturats a les portes de Barcelona, dalt de tot de l'ampla perspectiva de la Diagonal, immersa en unes tenebres que no van voler penetrar més enllà dels jardins que precedien la ciutat universitària, del paisatge de la qual havien desaparegut tots els edificis alts mentre se'n conservaven d'altres, més modestos, vagament visibles en la celístia escassa d'una lluna amagada darrera uns núvols transparents.

Enlloc no brillava cap llum ni se sentia cap remor. De la ciutat muntava un silenci dens i més punyent que el dels camps o el de les viles i els llogarrets, potser perquè sabien que ací havien viscut dos o tres milions de persones. Era una mena de quietud que feia feredat.

Dret al costat de la *roulotte*, en Dídac va preguntar amb una veu poruga:

—I què hi farem aquí, Alba? Ens hi quedarem?

Però ella tampoc no ho sabia, encara.

74

(13) I continuava sense saber-ho l'endemà, quan van deixar la *roulotte* i, amb el tractor, van anar davallant per la gran avinguda vorejada de runes i amb l'asfalt esberlat en més d'un indret, com si la falta de contacte amb les gomes dels cotxes hagués perjudicat la seva cohesió normal.

A poc a poc i envoltats pel mateix silenci tètric de la vetlla, que ben just si els havia deixats dormir, van entrar sense dificultats fins a la plaça del Turó, on l'avinguda s'estrenyia i les construccions havien estat més imponents.

Els passeigs laterals eren coberts d'enderrocs que s'escampaven fins a la calçada central, tot i que les cases, com a Benaura i a les altres viles que havien travessat, es devien haver aclofat sobre elles mateixes. Eren massa altes, però, perquè no es produís un gran esllavissament de materials. Per damunt de tot, les copes dels arbres que no foren arrencats mostraven unes branques despullades i seques, d'esquelet.

La ciutat era una orgia de ferralla, de pedres, de cadàvers sorpresos en totes les positures, de cristalls esberlats... Tot allò que veien semblava que els cridés: no hi viureu!

(14) I gràcies al tractor, que era capaç d'enfilar-se gairebé per qualsevol terreny, si bé sempre amb perill de bolcar-se, van penetrar fins al capdamunt del passeig de Gràcia, on, potser perquè hi havia hagut edificis relativament més baixos, l'entrada del metro era practicable. Van davallar-hi, però se'n van tornar a escapar de seguida, foragitats per la fortor de descomposició que impregnava els corredors, en alguns llocs gairebé atapeïts de cadàvers. El de la taquillera havia caigut de front contra el cristall de la seva garita indemne.

Fora, van prosseguir fins a la plaça de Catalunya, on les runes havien respectat l'espai central; tot d'esquelets esparracats hi seien solemnement a les cadires disposades en renglera sota els arbres morts o vius, car alguns encara eren verds.

Fou allí que l'Alba contestà definitivament la pregunta que en Dídac li havia fet la nit abans:

—No, no ens hi quedarem.

(15) I com que la paret de runes, a l'embocadura de la Rambla, era massa alta perquè el tractor pogués escalar-la, van tornar a pujar pel passeig, on ara van trobar-se amb la boca d'un aparcament subterrani al qual van poder baixar amb el vehicle. Era ple de cotxes arrenglerats i només hi van saber veure set o vuit cadàvers, massa pocs perquè el local servés tufs de mort. A més, hi havia corrent d'aire.

Entre els cotxes van descobrir un *jeep* de rodes massisses i, tot d'una, a l'Alba li semblà que no sobraria d'endur-se'l, de manera que en Dídac, un cop més, va haver d'entretenir-se a restablir les connexions del motor i a posar-lo en condicions de funcionar. Ho va fer més de pressa, aquesta vegada, i al cap de dues hores ja se'n tornaven cap on els esperava la *roulotte*.

(16) I aquell mateix dia, asseguts de cara a la ciutat morta que s'estenia a llurs peus com un paisatge apocalíptic, van esbossar el pla de llur vida futura.

Com que no podien viure allí, atès que els resultaria difícil de procurar-se aliments d'unes botigues en general soterrades pels castells de runa i, d'altra banda, els convenia menjar coses fresques, calia que cerquessin un indret on hi hagués terra de conreu, al reg, però no havia de ser gaire lluny de Barcelona, ja que l'Alba es proposava de salvar tot allò que fos recuperable de les biblioteques que anirien descobrint i de concentrar els llibres en un gran dipòsit segur perquè en poguessin disposar llurs descendents. Afegí:

—I nosaltres també, Dídac. Hem d'estudiar de valent, ja ho saps.

—Però ho podrem fer, tot això?

—Ho provarem.

(17) I el dia següent, a primeres hores de la tarda, llur primer viatge de descoberta pels encontorns de la ciutat va dur-los al mar. En Dídac, que no l'havia vist mai, va quedar-se quiet i amb la boca oberta, gairebé en una actitud de reverència davant d'aquella vastitud d'aigua que, a l'horitzó, s'unia amb el cel, però l'Alba, que ja havia estat unes quantes vegades a la platja, es va treure els *shorts* i la camisa i, nua, va córrer cap a les onades que trencaven en la sorra, com desganades; va cridar-lo:

—Vine!

Ell va fer que no amb el cap i es va asseure, mirant-la, mirant la mar. La noia va endinsar-s'hi amb precaució, nedà vint-i-cinc o trenta metres, es submergí, tornà a reaparèixer i retrocedí cap a la platja. Va riure:

—He estat a punt de pescar un peix!

En Dídac continuava mirant la mar, mirant-la.

—T'has quedat mut?

—No... És tan bonic! I tu també, Alba...

I, allargant la mà, va acariciar-li tendrament l'anca i la cuixa, que regalimaven aigua.

(18) I fins al cap de molta estona, quan també ell ja s'havia banyat, no se'ls va acudir que en tota aquella extensió de sorra no hi havia cap cadàver. Van suposar que, en dos anys, se'ls devia haver endut alguna tempesta, o les marees, car era difícil de creure que al moment del desastre, en ple dia, la platja estava deserta, sense cap banyista.

Després en Dídac ponderà:

—I també fa estrany que no se'n salvés cap, si n'hi havia. Algun devia nedar sota l'aigua. I si això ens va salvar a nosaltres...

—No ho sabem, Dídac; és una suposició.

De fet, però, tots dos n'estaven convençuts. I era intrigant, doncs, que en cap lloc no haguessin vist ningú.

(19) I al cap de dos dies d'explorar, ara sempre amb el *jeep*, que era més manejable, van escollir, no sabien si provisionalment, uns bancals de terra campa, on hi havia hagut verdures i hortalisses, en un indret a cavall entre l'Hospitalet i el Prat, com van assabentar-se pels rètols que encara es conservaven. Al llarg de la finca, en un extrem de la qual hi havia tres sàlzers i un eucaliptus molt alt, una sèquia ampla, que gairebé semblava un canalet, els assegurava l'aigua procedent del Llobregat i el lloc oferia l'avantatge que, a l'entorn, es dreçaven tot de clapes d'arbres fruiters, molts d'ells encara carregats de fruits de la tardor.

També hi havia una casa, no gaire gran i enrunada parcialment, però no pensaven pas servir-se'n. Era cosa decidida que viurien a la *roulotte*.

(20) I van veure que, una mica com a l'hortet de la masia, aquí també hi havia tot de plantes que s'havien anat reproduint espontàniament en caure'ls la llavor, però eren massa poques, i van dedicar els dies següents a localitzar algun establiment de grans, que per força havia d'existir en aquelles localitats relativament camperoles. Però no en van trobar cap. En canvi, en una altra casa de camp, una construcció gairebé totalment de fang que havia resistit bé, van desenterrar un pocs sacs de cigrons, mongetes i faves i, en una habitació-rebost, dos pernils en bon estat i uns quants embotits tan secs que era difícil de clavar-hi les dents.

Ho van carregar tot al *jeep* i l'endemà al matí començaren a netejar una bona faixa de terra que seguidament sembraren sense preocupar-se, tampoc ara, de si era l'estació de fer-ho. Van respectar, de passada, totes aquelles mates de verdura que trobaven entre la jungla d'herbes silvestres.

(21) I en acabar, van anar-se'n a buscar un camió buit i amb tendal que havien vist en llur deambular d'una banda a l'altra i, amb el tractor, van remolcar-lo fins a la finca perquè els servís de rebost. Van netejar-lo ben net, van serrar tot de fustes per fer lleixes i, llavors, van afanyar-se a collir els fruits dels arbres veïns, que eren gairebé tots pereres i pomeres. També hi havia presseguers, però els préssecs ja havien caigut de les branques i s'acabaven de podrir en terra. Van poder aprofitar, en canvi, perquè era el moment, la darrera florada de sis figueres de coll de dama, com la que hi havia hagut a l'hort dels pares de l'Alba.

En donar la feina per enllestida, perquè ja no els cabia res més a les postades, tenien prou fruita per menjar-ne un any sencer sense estalviar-la.

(22) I, entre una cosa i altra, va passar ben bé una mesada abans no tinguessin lleure de tornar a ciutat, on els va caldre escorcollar uns

quants cotxes fins que en un d'ells, curiosament de matrícula estrangera, ensopegaren amb allò que cercaven: una guia que els ajudaria a situar les biblioteques públiques.

Volien començar per la de la Universitat, però aquí hi havia hagut un aclofament tan massiu que, si bé aconseguiren de penetrar a l'edifici per la banda dels jardins, no van poder arribar on hi havia els llibres. Més afortunats van ser a la Biblioteca de Catalunya, bona part de la qual quedava a la intempèrie. L'escampall de volums era impressionant i, tot i que alguns n'havien protegit d'altres, la majoria ja no eren aprofitables. De tota manera, en quedaven prou a cobert per assegurar-los un bon botí. Hi tindrien feina per anys.

(23) I mentre esperaven que les plantes germinessin sota terra i es decidissin a sortir, van traslladar-se cada dia a Barcelona, on, abans d'emmagatzemar els llibres, van anar fent el recorregut per totes les biblioteques que la guia indicava, però el gran descobriment el van fer, per casualitat, en una llibreria potser especialitzada en publicacions tècniques, quasi totes immaculades, com sortides de la impremta, ja que el sostre de l'establiment havia resistit amb fermesa l'impacte de la caiguda dels pisos de damunt. Hi havia també, amb gran alegria de l'Alba, una bona quantitat de textos de medicina, molts dels quals es va endur a la *roulotte*, si bé de moment no els podria llegir perquè de dia prou enfeinats estaven i, de nit, tenien el problema de la llum, al qual fins llavors havien dedicat poca atenció.

(24) I les plantes ja començaven a treure el nas, potser afavorides per un acabament de tardor i començaments d'hivern plens de bonança, quan un matí van entrar el primer carregament de llibres al subterrani del passeig de Gràcia, on, sense gaires llocs entre els quals escollir, decidiren de reunir tots els volums salvats de l'hecatombe. Com que no hi havia prestatgeries i el local era ple de cotxes, van començar a apilar-los a l'interior dels vehicles. A la banda de fora dels parabrises, clavaven un paperet que especificava el contingut de la «biblioteca».

(25) I va ser per aquells dies que, un migdia, en tornarse'n a casa més aviat que de costum, perquè plovia, van escaure's passar prop d'on hi havia un camió carregat d'ampolles de butà. En comprovar que moltes eren plenes, van acabar de desenrunar-lo, puix que estava mig colgat de runes, i, amb el *jeep*, van fer tres viatges per emportar-se-les totes. Ara els faltava un quinqué i una estufa i no van parar fins que a la mateixa vila de l'Hospitalet trobaren una botiga on n'hi havia de moltes marques, i també cuines, neveres i rentadores. Però aquestes dues darreres coses eren elèctriques i no els servien. Van agafar, doncs, allò que cercaven, una cuina i tot de tubs de goma que l'Alba ja sabia com anaven, perquè a casa seva n'havien tingut. Aquell dia, en tornar a la *roulotte*, se sentien ben preparats per encarar-se amb l'hivern i amb tot el que pogués passar. D'un cop, havien solucionat dos problemes importants: calefacció i llum.

(26) I no els desanimà pas gens ni mica que, fet i fet, gairebé no esquerressin res de l'hort tot i la promesa primera de les plantes. De moment, el menjar no els preocupava. A les fruites i a les conserves, si bé d'aquestes n'hi havia moltes que sortien deteriorades, podien afegir aquell parell de pernils ara penjats al sostre del camió-rebost i tot d'altres coses que els procuraven llurs viatges d'exploració. Disposaven, aleshores, d'oli, de vi, de sal, de pastes, d'arròs i d'una bona quantitat de productes de porc. Alguns d'aquests, però, eren rancis i d'altres, com que s'hi devien haver cagat les mosques, es corcaven. Hi havia, també, les mongetes, els cigrons i les faves. De fam, no se'n moririen.

(27) I, a poc a poc, superat el traumatisme d'aquella tragèdia que els deixà sols, es van anar adonant que, en certa manera, eren feliços. Tots dos s'avenien d'allò més i duien una vida massa activa perquè els quedés temps de rumiar el passat, el qual, ara, tan lluny dels indrets familiars, tendia a esborrar-se. Només de tard en tard tenien l'un o l'altre un moment de malenconia, i per a aquestes recaigudes sempre hi havia el company que reconfortava el pensarós amb la seva sola presència. Per això, de vegades es deien, es repetien:

80

—Va ser bona sort que ens quedéssim tots dos!

I s'abraçaven, es besaven, amb un sentiment amical de benestar, que potser, a la insabuda d'ells, començava a fer-se amorós. En Dídac, als seus onze anys, ja tenia l'aparença d'un bell adolescent i a l'Alba li semblava que, des d'aquell dia a la platja, ja la veia com una dona.

(28) I el fred, aquell any, no es deixà sentir fins ben entrat l'hivern, quan un matí, en sortir de la *roulotte*, van veure que els camps eren coberts d'una minsa capa de gebre. El canvi brusc de temperatura, però, no alterà llurs costums; continuaren traslladant-se gairebé cada dia a ciutat i amuntegant llibres a l'aparcament fins que, l'endemà d'una nit que havia plogut a bots i barrals, el van trobar mig inundat d'aigua.

Van haver d'interrompre llavors aquella tasca i, durant una setmana, van treballar entre les runes per obrir-hi un desguàs cap a una boca de claveguera que els costà de descobrir i de netejar. Amb tot i això, tots dos van convenir que potser no havien escollit l'indret més adequat per fer-ne una biblioteca; de moment, però, no se'ls acudia cap altra solució.

(29) I la van trobar un matí que, a les Rambles, on havien penetrat per la banda de baix, en Dídac es ficà per un forat, va seguir un passadís, baixà uns graons i, al capdavall, desembocà en una sala on hi havia un escenari i tot de tauletes i cadires; devia haver estat un local de festes, probablement un cabaret, i no s'hi veia cap cadàver. En aquelles hores, en produir-se l'escomesa dels avions, devia estar buit. El sostre resistia bé i, tot i la pluja recent, no es notava cap senyal d'humitat.

Amb cura, van eixamplar el forat de l'exterior, apuntalaren amb fustes l'entrada i una part del passadís, on el sostre feia una mica de panxa sobre les fotos polsoses de tot de noies gairebé despullades que penjaven d'una paret, i van amuntegar les taules i cadires en un costat. No era una sala gaire gran, però de llibres n'hi cabien milers, i aquí no es mullarien.

(30) I mentre anaven fent feina, l'Alba, a la qual sempre havien agradat les reproduccions de quadres i d'estàtues dels llibres escolars i de les revistes que veia, va pensar que amb els llibres no n'hi havia prou, que també valia la pena de preocupar-se de les obres artístiques que devia haver-hi als museus.

Van pujar a Montjuïc, doncs, on el Palau Nacional, tot i que no era un edifici alt, estava totalment enrunat, potser perquè era al capdamunt de tot de la muntanya, i l'endemà van obrir-se pas fins al de la Ciutadella, el qual, ben a l'inrevés, continuava dempeus, si bé la teulada havia sofert en alguns llocs i algunes teles, per culpa de l'aigua, semblaven força deteriorades.

Van posar-se a recollir-les totes cap als racons que oferien més seguretat, però al cap d'una estona en Dídac digué:

—Si ho fem així, ho començarem tot i no acabarem res, Alba.

La noia va comprendre que era una observació de sentit comú i, com que li semblava que, al capdavall, els llibres tenien prioritat, ajornaren aquella feina per més endavant. Era una llàstima, reflexionà, que no disposessin de més mans.

(31) I un dia que passaven amb el *jeep* per un indret on mai no havien anat, cap a la banda de l'Hospitalet, en Dídac, que conduïa, va frenar sobtadament el vehicle, car a llur davant, entre dos pals llargs clavats a les runes, una peça de roba blanca, probablement un llençol, els barrava el pas amb el seu rètol pintat amb lletres negres, grosses: «Aquí hi ha supervivents». A la part de sota, una fletxa mal dibuixada apuntava cap a les runes de l'esquerra.

Durant un minut o dos, es van quedar totalment immòbils, com si fossin de pedra, puix que aquell era el primer senyal que trobaven de l'existència d'algú altre com ells. Després van saltar del *jeep* i, cridant, van enfilar-se pels enderrocs, sense acudir-se'ls que era prou estrany que ningú no hagués sortit en sentir la remor del cotxe.

Tampoc llurs crits no van atreure cap presència, però això, de moment, no els desanimà. Potser els desconeguts vivien en un celler, sota terra, i les veus no els arribaven... Van explorar, doncs, a consciència tota aquella banda de carrer, fins on hi havia hagut el carrer de darrera, cercaren entrades subterrànies i penetraren en habitacions de trespols perillosos, però enlloc no van saber veure rastres d'una ocupació humana. Res, aparentment, no havia destorbat aquells encontorns des del dia del cataclisme.

A la fi, la nit que queia els obligà a interrompre llur recerca.

(32) I com que no estaven encara satisfets, van tornar-hi l'endemà per si el dia abans aquells supervivents eren fora d'on solien viure, d'expedició, però tampoc no hi hagué resposta a llurs veus i ningú no es manifestà ni quan decidiren disparar els màusers, que se sentien de lluny.

No va ser fins a migdia que l'Alba s'adonà d'un munt de llaunes arraconades en un sortint de paret, però eren a l'altra banda d'on assenyalava la fletxa. Així i tot, era prou estranya aquella acumulació perquè valgués la pena d'enfilar-se fins al mur, i ho van fer.

Eren llaunes de conserves, obertes i buides, i n'hi havia dotzenes, potser un centenar i tot. No podia pas dubtar-se que algú vivia, o bé havia viscut, per aquells encontorns.

Van disparar de nou, cridaren altre cop i, alhora, van anar recorrent els edificis veïns o allò que en restava, sempre sense veure res ni que ningú sortís a llur encontre. L'indret era desert. En Dídac va dir:

—Se'n devien anar i no van pensar a treure el llençol.

(33) I al cap d'un moment, quan ja no esperaven res, va resultar que no era això. El mateix Dídac descobrí, en els baixos d'un edifici, un forat molt ben dissimulat per una porta que no hi pertanyia i darrera la qual hi havia uns graons. L'interior es perdia en la fosca i, abans d'aventurar-s'hi, van cridar encara.

Després davallaren, feblement il·luminats per l'encenedor que duia l'Alba i els llumins que de tant en tant feia petar el noi. L'indret, un celler, era molt profund i, a mesura que s'hi atansaren, van sentir una mica de fortor que, de primer, van atribuir a la falta de ventilació. Només en ser a baix de tot van comprendre que procedia d'un cadàver.

El cos, en el qual tot just s'observaven els primers senyals de la descomposició, era d'una dona d'uns trenta anys i reposava a terra, als peus d'un catre, com si no hagués tingut prou força per enfilar-s'hi o n'hagués caigut durant l'agonia.

No podien saber de què havia mort, és clar, però la defunció era recent, potser de cinc o sis dies a tot estirar, va semblar-los. Fos com fos, el decés no era degut a la fam, car al celler hi havia prou coses de menjar com per viure'n dos o tres anys, i la dona s'havia sabut organitzar bé. Disposava, com ells, d'una cuina, d'un quinqué, d'una estufa, i en un racó no faltaven les reserves de butà. Damunt d'una tauleta hi havia un quadern escrit que l'Alba s'emportà.

Fora, van tornar a posar la porta tal com l'havien trobada.

(34) I el quadern, que van llegir aquell vespre, era una mena de diari amb què la dona havia entretingut la seva soledat, car això ho deia de seguida, que s'havia quedat sola. Les anotacions, que no eren diàries, parlaven de la seva peregrinació d'una banda a l'altra, ja que tenia germans casats i d'altres parents a casa dels quals acudí en trobar-se amb la llar enderrocada. Havia pensat suïcidar-se, però li havia faltat el valor i, a poc a poc, s'adaptà a aquella situació que, deia, «mai no deixaré de creure provisional». Evocava sovint un promès o amant i es referia, amb una cruesa desacostumada per a l'Alba, a les seves necessitats sexuals; devia haver estat una dona de molt temperament.

El més important de tot per a ells dos, però, era aquella pàgina en la qual descrivia l'espectacle amb què es trobà, a la platja, en sortir de l'aigua. No calia que digués, perquè es comprenia, que havia estat submergida. No esmentava per a res els avions, i en Dídac ho féu remarcar a la noia. Ella explicà:

—És natural; li va passar com a tu. Quan sortí de l'aigua, ja eren lluny.

(35) I durant una colla de dies, van tornar a especular sovint com era que no s'haguessin salvat més persones, perquè per les platges bé hi devia haver, si més no, un grapat de pescadors submarins, de segur que enfonsats fins i tot a més profunditat que no pas ells dos i la noia. A en Dídac se li acudí:

—Potser es van salvar i després els avions van percaçar-los. Vull dir avions com aquells que vam veure a la masia.

—Sí, que feien un vol de reconeixement... I, és clar, en sentir-los la gent devien sortir d'on eren, potser per córrer cap a l'aigua si havien relacionat totes dues coses.

En Dídac s'enquimerà:

—¿No convindria que hi visquéssim, nosaltres, a la platja, per si tornen?

—No hi podem viure. Sempre necessitarem coses que ens farien abandonar-la, un moment o altre.

El noi va concloure:

—Vivim ben exposats, doncs.

(36) I durant unes quantes setmanes van tornar a sentir-s'hi més, com llavors que fins van decidir no encendre foc perquè el fum no els delatés, i altre cop es miraven contínuament el cel amb desconfiança, temorecs de l'amenaça que en podia venir.

Dia darrera dia, però, el cel continuava net d'aparells, ara molt baix i fosc, car hi va haver una mesada de núvols de tempesta que, de tant en tant, descarregaven autèntiques cortines d'aigua. Més devia ploure però a muntanya, a la font dels rius, perquè després, de cara a la primavera, el Llobregat va desbordar-se i inundà les terres baixes, inclòs aquell camp on vivien i del qual els calgué fugir cuita-corrents una matinada, quan l'aigua ja pujava prop de dos pams.

Van anar-se'n cap a la part alta de l'Hospitalet, amb el *jeep* i la roba que portaven damunt, sense temps ni ganes d'endur-se'n res en veure's envoltats per aquella capa líquida que, en aparença, cobria quilòmetres sencers.

(37) I mentre el mal temps durà, van viure en els baixos d'un corredor de casetes miserables, amb cui-na-menjador i una cambra, que no s'havien enrunat gens, tot i que eren construïdes amb maó de cantell. Van escollir l'única en la qual no van trobar cap cadàver i els va caldre proveir-se, malament, en qualques botigues del veïnat. No disposaven

d'aigua, de manera que van treure un cossi, perquè l'omplís la pluja, però sempre n'hi queia tan poca que la van haver de racionar.

Van lluitar contra el fred amb una gran foguera que anà consumint els escassos mobles de la barraca i, quan calia, s'il·luminaven amb les espelmes que van desenterrar del fons de tot d'un armariet. Tots dos van coincidir que, després de la catàstrofe, mai no havien passat per un moment tan amarg.

(38) I al cap d'un temps que els va semblar molt llarg, quan el sol es decidí a brillar altre cop amb continuïtat, baixaren novament a aquell indret que anomenaven casa, però no s'hi van poder atansar encara; tota la plana era un llac de fang en el qual les rodes del *jeep* patinaven i els peus s'enfonsaven massa perquè fos prudent d'aventurar-s'hi.

Van desviar-se cap a Barcelona, doncs, i, provisionalment, van instal·lar-se a la mateixa sala on acumulaven els llibres. Ara n'hi havia ja molts milers, però més en quedaven fora, escampats per les biblioteques públiques i privades de l'urbs. Alguns, que dataven de tres o quatre segles enrera, tenien els fulls tan grocs que en Dídac, un dia, preguntà:

—Quant de temps deu tardar, un llibre, a fer-se malbé?

—Vols dir que no es pugui llegir? Suposo que milers d'anys. Confio que, abans que aquests siguin il·legibles, ja hi haurà gent que pugui tornar a fer-ne edicions.

—I no valdria la pena de mirar de salvar una impremta, també?

—Sí. Una impremta, i d'altres màquines. Ja ho farem, un dia.

(39) I quan el fang es va haver assecat i pogueren tornar a la *roulotte*, van veure que els danys eren escassos. L'aigua no devia haver pujat gaire més que quan van escapar-se, car no havia arribat a penetrar als vehicles i, dins, tot era eixut. La terra, en canvi, i l'hort en particular, feia pena de veure. Totes les plantes que hi quedaven estaven esclafades contra el terra, que les empresonava sota una capa de llim, i la divisió en taules i cavallons ja no existia.

Van dedicar bona part de la primavera a refer-ho i a sembrar de

86

nou, però ho feien sense gaire entusiasme, com si s'adonessin que, al capdavall, com a pagesos i hortolans no servien. Però es van reanimar quan, més endavant, els sortí una favada esplèndida i un mongeterar exuberant. Van atribuir-ho, més que a llurs mèrits, a l'adob que suposava la riuada.

(40) I aquest any van poder aprofitar tots els albercocs i tots els préssecs que van tenir temps de collir, potser massa i tot, perquè els van agafar unes diarrees tan fortes que tots dos es pensaven que es moririen. Les van combatre amb unes pastilles del magatzem de fàrmacs que havia reunit l'Alba i amb una dieta seguida i rigorosa d'arròs bullit, però en van sortir tan febles que els calgué renunciar, durant una temporada, a llurs activitats habituals.

Llegien molt, l'Alba gairebé sempre medicina, i ara ja sabia perfectament en quin indret del cos es trobava cada òrgan, cada os, cada múscul o cada nervi. Però era un coneixement teòric que mai no podria profunditzar amb una pràctica obligada amb cadàvers. Enlloc no n'hi devia haver cap de sencer. Quant als ossos, en canvi...

(41) I un dia es va decidir. En una finca de més amunt, prop d'on passaven sovint, hi havia un esquelet caigut, al peu d'un mur sense acabar, en la construcció del qual devia haver estat treballant aquell home el dia de l'hecatombe. Sinó que, amb gran sorpresa de l'Alba, va resultar que, fet i fet, era una dona. Les característiques diferencials de la pelvis ho deien prou clar, com ho va mostrar a en Dídac, admirat dels seus coneixements. Va dir-li:

—Hi ha coses que hauria de comparar amb un altre esquelet, per estar-ne segura. Però, veus aquests forats? Se'n diu ísquio-pubians... Els homes els teniu ovalats i aquests són triangulars. I l'arc púbic també és molt obert, com el tenen les dones.

—I què ho fa, que hi hagi aquestes diferències? A mi em sembla que tots els esquelets haurien de ser iguals.

—S'explica molt bé. La pelvis de la dona ha de ser més ampla que la de l'home, pels fills.

En Dídac no n'estava segur.

—Així i tot, jo ho veig molt estret, això!

—T'ho sembla. I, al moment del part, tot s'eixampla, fins i tot els ossos. Ja ho veuràs.

—Jo?

—Sí, quan tingui un fill teu. M'hauràs d'ajudar a parir. És que no ho voldràs fer?

El noi assentí, i llavors, inesperadament, preguntà:

—Haurem de tardar gaire?

—Em penso que no, Dídac. Però esperem, eh?

(42) I aquell estiu van anar moltes vegades a la platja, on al noi, més que nedar, potser li agradava de contemplar la mar, de primer des de la sorra i després, quan una tarda van trobar un patí, des de l'aigua que els bressolava entre les onades febles en les quals el sol llampeguejava per encendre-les i apagar-les en un vaivé ininterromput que sempre era idèntic i sempre era diferent.

La seva silueta fosca i la de l'Alba, més clara fins i tot quan va haver-se colrat, anaven canviant a mesura que el sol progressava cap al zenit i, des d'allí, iniciava la davallada, car quan hi anàvem s'hi passaven hores, sense témer les insolacions, fets com estaven a una vida al descobert. Des que feia bo, a la *roulotte* només hi dormien, i encara no sempre; sovint les nits eren tan belles, tan estrellades, que més s'estimaven quedar-se a fora, sota els sàlzers i l'eucaliptus que embaumava l'aire.

(43) I, a estones, es dedicaven també a pescar o a caçar crancs, amb els quals l'Alba, o el mateix Dídac, conjuminava unes sopes espesses, de pasta, potser les darreres que es menjaven, ja que cada vegada els era més difícil de trobar-ne que no fossin ràncies o corcades.

Hi havia dies que es quedaven a dinar a la platja mateix, a recer dels pins, ja que ara havien descobert un indret, abans d'arribar a Castelldefels, on el bosc quasi fregava l'aigua. Allí hi devia haver hagut una urbanització de cases no gaire altes i on les runes, per tant, eren poques, i més de quatre cops van entrar als apartaments a escorcollar una mica i, si convenia, a endur-se coses que els podien servir. Totes eren plenes d'electrodomèstics i de mobles de tipus funcional i quasi a totes hi havia joguines. Va ser allí que van començar a recuperar discos tot i que no els podien escoltar per falta d'electricitat; n'hi havia a tot arreu. També hi havia llibres, però pocs; sobretot, eren novel·les policíaques. L'Alba, que no n'havia llegit mai cap, va encetar-ne una i ben aviat s'hi afeccionà.

(44) I va ser allí que, un dia, en Dídac, va sacsejar una Alba endormiscada per la calor de primeres hores de la tarda i, gairebé mut d'emoció, li assenyalà una tossa estranya a l'horitzó, on de bon matí no hi era.

Van córrer al *jeep*, on tenien els prismàtics i, després d'haver mirat, tots dos van coincidir que semblava una nau. Per si ho fos, van improvisar de seguida tot de senyals amb peces de roba tretes dels apartaments i, amb fustes i mobles, van fer una gran foguera a la platja, la van cobrir amb mantes per consell d'en Dídac i obtingueren així, durant una estona, una gran columna de fum que els del vaixell havien de veure per força.

A ran vespre, però, la nau continuava si fa no fa al mateix lloc, sense haver-se atansat gens, i, en fer-se fosc del tot, no van saber distingir-hi cap llum. Com que els recava d'anar-se'n, van fer nit sota els pins, amb un d'ells que vigilava, per torns, i tenia cura d'alimentar la foguera que ara il·luminava les tenebres.

L'endemà, en fer-se de dia, la nau encara era a l'horitzó, com si hi hagués ancorat.

(45) I s'hi va quedar encara un parell de dies, però el tercer matí, en despertar-se, van veure que durant la nit s'havia atansat. Es van passar hores senceres amb els prismàtics als ulls, sense treure l'aigua clara de les maniobres a què devia lliurar-se. Estaven segurs que la foguera, ininterrompudament encesa amb trossos de mobles que cada cop havien d'anar a cercar més lluny, no els podia haver passat desapercebuda. Què feien, doncs? En Dídac va dir:

—Potser tenen por...

Van substituir totes les peces de roba que no eren blanques amb llençols, en senyal de pau, però això no donà gens de pressa a la tripulació del vaixell. Al cap d'hores i hores ben just si s'havia desplaçat, i encara semblava que fos per allunyar-se.

(46) I l'espera va durar més d'una setmana, fins que un migdia van tenir l'embarcació prou a prop perquè amb els prismàtics poguessin distingir la coberta, dels extrems de la qual penjaven uns embalums que devien ser barques cobertes amb peces de lona. Aparentment estava deserta.

—Vols-t'hi jugar que no hi ha ningú?

I així devia ser, puix que cap senyal del noi i de la noia no va obtenir resposta i, al cap de dos dies més de romancejar, com indecisa, va anar derivant cap al sud, potser ajudada pel vent. Mai no havien sentit cap remor de màquines, però això no volia dir res; mai no s'havia atansat prou a la platja perquè les sentissin, si funcionaven.

Van concloure que l'embarcació viatjava sola, arrossegada pels corrents marítims, des del dia de l'atac. De segur que transportava un carregament de cadàvers.

(47) I va ser a conseqüència d'aquest episodi que l'Alba pensà en la conveniència d'aprendre l'alfabet Morse per si mai es tornaven a trobar en una situació per l'estil. Recordava haver-ne vist un llibre, però com que ja no sabia on l'havien deixat, els va caldre regirar una colla de dies abans de trobar-lo.

Van emprendre'n l'estudi tots dos i més endavant, quan ja començaven a dominar-lo, sovint es comunicaven de lluny, amb banderes improvisades, o de prop, un a cada banda de la paret de la *roulotte*, per tal de fer pràctiques. Algun cop, també ho van fer amb miralls, que arribaven a més distància.

Cap a l'acabament de l'estiu, ja s'hi entenien perfectament. De nau, però, no n'havien vist cap més, ni confiaven gaire, en el fons, de veure'n d'altres.

(48) I, mentrestant, havien continuat anant a la platja i entretenint-se amb l'escorcoll d'altres urbanitzacions veïnes o de torres aïllades, on de vegades tenien sorpreses, com aquell dia que descobriren un amagatall d'armes, probablement d'algun dels grups que, segons es deia abans, estaven disconformes amb el govern i es preparaven. Hi havia una mica de tot, i més que res armes llargues i metralletes. Se'n van endur un parell, amb municions, i les van provar contra un penell que encara presidia una teulada. Feien molt de soroll i dispa-raven ràpid, una bala darrera l'altra, però no es podien comparar, naturalment, amb aquella petita esfera que no calia alimentar amb res i no s'esgotava mai, perquè de tant en tant l'Alba volia assegurar-se que continuava funcionant, i cada cop calcinava allò que li posava davant. Era ben misteriós. Més que no pas l'aparell recollit al bosc, que devia ser una mena de termòmetre/baròmetre, ja que les busques canviaven de posició segons el dia o les estacions. Així i tot, eren incapaços de llegir-lo, com tampoc no llegirien mai, probablement, la targeta que duia la criatura amb la bossa de marsupial.

(49) I, un altre dia, van trobar algú que també havia sobreviscut a la destrucció, però no havia sabut resignar-s'hi. Era un cadàver estès en una cambra d'infants i, entre els dits descarnats, conservava enca-ra el revòlver amb què s'havia suïcidat. Al bressol hi havia un altre esquelet, molt menut, i dos més en un llit. Tot semblava indicar que l'home, perquè era un home, els havia reunit abans de matar-se. No es veia, en canvi, rastre de cap dona.

Tot i aquell enduriment inevitable en un món reduït a un ce-mentiri, tots dos van sortir de la cambra impressionats per una esce-na pretèrita, que mai no presenciaren però que vivien amb la imagi-nació: el pare, salvat de miracle, que recollia l'un darrera l'altre els dos fillets grans, potser caiguts a la platja, o al jardí de la torre, els duia al costat del menut i, tot seguit, els acompanyava en el gran viatge. En Dídac preguntà:

—I la mare, on devia ser?

Era un detall, un simple i insignificant detall perdut en una des-trucció a nivell del planeta, però els va preocupar durant dies. Se-nyal, va dir a la fi l'Alba, que encara som humans.

(50) I una tarda, ara al poble, quan eren dins d'un estanc en el qual havien entrat a proveir-se de tabac en veure, tot passant, que els enderrocs no tapaven la porta, van trobar-se que, dins, comunicava amb una altra botiga per un forat i que aquesta altra botiga era un establiment de material fotogràfic. Hi havia una gran quantitat d'aparells, i més n'hi devia haver d'enterrats cap a la banda de l'aparador, sepultat per un tros de trespol.

En Dídac en va agafar un, se l'atansà a la cara, va fer jugar el dispositiu amb un clic i, rient, va dir:

—Ja t'he fet un retrat!

Però l'Alba, que s'havia quedat seriosa, reflexionà:

—Seria interessant que poguéssim fotografiar tot això, les cases caigudes, les runes, les ciutats destruïdes... O fer-ne pel·lícules. Com no hi hem pensat mai?

—Potser perquè no hi entenem.

—No és una raó.

(51) I, com que no ho era, van fer una requisa en tota forma: dues màquines cinematogràfiques, tres de retratar, cintes de negatius i carrets, dispositius de *flash* i una colla de llibres sobre fotografia. També van endur-se'n una màquina de projecció tot i que sabien que, sense electricitat, mai no podrien veure cap pel·lícula, si arribaven a rodar-la.

Aquell vespre mateix van estudiar-se les instruccions que acompanyaven els aparells de simple fotografia i començaren a fullejar els manuals que amb el temps els ensenyarien la manera de revelar-les. Eren totalment ignorants en aquella matèria, però als llibres hi havia una gran abundància d'esquemes que els ajudarien.

Un cop al llit van continuar parlant-ne, somniant ja en un gran documental que mostraria a les generacions futures la devastació de la terra. Abans d'adormir-se, en Dídac va dir:

—Caldrà que pensi una mica en això de l'electricitat. Perquè si el fem, aquest documental, el vull veure.

(52) I va resultar que en un dels llibres d'instruccions es parlava d'unes càmeres que revelaven automàticament les fotografies, però no

eren d'uns models com els que ells tenien. De manera que se'n van tornar a la botiga, on no n'hi havia, o estaven enterrades. Els calgué, doncs, localitzar d'altres establiments del ram en els quals els fos possible de penetrar, i en aquesta recerca van perdre quatre o cinc dies.

A la fi van trobar-ne una en l'estudi d'un fotògraf, on van entrar sense gaire confiança i, més que res, perquè era un local al qual s'accedia fàcilment. I encara hi van trobar més, puix que l'habitació on evidentment revelava els negatius, un recambró estret i llarg que abans devia haver estat una cuina, al costat d'un pati interior, es conservava força bé i només caldria enretirar-ne uns quants guixots caiguts del sostre. De moment, però, no van tocar res.

(53) I aquella mateixa tarda es van fotografiar mútuament davant la *roulotte* on vivien, però les proves, que eren en color, no van sortir gaire clares, potser perquè els negatius eren massa vells i estaven passats, o per culpa de la llum.

L'endemà van veure que era això darrer. Les fotografies, fetes a migdia i tenint en compte la posició del sol, mostraven una noia riallera i d'expressió decidida, vestida només amb *shorts*, perquè ni se li havia acudit de posar-se una brusa per cobrir-se els pits, i un adolescent de faccions ben dibuixades i d'ulls grossos que feia, una mica, cara d'esverat.

Després en van fer d'altres, però aquelles dues, que van considerar les primeres, les van clavar en una paret de la *roulotte*.

(54) I de seguida van ser a la tardor, quan els dies ja s'escurçaven de pressa i tenien, doncs, més hores per estudiar i conversar tranquil·lament a la llum del quinqué de butà, col·locat al bell mig d'una taula arraconada contra la paret de la dreta, on primitivament hi havia hagut una llitera que ells van acondicionar al costat de la de l'esquerra per fer-ne un llit més ample i poder dormir plegats com havien fet des del primer dia. Sinó que ara ja no era ben bé el mateix; l'infant d'anys enrera s'anava convertint en un adult que ja tenia plena consciència de dormir amb una dona i, sovint, la tocava amb una cobe-

jança latent, massa meravellat per la calidesa de la seva pell i per la dolçor del cos femení perquè la carícia no fos, encara, ingènua, innocent.

I ella assistia, complaguda, a la seva maduració. Estimava, com si l'hagués escollit ella i no l'atzar, aquell adolescent.

QUADERN DEL VIATGE I DE L'AMOR

(1) L'Alba, una noia de disset anys, verge i bruna, va entrar carregada de llibres a la sala on els guardaven i gairebé va ensopegar amb en Dídac, que sortia, excitat, amb un volum a les mans. El noi s'aturà, va dir-li:

—Mira què he trobat...

El títol era *Manual del pilot* i, dins, hi havia tot de pàgines amb gràfics de motors d'aviació. Ella va fullejar-lo.

—Què té de particular?

—Hi podríem aprendre de volar.

—I de què ens serviria?

—No em vas dir, una vegada, que al Prat hi ha un camp d'aviació?

—Sí.

—I hi deu haver avions en bon estat, com molts cotxes... Per què no anem a veure-ho?

(2) I hi van anar l'endemà, una mica a les palpentes, ja que la noia tampoc no sabia ben bé on queia; només n'havia sentit parlar, al poble.

Van localitzar-lo abans de migdia i els vestíbuls, relativament poc enrunats, eren plens de cadàvers i de maletes, però ells van passar per una porta exterior i penetraren al camp, on hi havia cinc avions a les pistes i un altre d'estrellat prop de l'edifici; es devia elevar en presentar-se els platets voladors.

També un dels que es veien sencers devia haver estat a punt d'emprendre el vol, car a gairebé tots els seients hi havia un esquelet retingut per la corretja de seguretat, però els quatre aparells restants eren buits. Si bé la permanència tan llarga a la intempèrie, sense que ningú en tingués cura, havia perjudicat llur aspecte, tots semblaven en bon estat.

(3) I el projecte, o el somni, morí allí mateix. Un instant de reflexió va fer veure a l'Alba els perills a què s'exposaven si un dia aconseguien de volar, i digué:

—Ens ho jugaríem tot en una sola aventura. No és un cotxe, això, que si s'espatlla et quedes aturat i prou. I no n'hi ha prou amb fer funcionar els motors; cal saber dirigir el vol i, després, com aterrar. Entre els coneixements teòrics i la pràctica hi ha molta diferència, Dídac. Ningú no ha volat mai sol, sense un instructor, la primera vegada.

El noi oposà tímidament:

—El primer aviador no el va entrenar ningú, Alba.

—És veritat; però aleshores els aparells eren més senzills i no devia costar tant de dominar-los. ¿T'has fixat quines bèsties més grosses són?

En Dídac assentí.

—I pensa que, si ens matem, s'haurà acabat tot de debò.

—Et sembla que ho deixem córrer, doncs?

—Sí, Dídac, més val.

(4) I, recançosos malgrat tot, car allò els hauria permès, d'una manera definitiva, de comprovar si la destrucció era general o si en algun indret quedaven encara criatures vives, van posar-se a la feina d'enregistrar cinematogràficament els efectes del pas d'aquells aparells extraterrestres.

Gràcies als llibres, ja tenien una idea de com calia procedir i, al capdavall, no es tractava de fer cap obra d'art, sinó, simplement, d'oferir unes imatges fidels a la realitat perquè, tal com s'havia esdevingut amb les civilitzacions antigues de què parlaven els llibres escolars, els homes del demà no haguessin de fer conjectures sobre la fi d'un món a darreries d'allò que se n'havia dit el segle xx.

Va ser aleshores que l'Alba, amb l'aprovació entusiàstica d'en Dídac, al qual feia gràcia de trobar-se en un començament, decidí d'instaurar una nova cronologia que batejà amb el nom de Temps Tercer i que regiria, retrospectivament, des de l'endemà del cataclisme.

(5) I van dedicar una mesada llarga a recórrer la ciutat de cap a cap per tal de recollir, de vegades en àmplies panoràmiques i altres cops en primers plans, una imatge com més completa millor d'aquell paisatge al·lucinant, de malson, que per a ells ja era habitual. Van pujar al Tibidabo, a Vallvidrera, a la Muntanya Pelada, a Montjuïc i, des d'allí, els objectius de les dues màquines captaren, com si ho fessin des de l'aire, quilòmetres i quilòmetres de runes sense solució de continuïtat. Els dies de sol, l'atmosfera sempre era clara, sense pertorbacions vingudes de la indústria de l'home, si fa no fa com devia ser en un temps primitiu i que ells no havien conegut mai.

Van baixar també al port i, des de Can Tunis fins al Camp de la Bota, on subsistia un poblat de barraques, van rodar tot d'imatges gairebé idíl·liques de naus i de barques immòbils i d'aigües tranquil·les que contrastaven amb les visions que les mateixes càmeres donaven de la ciutat.

(6) I va ser un d'aquells dies, quan filmaven a la Barceloneta, que va néixer el segon gran projecte, també en el cervell d'en Dídac, el qual observà a la seva companya:

—Escolta... Un iot sí que el podríem tripular, oi?

—Vols dir que no seria tan perillós com un avió...

—Sí. I també hi podríem fer la volta al món.

—Amb el temps...

—És clar, amb el temps. No és una bona idea?

L'Alba assentí i fins s'avingué a visitar ja algunes de les naus petites, gairebé totes estrangeres a jutjar pels noms dels ports de matrícula, amarrades entre els molls del Dipòsit i del Rebaix. També el temps les havia marcades i en algunes hi havia fustes podrides i filtracions d'aigua que les anaven ensorrant, però d'altres, potser més ben calafatades, probablement els servirien si aconseguien, d'una manera o altra, d'engegar els motors. La noia va dir:

—Mira, farem una cosa... Esperarem que torni a fer bo, de cara a l'estiu, i així tindrem temps de preparar-nos. Mentrestant, continuarem amb el documental.

(7) I un cop els va semblar que ja tenien una visió prou completa de Barcelona, van començar a fer tot d'excursions cap als pobles de terra endins, filmant les carreteres on milers de cotxes i de camions es convertien lentament en ferralla, ponts caiguts per haver estat danyats en algun punt flac de llur estructura metàl·lica, camps amb tractors i màquines agrícoles tripulats per cadàvers, camins devorats per l'herba, asfalts que els sols i les glaçades esberlaven, llogarrets de cases baixes on les runes eren poques, viles aplanades que també acabarien cobrint-se de vegetació.

No es van voler perdre els estimballs de Montserrat i, amb paciència, en *jeep* i a peu, van fer la volta a la muntanya abans d'enfilar-s'hi com dues cabres per tal d'obtenir, des de dalt, metres i més metres de pel·lícula que enregistrava les poblacions veïnes, els boscos que es preparaven a apoderar-se'n, les línies de trens que es rovellaven, els rierols en els quals l'aigua saltava de pedra en pedra com havia fet sempre.

Sovint feien nit a fora i dormien al mateix *jeep*.

(8) I com que cada vegada s'allunyaven més, un dia van fer un vaitot i, si fa no fa pels mateixos camins i carreteres que els havien dut a ciutat, tornaren a Benaura.

Aquest cop es van endinsar pels carrers i pujaren també al turó dels dipòsits d'aigua, totalment buits, per tal de començar amb una llarga panoràmica seguida per d'altres panoràmiques més curtes que precedien les visions parcials d'esquelets ara anònims, d'establiments esventrats, de parets enfonsades, de racons on encara es veien bigues o fragments de teulada en equilibri.

Van entretenir-se més en arribar a les dues cases contigües on havien viscut i que, passatgerament, ressuscitaren en ells una emoció fàcil de contenir, perquè ara ja no eren aquelles dues criatures que, de sobte, ho perdien tot, sinó un noi i una noia aleshores inexistents, la història dels quals començava al moment que es decidien a ser origen i no acabament.

No van poder entrar a casa de la Margarida, car s'havia acabat d'enrunar, ni en algunes de les botigues en les quals s'havien proveït, però sí que van poder penetrar encara al garatge del raval, on l'Alba s'adreçà directament a la comuna i completà el reportatge cinematogràfic amb la imatge de la noia, que havia estat amiga de la seva germana, ensorrada sobre la tassa.

Potser s'havia emocionat més que no es pensava, doncs, perquè en aquell moment se sentia cruel.

(9) I van anar a la cova del bosc, on van dormir aquella nit, i a la masia d'on els havia foragitat la presència d'aquell ésser d'aspecte porcí. La seva tomba continuava indestorbada i la casa estava, també, tal com l'havien deixada, llevat que dins del cobert es veien molts nius d'orenetes, ara foragitades per la tardor.

Tant la cova del bosc amb la seva cascada propera com la masia van incorporar-se al documental. Un moment, fins i tot pensaren a desenterrar la criatura aliena, però la idea els repugnava una mica i hi van renunciar. A hores d'ara devia estar mig podrida i tampoc no podrien capturar, amb la càmera, les característiques que més els interessaven.

El dia següent van emprendre el viatge de tornada, ara més lent, perquè pel camí ho van anar filmant tot fins que es van quedar sense pel·lícula.

(10) I, ja de nou a Barcelona, van fer allò que l'Alba en digué un «curset de repàs» de revelat i, a la cambra fosca d'aquell estudi on es procuraren la màquina amb la qual obtingueren la primera fotografia, van fer malbé uns quants centenars de metres de pel·lícula abans de salvar-ne dues dotzenes que, un cop eixutes i mirades a contrallum, els van fer saltar d'alegria. Si tot el documental havia sortit com aquella mostra, es podien donar per satisfets; gairebé no hi havia cap imatge borrosa.

Van emmagatzemar totes les cintes en capses de llauna ben tancades i amb una capa de cera que protegia les ranures, i les van portar a la sala-biblioteca. Segons càlculs aproximats de l'Alba, allí hi devia haver material per a una projecció de quinze a vint hores. Tot pensant-ho, digué:

—Deu ser la pel·lícula més llarga que s'ha fet mai.

(11) I aquell hivern van posar-se a fer un examen a fons de totes les embarcacions que els semblaven prou manejables amarrades al port de la ciutat. Van eliminar de seguida les que eren massa grans o exigien un excés de reparacions. Es concentraren, doncs, en les més petites i més ben conservades, i ja n'havien escollit dues, entre les que dubtaven, quan van ensopegar-se amb un remolcador que, pel que deien la lona estesa al seu damunt i els dos salvavides que hi havia, formava part dels serveis oficials del port. Es gronxava lleugerament en una punta d'allò que, segons el plànol, era el moll de Sant Bertran i, en enretirar la tela, van veure que de dany no n'havia sofert cap. A bord, no hi havia ningú.

L'Alba trobava que era massa petit i digué:

—Pensa que, si fem un viatge llarg, ens haurem d'endur un grapat de coses. I aquí no hi cap res.

Però en Dídac, que de vegades semblava tenir un coneixement misteriós de coses de les quals no hauria d'haver-ne sabut ni un borrall, opinà:

—Ens convé, perquè té poc calat. Si costegem, com haurem de fer, amb una embarcació com aquesta no ens exposem a embarrancar.

L'Alba insistí:

—I tot el que ens hem d'emportar, què?

Ell es gratà la closca, reflexionà un moment.

—Ja ho sé! Hi lligarem una barca de rems i hi posarem tot el que no càpiga al remolcador.

Després se'ls acudí que no tan sols era una bona idea, sinó que així es procuraven una embarcació de reserva per si naufragaven o es quedaven sense carburant.

(12) I, sense negligir les altres feines acostumades, es van anar preparant per aquella sortida encara llunyana. En primer lloc, van acudir a l'antiga Escola de Nàutica, on hi havia tot de textos sobre navegació que els permetrien de familiaritzar-se una mica, teòricament, sobre el maneig d'una nau i els trencacolls d'una expedició marítima. Moltes coses va resultar que no les entenien, perquè eren massa tècniques, però fet i fet ja en tenien prou amb uns coneixements bàsics que, de tota manera, posarien a prova abans d'emprendre l'aventura.

Hi va haver també l'assumpte del motor, el qual, com ja es pensaven, no funcionava. Tampoc no va funcionar més endavant, quan en Dídac havia esmerçat una colla de dies desmuntant-lo, tornant a muntar-lo i examinant-lo amb una paciència i una meticulositat que no passava res per alt. Per sort tenien a mà dos altres remolcadors del mateix model i, si bé el motor d'un d'ells també era rebec, l'altre va engegar-se gairebé de seguida.

(13) I tot seguit van calafatejar l'embarcació amb una bona capa de brea que la deixà, exteriorment, com nova. Van netejar així mateix l'interior, que estava força brut, i, a proa, van pintar el nom que duria el remolcador: «Benaura».

Es van fer aleshores amb una barca petita i lleugera que despenjaren d'un iot de matrícula nòrdica, van baixar-la a l'aigua perquè es reinflés i, un cop eliminaren les filtracions, van calafatar-la i, amb una corda nova, treta d'un magatzem, van amarrar-la al moll, prop del remolcador. A partir d'aquell moment, un cop cada setmana tornaven al port a lubrificar el motor i a assegurar-se que continuava funcionant. Amb l'Alba o amb en Dídac al timó, perquè a tots dos els interessava el maneig de la petita nau, sortien per l'escullera i feien dos o tres quilòmetres mar endins si l'aigua estava quieta. Ho estava quasi sempre, puix que aquell hivern fou de bonança, amb pluges tranquil·les i vents lleugers.

(14) I totes aquestes activitats i projectes van fer que un dia en Dídac digués:

—Com més hi penso, ara, més segur estic que ja no queda cap sobrevivent. Els pocs que hi va haver es deuen haver mort... Perquè això de la barca o de l'avió també se'ls havia d'acudir, no et sembla?

—Potser se'ls ha acudit però no tenien barques ni avions...

—Tampoc no en teníem nosaltres, de primer, i bé ens hem espavilat.

—També poden haver volat o navegat cap a d'altres llocs. Que nosaltres no els hàgim vist, no vol dir res.

—Potser no... I què faríem, si trobàvem algú altre?

—Això depèn d'ells, també.

I es va quedar reflexionant-hi, perquè també era possible que a aquests altres, si existien, la destrucció que havien presenciat i la lluita ingrata de cada dia en unes condicions hostils els haguessin fet embogir; això si no els havien convertit en pures bèsties, dominades únicament per l'instint de conservació... Era cert que ells havien preservat la sanitat i havien sabut adaptar-se, però eren dos i eren molt joves, un factor que també tenia la seva importància. Afegí:

—Per sort, tenim armes.

(15) I ara, en part perquè era l'hivern i en part perquè aviat se n'anirien, van començar a despreocupar-se de l'hort tot i les petites satisfaccions que els havia donat darrerament. També contribuïa a llur desinterès que les provisions augmentessin en lloc de disminuir; sempre que sortien d'expedició tornaven carregats i, per aquell temps, van localitzar un magatzem ple d'estibes de sacs d'arròs i de sucre; també hi havia cafè en gra, i això va obligar-los a cercar un molinet que no fos elèctric.

Curiosament, el van trobar a la rebotiga d'un establiment de confeccions on havien entrat a renovar llurs peces de vestir. Allí l'Alba va tenir el primer caprici femení que es permetia des que s'havien quedat sols: va enamorar-se d'un bikini blanc, breu com un mocador, que, en emprovar-se'l, va resultar que li anava com fet a mida. Durant tot l'estiu només l'abandonaria unes hores de tant en tant, per rentar-lo.

(16) I va ser també llavors que, com que els llibres que s'anaven emportant a casa per un motiu o altre els prenien ja un espai que necessitaven, es decidiren a remolcar una altra *roulotte* al campament per tal de convertir-la en biblioteca. Havien descobert un indret de *camping*, prop d'Esplugues, on n'hi havia dotzenes, i es van quedar amb la més gran de totes, un vehicle de forma ovalada, per fora, que devia haver estat de gent també afeccionada a la lectura, puix que hi van trobar més de vint-i-cinc volums de poesia en una llengua que no entenien i un text manuscrit, aparentment inacabat; potser hi havia viscut un poeta, doncs.

Van buidar-la del tot, van fer prestatgeries amb taulons nous trets del moll, on n'hi havia muntanyes, van instal·lar-hi una taula ampla, dues cadires, un quinqué i una estufa i, durant tot aquell cap d'hivern, els serví de gabinet d'estudi.

(17) I quan els arbres ja estaven florits i començaven a fer-se sentir les primeres calors de la primavera, tot i que les nits encara fossin fresques, van iniciar els darrers preparatius que precedirien el viatge. Com que seria llarg, calculaven que d'uns quants mesos, van carregar a l'embarcació dos covenets de pomes arrugades, un pernil, una caixa de llaunes de conserves que semblaven en bon estat, un saquet d'arròs i un altre de mongetes i un formatge rodó, gairebé tan gros com les rodes dels carrets amb què havien fugit de Benaura, i molt dur.

Hi van afegir unes garrafes d'aigua i una farmaciola ben fornida, sense oblidar les armes i les municions. També van pensar en els ormeigs de pesca, en una provisió suficient de tabac, en els atuells de cuina indispensables i en els dos aparells cinematogràfics, per als quals ja tornaven a tenir pel·lícula. La barqueta, la van omplir de carburant. Durant aquella expedició, tan aventurada, volien ésser autosuficients.

(18) I quan ho van tenir tot a bord, en Dídac va dedicar encara tot un dia a revisar el motor a fons. A darreres hores de la tarda, per tal de provar com navegava amb la càrrega, hi van lligar la barqueta i, ell sol, va travessar el port de cap a cap. L'Alba, des del moll, el va veure evolucionar amb la línia de flotació prou alta perquè no tinguessin problemes en aquest aspecte, però el noi, en tornar, feia una cara molt llarga. Va dir:

—Som uns badocs. No hem pensat que potser necessitarem peces de recanvi!

Se les van procurar l'endemà, dels motors rebutjats, i, un cop carregades, van posar per darrera vegada el remolcador a prova. Aquest cop, amb tots dos a bord, van sortir del port i navegaren fins a prop de Gavà. L'embarcació, a la qual el llast semblava donar encara més estabilitat, demostrà que era capaç de dur-los on calgués.

(19) I al cap de tres dies, perquè l'endemà i l'endemà passat no va fer sol i volien sortir en un dia ben clar, van tapar la part de darrera del camió que els feia de rebost amb una tela gruixuda que s'havien procurat amb aquesta intenció, tancaren les portes i les finestres de les *roulottes* perquè no hi entressin insectes ni ocells i, amb el *jeep*, van tornar a Barcelona.

Van deixar el vehicle en un magatzem del moll i, sota un sol brillant i ja gairebé migdial, perquè s'havien entretingut més que no pensaven, van abandonar la protecció de l'escullera i en Dídac, que estava d'allò més excitat, posà rumb al nord-est. Un cop a dos quilòmetres de terra va mantenir una direcció paral·lela a la costa, al llarg de la qual s'anaren succeint de seguida tot de pobles i de ciutats que l'Alba, amb l'ajut d'un mapa, identificava en veu alta: Badalona, el Masnou, Premià i Vilassar de Mar, Cabrils, Mataró... Arreu on les cases eren una mica altes, un paisatge d'enderrocs, gairebé uniforme, contrastava amb les clapes de vegetació que avançaven cap a les carreteres i amb la bellesa de les platges totalment solitàries, com si mai no hi hagués hagut cap banyista, cap pescador, i aquell món no hagués estat habitat per criatures com ells.

Al port d'Arenys hi havia tot de iots i d'altres embarcacions menudes i en moltes platges es veien barques caigudes en la sorra, i en algun lloc, també, unes xarxes immenses que els pescadors desapareguts devien haver estès per tal de cosir-les. Encara feien més tristesa que les runes, potser perquè allò era una novetat.

(20) I, cap a l'altura de Tossa, no van saber resistir l'atracció d'una costa turmentada pel rocam en la qual s'arrengleraven tot de racons tancats a l'interior, abocats únicament a la mar que no gosava endinsar-s'hi i llepava els baixos amb les seves llengües blaves. Amb precaució, per no encallar, van atansar-se a cinquanta metres d'una caleta petita com un cop de puny, van ancorar i, amb la barca, prosseguiren fins a la platja, molt abans d'arribar a la qual l'Alba ja va llançar-se a l'aigua càlida i es confià a les onades que l'arrossegaven a la badia.

Com enlluernats per la meravella de l'indret, van rebolcar-se com dos cadells per la sorra que cremava, van tornar a l'aigua i s'adolliren de sol i d'escuma fins al vespre, quan van decidir quedar-s'hi a dormir.

(21) I aquella nit, entre dues mantes que havien anat a cercar al remolcador i que van estendre a l'indret més reculat de la caleta, contra les roques, en Dídac va atansar la boca a l'orella de la noia i mormolà:

—Alba, no et sembla que ja sóc un home?

Ella va obrir els ulls que havia aclucat, rebutjà la manta que la cobria i xiuxiuejà al seu torn:

—Sí, Dídac.

Va abraçar-lo al moment que ell s'incorporava i s'esmunyí sota seu, mirant-lo amb la cara il·luminada per la celístia; ell també la mirava, i va dir:

—T'estimo, Alba...

Ella li va engrapar una mà i la hi premé fort mentre els ulls se li enlloraven. I llavors s'alçà cap a ell perquè la penetrés.

En acabar, van haver de córrer, perseguits per la marea que ja els mullava els peus.

(22) I l'endemà, la mar era més blava i el cel més resplendent, encara que tots dos convinguessin que potser havien fet una imprudència, car no convenia que ella es quedés embarassada quan tot just es trobaven a l'inici del viatge. Eren, però, massa feliços per preocupar-se'n gaire i, sense adonar-se'n ni proposar-s'ho, es trobaven contínuament l'un en braços de l'altre, enardint-se amb paraules que ningú no els havia ensenyat i que a la nit, o de dia i tot, en platges anònimes i abandonades, els duien a estimar-se entre la soledat de la mar i la soledat de la terra.

En jornades sense pressa, van anar pujant cap al golf de Lleó i per la Costa Blava enmig d'un silenci que només pertorbaven ells, amb llurs paraules, o el tuf-tuf monòton del motor de l'embarcació que solcava les aigües lliures amb la mateixa destresa que anys enrera guiava les naus port endins.

En algunes platges profundes encara hi havia esquelets on les marees no havien arribat, i ells fotografiaven aquelles presències i la dels edificis, al rerafons, caiguts sobre els passeigs i entre la verdor, si eren alts, o encara dempeus, poc perjudicats, si les construccions eren únicament de planta baixa.

Entre allò i l'indret d'on venien, no hi havia cap diferència.

(23) I ja eren a l'altura de Niça quan l'Alba, un matí, es va despertar amb el bikini tacat de sang i, alhora, se n'alegrà i en tingué pena, ja que en el fons no li hauria fet res de quedar prenyada i, en veure que no ho estava, va témer secretament que ella o en Dídac podien ésser estèrils. Però havia llegit ja molts llibres sobre temes sexuals i sabia que els primers contactes no donaven fruit tan sovint com creia, o li havien fet creure de més joveneta. També hi podia contribuir l'edat del noi.

En Dídac, al qual no va dir res dels seus petits temors, li somrigué.

(24) I, al cap de dos dies més d'una navegació tranquil·la, sempre acompanyats, de dia, per un sol progressivament més ardent que encenia la mar, eren ja més enllà de La Spezia, amb els seus grans jardins a fil d'aigua i les cases de Manarola aclofades, amb roca i tot, com un joc de cartes, quan van distingir una figura solitària en la platja. Era la primera persona viva que veien des de feia tant de temps, i se l'esperaven tan poc, que es van mirar més esporuguits que eufòrics.

Els prismàtics els asseguraren que no s'havien enganyat, que era verament un home, però aleshores, en enfocar-lo, ja només el van veure d'esquena; ell, bo i cridant, corria, com si s'escapés, cap a unes construccions arrapades als arbres. Hi va desaparèixer quan ja torçaven el rumb de l'embarcació per tal d'atansar-se a la costa, en la qual van desembarcar deu minuts després, armats, i l'Alba discretament coberta amb una camisa que es cordà sobre els pits.

(25) I, un cop a la platja, van esperar-se encara una estona, indecisos i amb el convenciment que l'home tornaria, però el temps passava i ell no es deixava veure de nou. Potser els tenia por.

A la fi, doncs, van avançar cap on s'havia fet fonedís, i ja eren prop d'una mena de barraca quan una veu cridà unes paraules que ells no van entendre des de darrera d'un parapet de pedres. Però el sentit del que deia era clar, puix que allí hi havia tres homes que els apuntaven amb armes de foc.

Com que no tenien on refugiar-se i abans de poder servir-se dels màusers ja els haurien matat, els van deixar caure a llurs peus i resta-

ren immòbils on eren, l'Alba amb la petita esfera mortífera dissimu-
lada al palmell de l'altra mà. El cor li galopava desbridat i tot d'una
va saber que s'havien posat en una trampa.

(26) I els desconeguts, dos homes com de trenta anys, molt barbuts,
i un altre de més jove que tenia una expressió com idiotitzada, tots
tres sense un fil de roba, van sortir del refugi del parapet i se'ls van
atansar una mica sense preocupar-se d'amagar l'engrescament que
els provocava la presència d'una noia com l'Alba, ben a l'inrevés, car
el més jove es masturbava.

Els altres dos, gairebé amb violència, van bescanviar unes paraules
tot mirant-se en Dídac. Era clar que tenien la intenció de matar-lo
abans de llançar-se sobre la noia, i ella no s'hi pensà gens: alçà ràpida-
ment el braç i el ventall de raigs que sortí sobtadament de la seva mà
va calcinar-los abans que tinguessin temps d'adonar-se que morien.

Van recuperar els màusers i, sense entretenir-se, van tornar a la
barca i al remolcador.

(27) I l'Alba va passar-se potser cinc o sis hores quieta, sense dir res
ni quan en Dídac li parlava. Després, sense avisar, va tirar-se a l'ai-
gua i nedà una llarga estona mentre el noi, que havia escurçat im-
mediatament la marxa, la seguia a pocs metres de distància. En enfi-
larse de nou a l'embarcació, va dir:

—Tornarem a casa, Dídac. No vull haver de matar ningú més.
El noi argüí:

—Potser no caldrà, una altra vegada. N'hi pot haver que ja tin-
guin dona.

Ella se'l mirà, sarcàstica per primer cop.

—I hi pot haver dones que no tinguin homes, també. Llavors els
faré nosa jo.

En Dídac callà.

(28) I aquella nit, tot i que era tan poc probable que per allí hi vis-
qués algú altre, van dormir per torns i per torns van fer vigilància,

sense desembarcar. El remolcador es gronxava potser a un quilòme-
tre de la costa, amb el motor apagat sota el cel fosc i davant d'una
terra encara més obscura que, en fer-se de dia, va ofrenar-los nova-
ment la seva desolació.

L'Alba, que en aquella hora estava de guàrdia, contemplà els rocams
i les platges que emergien de la nit, i va sentir-se tan terriblement dis-
sortada que el cor li feia mal. Envoltada d'aigua i amb el noi que, em-
bolcallat amb una manta, dormia als seus peus, li semblava haver passat
per un altre anorreament del qual potser ni ell no podria salvar-la.

Però després, quan en Dídac es despertà amb aquella expressió
tendra i com il·luminada que tenia des de la nit que van estimar-se
per primer cop, la tristesa que la colpia es féu més dolça, suportable;
fet i fet, havia matat per salvar el seu mascle.

(29) I aquest pensament la va deixar prou vulnerable perquè, al cap
d'una estona, a en Dídac ja li fos fàcil de persuadir-la que, havent
arribat tan lluny, farien mal fet de no prosseguir. Va dir-li:

—I, si veiem algú, o senyals que hi ha algú, no cal que ens hi
atansem. Fem-ho només pel viatge, Alba. ¿No t'agrada viure al mar,
navegar?...

Però també l'atreia la terra ferma a desgrat dels perills que pot-
ser els hi esperaven, si bé no s'atreví a parlar-ne fins que ja eren
prop de Nàpols, al cap d'una setmana, i ella, amb una mica de sor-
presa per part del noi, s'hi avingué, potser perquè la seva mare, un
any, va regalar-li un àlbum geogràfic on hi havia unes quantes foto-
grafies de la ciutat, entre elles, recordava, la d'un castell que li va
agradar molt.

(30) I el castell, que era el de l'Orvo, encara existia, però ja no era ben
bé com el de la foto, car s'havia esfondrat una torre, els enderrocs de
la qual colgaven parcialment tot de barquetes que devien haver estat
amarrades prop de les muralles, on es veien unes quantes esquerdes
que perjudicaven la seva solidesa. Temeràriament, però, van enfilar-se
a les runes per contemplar de més amunt el Vesubi i les illes veïnes.

Després, recorrent la ciutat a l'atzar, van trobar-se amb un museu del qual vessaven peces de bronze, mosaics i, sobretot, una gran trinxada de mobles antics. Van endur-se'n una estatueta femenina que potser era una Venus. Prop d'allí, del pany de paret d'una casa penjava el rètol que havia tingut el carreró: Michelangelo.

L'Alba va pensar malenconiosament en totes aquelles riqueses i en tantes altres que es perdrien sense remei. Després de l'home, desapareixeria el seu patrimoni.

(31) I, de sortida del golf, van desviar-se cap a Ischia, on només volien fer nit i van quedar-se quatre dies explorant les cales, les menudes illes satèl·lits, els turons coberts de vinya, les clapes de tarongers i els petits boscos de pins entre els quals van acabar d'oblidar la dissortada aventura de La Spezia. L'aigua de les badies era rabiosament blava i tan transparent que els peixos semblava que nedessin darrera un cristall puríssim. Se'ls veia tan lliures i confiats que ni van gosar llançar-los l'ham, si bé van destorbar-los més de quatre cops amb llurs immersions i els crits amb què es perseguien, s'abraçaven, com embriagats per aquell prodigi de colors intensos, per l'harmonia establerta entre el cel, la mar i la terra.

(32) I, encara embriagats, van continuar davallant per la bota fins a l'estret de Messina, on van aturar-se en una platja entre Gioia Tauro i Palmi, sense saber què fer: si prosseguir cap al mar Jònic o posar rumb a la costa de Sicília. Ella pensava en Venècia, els canals de la qual, que sovint havia vist al cinema, l'atreien, però el mapa indicava que queia molt amunt, a l'arc de l'Adriàtic. Si s'allunyaven tant, potser els sorprendria la tardor, qui sap si l'hivern i tot...

A la fi van travessar l'estret i van navegar fins a Taormina, des d'on es veia el cim de l'Etna, encara nevat. Els vells monuments gairebé no havien rebut i les runes del teatre grec devien ser les que ja hi havia abans de l'atac dels platets voladors. Es van instal·lar al vessant, entre uns xiprers, i no se'n van moure durant una setmana.

També aquí la blavor del cel i de la mar era implacable, i la beutat de la terra exultava un cop més amb una mena de deliri que s'apoderava de l'esperit. El paisatge, l'estació, la soledat, l'esclat luxuriós de les aigües, tot invitava a un desbocament pagà dels sentits que per força havien d'obeir. No tenien pas cap desig de negar-s'hi.

(33) I en deixar Taormina l'estació ja estava prou avançada perquè la prudència els aconsellés de desfer camí cap a Barcelona. En dues jornades tranquil·les i ben calculades van anar costejant per no separar-se de la terra ferma fins a Capri, on van endinsar-se per racons, cales i grutes i van descobrir un immens arc natural, de roca, com no n'havien vist mai cap.

Més tard van desembarcar en una platgeta menuda, sota el camí d'Anacapri, on hi havia tot d'estrelles de mar i, com a tot arreu, una gran quantitat d'ocells, les úniques criatures sorolloses, amb ells dos, en un paisatge que reposava com suspès en el temps.

Tanta bellesa gairebé afeixugava el cor i l'Alba, amb un accent estrany, digué:

—I pensar que, si no hi arriba a haver aquest cataclisme, no ho hauríem vist mai!

En Dídac opinà:

—Potser sí, de més grans.

Però ella pensà que, de més gran, en Dídac hauria estat un pobre assalariat, potser un mecànic, i ella... què hauria estat, ella?

L'angoixava la certesa monstruosa que eren feliços sobre una muntanya de cadàvers.

(34) I més endavant, quan eren ja prop de Tarquínia, la primera tempestat que els sorprenia els obligà a refugiar-se quaranta-vuit hores en una cala en la qual van estar a punt de quedar-se sense embarcació quan les onades, que combatien amb el motor, van embarrancar-la. Novicis com eren en els incidents de navegació, se'ls acudí de clavar estaques en la sorra per tal de subjectar-la, i van tenir la sort que resistís, però després, en amainar el temporal, va quedar tan alta que no podien tornar-la a l'aigua. Fins l'endemà no van veure que la marea ho feia per ells.

Van haver de descarregar-la i posar llurs possessions a assecar, car tot estava xop. Però mai no van arribar a espantar-se; en el curs del viatge havien vist tantes embarcacions que, ni que fos a rems i per petites etapes, sabien que, d'una manera o altra, farien cap a casa.

(35) I, com que hi eren a tocar, l'Alba va creure que valia la pena de visitar la necròpolis etrusca, a una vintena de quilòmetres si l'escala del mapa era exacta, però no van passar del museu, on se'ls féu de nit, mentre, embadalits, recorrien l'indret, on també hi havia tombes reconstruïdes i tot de sarcòfags i de vasos gravats que la destrucció respectà; de fet, el museu es conservava sense cap altre dany que unes quantes clivelles tan superficials que no arribaven a separar les parets.

Van dormir en una mena de ninxo i l'endemà se'n van tornar al mar; els feia una mica de quimera deixar tantes hores el remolcador abandonat. L'Alba, com havia fet a Nàpols, no va saber resistir la temptació d'endur-se'n un botí modest, aquest cop dues lloseretes en les quals els etruscs havien gravat centaures i d'altres animals fabulosos.

(36) I a l'altura de Piombino, el dia següent, van deixar la costa per atansar-se a l'illa d'Elba, que l'Alba encara associava a les seves lliçons d'història, a col·legi, però el record d'un emperador allí confinat s'esborrà en veure, un cop a terra, que aquí es repetia una mica el prodigi d'Ischia o de Taormina. Van visitar un poblet de pescadors, on les casetes es conservaven, però van passar de pressa perquè el lloc era ple d'esquelets. Només n'hi havia dos, en canvi, en una menuda església pintoresca i d'aspecte molt vell.

L'endemà al matí, quan se n'anaven després d'haver passat la nit en un bosquet, arran d'aigua, de Porto Azzurro, l'Alba, que filmava, es va quedar sense pel·lícula.

(37) I, quan ja havien passat de nou La Spezia i s'atansaven a Gènova, van adonar-se que els queviures no els arribarien, ja que, durant el temporal, les onades els havien arrabassat tot de coses de menjar.

Van atracar, doncs, en un port encara ple d'embarcacions intocades i es van endinsar per un amuntegament de runes com esclafades pel sol sense trobar, enlloc, un forat pel qual ficar-se en una botiga;

era com si no n'hi hagués hagut. Però allò que els negaven els establiments els ho proporcionà un palau de la via Garibaldi, un edifici imposant del qual només havia caigut la façana i una part de la teulada que hi reposava.

A la banda de darrera, que corresponia a una cuina immensa, els va caldre enretirar dos cadàvers que privaven l'entrada en una habitació-rebost dividida en dues peces desiguals. La més petita contenia una bona quantitat de pots de conserves de fruita i melmelades de fabricació casolana, i, a l'altra, les lleixes eren generosament plenes de terrines de foie-gras, de gerres de llard com les que l'Alba havia vist a casa seva, de formatges, de paquets de pasta, de pastilles de mantega, d'embotits embolicats amb paper de plata... No tot era aprofitable, però.

Amb els llençols d'un llit van improvisar una mena d'alforges en les quals enquibiren les menges en bon estat, i l'endemà encara van fer-hi un altre viatge per endur-se'n les conserves.

(38) I al palau, que van escorcollar de dalt a baix, sense deixar calaix per veure ni armari per consultar, hi havia una biblioteca amb uns quants milers de llibres, alguns d'ells molt vells, en pergamí i il·luminats com feien abans els frares, i d'altres, ja del temps de la impremta, amb làmines estranyes i enquimeradores, de bruixots, dimonis, dones escabellades i personatges contrafets que participaven en cerimònies infernals. Es veien tan antics i aquells gravats eren tan suggestius, que a l'Alba li recava de deixar-los.

Va prendre el determini d'emplenar-ne dos cistells rectangulars, de vímet, que devien haver servit per posar-hi roba, i en buidar les prestatgeries es va trobar, darrera, amb una altra biblioteca que, en fullejar els primers volums, la deixà sense respiració. Eren prop d'un centenar d'obres eròtiques, meravellosament relligades, impreses en papers de qualitat i, totes, amb il·lustracions increïbles en les quals els dibuixants s'havien deixat arrossegar, segons el tarannà, per la fantasia més desbridada o per un afany de realisme que no retrocedia davant de cap detall.

Immediatament va comprendre que, en aquell gènere, eren obres valuoses i, amb l'ajut d'un Dídac més bocabadat que ella, en va omplir dos cistells més. En acabar, i quan començaven el trasllat, en quatre viatges, reia en pensar que estava salvant per al futur els llibres prohibits del passat.

(39) I, en sortir del palau amb el darrer carregament, van trobar-se de sobte amb una dona vestida amb una mena de camisa de dormir, llarga, bruta i tan esparracada que fins ensenyava la sina, dos pits buits i caiguts que feien repugnància. Anava sola i no se la veia armada, però ells van deixar caure de seguida el cistell que duien entre tots dos i engraparen els màusers que els penjaven de l'espatlla.

La dona, com si no remarqués aquell gest amenaçador, digué una paraula, *bambina*, els va somriure amb una expressió entre amical i extraviada, com si ignorés que somreia, allargà una mà sarmentosa cap a l'Alba i llavors, sense arribar a tocar-la, l'expressió li canvià, va fer mitja volta i arrencà a córrer sense dir res més.

Van seguir-la, una mica separats i amb les armes sempre a punt per si sortia algú més, però ella va saltar cap a darrera una muntanya de pedres i, en arribar-hi, ja havia desaparegut. Després la van sentir cantar.

Era en una mena de cova que feien els enderrocs, on només hi havia un jaç de robes desordenades i un bressol que ella gronxava tot cantussejant. Dins el llitet es distingien uns quants ossos; eren tan petits que devien haver pertangut a una criatura d'un parell d'anys a tot estirar.

L'Alba i en Dídac van girar cua sense destorbar-la; era prou clar que la dona s'havia tornat folla.

(40) I es pensaven que no la tornarien a veure, però llavors s'esdevingué que, en sortir del port, el motor del Benaura els va fallar unes quantes vegades, com si estossegués per desfer-se d'un embús, i a la fi callà del tot.

Van revisar-lo allí mateix, de moment sense poder esbrinar què s'havia espatllat, i quan al cap de dues hores continuaven trobant-se en la mateixa situació, encara empitjorada perquè ja només els quedaven un parell d'hores o no gaire més de llum, van resoldre's a tornar a terra, on feren nit.

L'endemà, a mig matí, en Dídac ja havia solucionat el problema, al capdavall ben senzill, atès que es tractava simplement d'una peça gastada a la qual fallava el joc, i n'hi va haver prou amb substituir-la per una altra de les que duien de recanvi perquè tot funcionés altre cop normalment.

Havent dinat, ja estaven a punt de reprendre el viatge quan l'Alba s'adonà de la presència de la dona, potser a cinquanta metres, i ho féu remarcar a en Dídac, el qual va girar-se i, insegur, digué:

—Et sembla que deu voler alguna cosa? ¿Potser que ens l'emportem amb nosaltres?

—No ho sé...

Li van fer senyals que s'atansés, però ella continuava sense moure's, mirant-los, fins que l'Alba va dir:

—Anem-hi...

(41) I la dona, en veure que avançaven cap a ella, va retrocedir i es posà a caminar entre les runes, però avui a poc a poc, com si volgués, precisament, que la seguissin. De tant en tant es girava, per assegurar-se que continuaven al seu darrera.

Va menar-los a la mateixa cova on van veure-la el dia abans i, quan ells hi arribaren, ja gronxava els ossets. Al cap d'un moment s'interrompé, va anar fins a l'Alba, va agafar-la de la mà i la mig arrossegà fins a prop del bressol. Llavors, amb un gest dolç, va engrapar-li un pit. La noia retrocedí, brusca, mentre en Dídac preguntava:

—Què vol?

La dona repetí el gest, però ara ja no va poder tocar-la, perquè l'Alba s'havia girat i caminava cap a la sortida de la cova amb una expressió que en Dídac no li havia vist mai. Va seguir-la a fora i insistí:

—Què volia?

—No ho has entès? Que donés el pit als ossets!

En Dídac, esbalaït, va mirar-la, tornà a mirar cap a dins. La dona, dreta al costat del bressol, el gronxava.

(42) I, al cap d'una hora, ja tornaven a ésser al mar, amb un Dídac pensarós al timó. Li venia molt costa amunt de creure que algú po-

gués enfollir fins a l'extrem de voler donar de mamar a una criatura morta més de tres anys enrera.

—N'estàs segura, Alba?

—Per què m'havia d'agafar el pit, si no? Per ganes de tocar-me?

—No, és clar... Digues que així, de normals, només devem quedar nosaltres.

La noia, que tenia un humor trencadís, contestà:

—No, ni nosaltres. A tu, ¿et sembla normal que, als dotze anys, dormis amb una dona? ¿I que jo vulgui dormir amb tu?

En Dídac assegurà sense cap vacil·lació:

—Sí; del tot! No és l'edat el que compta, Alba.

I la noia va haver de donar-li la raó; al capdavall, era la mateixa reflexió que s'havia fet ella.

(43) I, ja en costes franceses, van haver de passar sis dies a Toulon per culpa d'un altre temporal. Aquesta vegada, però, havien sabut captar els senyals precursors de la tempesta, molt elaborats, i, quan els elements es desencadenaren, amb un desplegament delirant de llamps i llampecs, ells ja s'havien refugiat a port.

Van aixoplugar-se en un edifici que devia haver estat unes dependències oficials, però no van escollir gaire bé, puix que de banda de vespre es va desprendre un cap de sostre, bufat per l'aigua, i un guixot ferí l'Alba a la templa.

En Dídac, sota una pluja densa i enfurida, va córrer al remolcador i en tornà amb la farmaciola. Van traslladar-se a una altra habitació del mateix edifici, i un cop li va haver desinfectat la plaga, que era extensa però superficial, la hi protegí amb una gasa i esparadrap. Tot seguit, amb trossos de mobles, van encendre un foc sobre els rajols, perquè el noi anava xop i, despullats, feia fred.

Ja no van deixar que s'apagués fins que la tempesta s'allunyà.

(44) I va ser mentre esperaven que tots dos van convenir que el viatge, tan desil·lusionador en certs aspectes, no havia estat pas inútil del tot. Ara sabien que no podien comptar amb ningú. Si bé quedava demostrat que no eren els únics habitants de la terra, res del que ha-

vien vist no invitava a associar-se amb els supervivents de la catàstrofe. L'Alba va dir:

—De manera que haurem de procedir com si no hi hagués ningú més. Continuarem fent el que fèiem.

—Però això no ens ha de privar de tornar a sortir, l'estiu vinent. Trobo que és bonic, anar d'una banda a l'altra...

Ella assentí, una mica reticent, com distreta, però el noi no en féu cabal, perquè ja sabia que l'Alba no era tan nòmada com ell.

(45) I com que el temps no es prestava a sortir i a explorar la ciutat, es van passar pràcticament tots sis dies en aquell casalot oficial, ple de taules i d'arxius que el foc anava reduint a cendra. El van visitar d'un extrem a l'altre, això sí, però era un lloc sense sorpreses, i se'n van cansar abans que el temporal amainés.

Ho va fer gairebé de sobte, una tarda, quan l'aiguat cessà i per les finestres sense cristalls entrà una claror daurada que llepà la foguera i, a ells, els féu córrer a fora, on l'aire era terriblement humit i, en l'horitzó, un sol, ara alliberat dels núvols, se n'anava cap a la posta. Un arc de Sant Martí, immens, travessava el firmament com un pont entre dos mons. Entre les runes brillava una multitud de fragments de vidre i a baix, al moll, el remolcador era una barqueta insignificant que regalimava aigua.

Era massa tard per anar-se'n i, aquella nit, encara van dormir prop de la protecció del foc.

(46) I, cap a la matinada, en Dídac va saber que la reticència de l'Alba, dies enrera, no tenia res a veure amb la seva falta d'esperit nòmada. Tots dos s'havien despertat, com els passava sovint a aquelles hores, quan la foguera, consumida, ja no desprenia calor, i el noi s'alçà a animar-la.

En tornar al costat de l'Alba, va acariciar-la i, quan ella l'abraçà, va esmunyir-se al seu damunt. Va ser llavors que la noia xiuxiuejà:

—Vols saber una cosa?

—Sí.

—Em sembla que estic prenyada.

Ell gairebé se separà, impressionat.

—Des de quan?

—Tu no te n'has adonat, però ja fa més de dues setmanes que hauria hagut de tenir la regla...

I va besar-lo amb els llavis gruixuts d'excitació, abans de repetir:

—M'has prenyat, Dídac...

(47) I l'endemà, ja a la mar, el noi no parava de mirar-li el ventre tot i que ella, rient, li havia dit:

—No es pot veure, encara, tan aviat.

Però a ell el fascinava que allí, en aquella entranya, germinés una criatura que seria seva, que ell havia engendrat. Era molt diferent que parlar-ne com d'una cosa futura, com havien fet durant tant de temps. El fill creixia ja, ocult en el ventre encara llis, i això ho canviava tot. Se la mirava, doncs, amb ànsia i meravellament, gairebé estranyat que ella digués:

—Sí, sóc la mateixa, Dídac!

—Oh, no!

—Per què?

—No ho sé... És que, ara que és de debò, no m'ho puc imaginar, que t'hagi fet un fill.

Ella tornava a riure:

—Doncs me l'has fet. I me'n faràs més, molts més, Dídac!

(48) I estaven tan terriblement contents, immersos en ells mateixos que quasi ni s'adonaven per on passaven. Vulguis o no, la conversa sempre tornava a aquell fill, i de vegades s'hi referien amb gravetat com quan el noi digué:

—Ara t'hauràs de cuidar molt; no et deixaré fer cap feina pesada.

I d'altres cops llur alegria es traduïa en comentaris que després eren motiu de rialles, encara que continguessin un fons de veritat, com quan l'Alba exclamà:

—Hem de poblar la terra! ¿T'adones si en tenim, de feina, encara?

—És clar; si tot just comencem!

—Sort que ens agrada, oi?

Ell l'abraçava.

—És el que m'agrada més, Alba!

(49) I, com que no tot havien d'ésser alegries ni consideracions as-
senyades, també hi va haver alguna discussió per motius ridículs,
com quan un matí l'Alba es trobà que el noi li prohibia de nedar per
por de perjudicar la criatura. Va dir-li:

—Banya't una mica a la platja, si vols.

Ella se'n burlà:

—Una mica? Els peus, potser?

En Dídac es va enfadar que s'ho prengués tan a la lleugera i li re-
cordà que al capdavall era el pare i, per tant, tenia una responsabili-
tat. Ara va ser l'Alba qui es molestà:

—Naturalment, jo sóc una irresponsable, oi?

Es va llançar a l'aigua sense esperar la seva resposta i, en tornar,
al cap de vint minuts, quan ell li féu més retrets, va queixar-se:

—Al poble deien que els fills uneixen, però es veu que a nosaltres
ens passa a l'inrevés, noi.

Però després s'entendrí en recordar allò que havia dit ell, de la
responsabilitat que tenia, i ella mateixa va voler fer les paus.

(50) I ara el temps canviava ja decididament, o així ho semblava; el
sol no escalfava tant, els dies eren força més curts i, llevat de les ho-
res migdials, havien d'anar vestits. Sovint amenaçava pluja i hi havia
tot de castells de núvols que se succeïen en ramat d'horitzó a horit-
zó i els enganyaven. Més d'un cop van córrer a terra quan el cel s'en-
negria massa i cada dia, per precaució, amarraven abans de la posta
en algun indret arrecerat.

El viatge, doncs, ara era més lent que no s'havien proposat, però
tampoc no els amoïnava. S'havien afeccionat de debò a la mar i més
els recava que entressin a la tardor, quan, un cop a Barcelona, ja no
podrien baixar a la platja.

(51) I una d'aquelles nits van tenir un espant en sentir bordar, a no
gaire distància, amb una insistència ferotge i de mal auguri. Tots dos,

que dormien, es van redreçar amb la mà automàticament allargada cap a les armes que sempre deixaven a prop. En Dídac xiuxiuejà:

—Oi que sembla un gos?

Des d'aquell dia no n'havien vist mai cap que no fos mort i, potser per això, s'inclinaven a creure que la raça estava extingida. Ara, aquells glapits ho desmentien, si verament eren de ca.

La nit era massa negra perquè la vista distingís res més enllà del replanet de terra que els separava, com havien vist al capvespre, d'una carretera, i en la fosca no s'atrevien a abandonar llur refugi provisional. Van limitar-se a esperar, doncs, a l'aguait, però l'animal no semblava tampoc decidit a atansar-se'ls, si era que els havia olorat.

Va continuar lladrant, entre silencis breus, fins poc abans de llostrejar, quan callà definitivament i devia anar-se'n, puix que la petita batuda a què es van lliurar en sortir el sol no donà cap resultat.

Tampoc no es va deixar sentir, ni veure, més tard, quan ja navegaven arranats a la costa i amb els ulls atents a qualsevol forma que es bellugués. No podien creure, però, que allò fos un engany dels sentits; els lladrucs els havien sentit tots dos i duraren massa estona per haver-los imaginat. En Dídac va dir, i de segur que tenia raó:

—Deu haver quedat una mica de tot, ben mirat; animals escampats, com els homes, encara que siguin pocs...

(52) I ja no van detectar cap més presència viva en tot el que restava de viatge. Ara ja eren més ençà de Sète i baixaven cap a on hi havia hagut la frontera. Ara ja no se'n dreçava cap enlloc i, en pensar-hi, a l'Alba se li acudí una idea marginal que la féu riure:

—Saps, Dídac, que som uns indocumentats?

Ell ni la va entendre, potser perquè de document no n'havia tingut mai cap; encara era massa jovenet quan hi havia autoritats que en feien.

(53) I no va ser fins al vespre, quan ja es disposaven a acampar, que a l'Alba encara se li va acudir una altra cosa també relacionada amb allò que havia dit:

—El nostre fill no figurarà en cap registre... Què et sembla si en comencem un, quan neixi?

Però ell tampoc no sabia què era un registre i li ho va haver d'explicar. La noia afegí:

—I li posarem el nom que ens agradi, sense que ningú hi tingui res a dir.

Perquè a la terra on havien nascut només s'acceptaven noms de sants, i ningú no era lliure d'inventar-se'n cap.

—Has pensat en algun?

Però no, en Dídac encara no hi havia pensat.

(54) I la idea el devia anar treballant, car el dia següent, cap a migdia, quan navegaven mandrosament sota un sol que tornava a cremar, com si el temps hagués retrocedit i fossin de nou al bell mig de l'estiu, digué:

—¿Podem posar-li el mateix nom tant si és nen com si és nena?

—Suposo que sí.

—A tu, què et sembla que serà?

—Com vols que ho sàpiga, Dídac? Potser seran nen i nena!

Ell la mirà, i després va somriure.

—Ah, doncs estaria bé, tu!

Però ella no ho creia, perquè a la seva família no n'hi havia hagut mai, de bessons. Preguntà:

—Quin nom has pensat?

—Mar.

L'Alba trobà que era encertat; a més de bonic, en la seva llengua era alhora masculí i femení.

(55) I dues jornades més van dur-los altre cop a Tossa, una fita en llur vida, ja que, com recordà ella, quatre mesos enrera hi havien desembarcat com uns infants i, en embarcar de nou, eren home i dona. Van aturar-s'hi al moment que el sol estava més alt, i també aquesta vegada l'Alba va voler fer la seva entrada a la platja nedant. El temps continuava essent bo i l'aigua, en aquella hora, era tèbia.

En Dídac amarrà la barca i va reunir-se-li per nedar amb ella o deixar-se flotar, ara sense protestar que la noia es lliurés a aquell exercici; des de l'enrabiada de temps enrera havia reflexionat que ningú no podia saber més bé que l'Alba què li convenia i què no li convenia: era ella qui duia el fill.

A la platja, va treure-li el bikini i li tocà el ventre amb el gest delicat amb què ho feia sempre; li preguntà:

—No el sents, encara?

La noia li va somriure, denegant, i ell se separà una mica, mirant-la, ajaçada en la sorra i amb la pell plena de gotes d'aigua que s'anaven escorrent cap als flancs immòbils o li solcaven la rodonesa dels pits. Després va dir-li:

—Avui és com un aniversari, oi?

Ella afirmà, silenciosa i amb un somrís que canviava. En Dídac va inclinar-se al seu damunt, agenollat, i besà els llavis que s'entreobrien i semblava que es fessin més gruixuts, com sempre que l'esperava.

Però va tardar encara molta estona a estimar-la.

QUADERN DE LA VIDA I DE LA MORT

(1) L'Alba, una dona de divuit anys, bruna i prenyada, va saltar del remolcador a la punta del moll de Sant Bertran, d'on ella i en Dídac havien sortit de cara a l'estiu, i va trobar l'indret trist i llòbrec, car la tarda era grisa.

Ella mateixa va amarrar el Benaura mentre en Dídac recollia la corda que subjectava la barqueta i l'empenyia cap al moll, on van descarregar-ho tot i ho van carregar tot seguit al *jeep* que els esperava i que els va costar d'engegar.

Van haver de confessar-se que, curiosament, no se sentien gens ni mica a casa, potser perquè encara guardaven a les retines la imatge d'aquelles terres que havien recorregut i d'una mar sense límits aparents, estesa al bat de l'estiu. Ara tornaven a la vida quotidiana.

(2) I abans del vespre ja eren al campament, on el camió-rebost continuava cobert i les dues *roulottes* tancades i amb una aparença més descurada que de costum, o potser era que ara els ho semblava, car durant aquells pocs mesos no podien haver canviat gaire.

Dins hi havia pols, però tot tenia un aire acollidor que encara ho va ser més quan van encendre el quinqué i la claror del gas expulsà el món de fora i restituí a l'indret l'antiga intimitat. Fins llavors no van sentir que sí, que eren de tornada a la llar.

Un cop al llit, però, abans d'adormir-se, no van parlar de les tasques que ara reprendrien, sinó encara del viatge; l'enlluernament persistia.

(3) I en despertar-se a punta de dia, arrencats del son per la xiscladissa dels ocells, cada cop més i més nombrosos ara que devien salvar totes les cries, van sortir a rentar-se a l'aigua freda de la sèquia i van veure que de l'hort pràcticament no quedava res; les aus ho havien destrossat tot.

Van animar-se una mica en descarregar el *jeep* i emprendre's la tasca d'ordenar els llibres que duien a la *roulotte*-biblioteca. S'hi van passar tot el matí i tota la tarda, entretinguts a examinar en detall, per primera vegada, les làmines dels volums de bruixeria i demonologia, gairebé tots datats dels segles XVII i XVIII, i les il·lustracions de les obres eròtiques, els textos de les quals no podien llegir perquè eren en altres llengües.

Un dels tractats de ciències ocultes, però, sí que els era accessible, i van decidir deixar-lo de banda, puix que els encuriosia un tema com aquell, tan desconegut per tots dos.

(4) I després l'Alba se'n va penedir, perquè al cap d'uns quants dies, quan ja tornaven a fer vida «normal», un vespre en Dídac digué:

—Mira, aquí explica com invocar el dimoni. I no sembla pas gairé complicat. Per què no ho provem?

Ella es va quedar sorpresa i, després, preguntà:

—Vols demanar-li alguna cosa, potser?

—No ho sé, això... Per veure'l.

La noia fullejà el volum.

—No t'has fixat en el que diu, que s'hi ha de creure. I nosaltres no hi creiem, oi?

—Vols dir que no existeix?

—Per als qui hi creuen, sí. Se'l fan ells.

—No m'ho deien pas així, quan era petit...

—Però ara ja no ho ets, Dídac. Tot això era per fer por a la gent, per fer-los obeir, perquè es resignessin...

—A què?

—A moltes coses. Els qui eren molt pobres, per exemple, que n'hi hagués de molt rics. Ara això ja no cal. Aquell món ha desaparegut i vivim en un altre on, per ara, no hi pot haver injustícia. ¿No et sembla que val la pena de viure sense supersticions per no exposar-nos a transmetre-les als nostres fills? ¿T'agradaria que ells hi creguessin, en el diable?

En Dídac gairebé ni s'hi pensà:

—No; és clar que no.

(5) I, a despit de la resposta, aquella conversa va fer comprendre a l'Alba que aquells llibres podien constituir un perill. Quin afamat de poder o d'immortalitat del futur no hi podia pouar els elements d'una altra doctrina sobrenatural?

Però es va dir que no tenia dret de destruir-los, que per als homes a venir serien també una font de coneixements de llurs avantpassats. De fet, no tenia dret de destruir res, puix que, si ho feia, cauria en aquella categoria de fanàtics, sovint al·ludida pel seu pare, que cremaven tot allò que els desagradava i contrariava llurs opinions; una gent que no creia prou en ella mateixa per respectar, a l'hora de combatre-les, les idees dels altres.

Conservaria els llibres, doncs. I va alegrar-se d'haver tingut un pare com el seu, que havia estat a la presó perquè ella, avui, pogués decidir com decidia.

(6) I aquella conversa també va tenir la virtut de fer-li veure que ara en Dídac ja era prou gran per evitar-li evasives o respostes poc satisfactòries quan es referien, ni que fos rarament, a temes que una diferència d'educació feia conflictius. En lloc de defugir, doncs, va cercar ara les ocasions d'anar fins al fons del seu pensament i sovint, mentre traginaven llibres o s'ocupaven en d'altres tasques d'una utilitat més immediata, es lliuraven a petites discussions sobre problemes transcendentals, de segur, pensava l'Alba amb una mica d'ironia, exposats d'una manera tan ingènua que haurien fet riure una persona verament instruïda.

O potser ni eren discussions, al capdavall; per a en Dídac, aquell món que creia en tot allò que no creia la noia, resultava més reculat que per a ella i, d'altra banda, potser no havia tingut temps de marcar-lo del tot. I també hi havia aquells anys d'entremig, tan aquefetats, viscuts en un món inhabitual, i precisament amb l'Alba per tota companyia. Una noia, per si fos poc, més gran que ell i que sempre l'havia tractat amb amor, com una germana de primer i ara com una amant que el feia sentir-se home potser abans d'hora...

De fet, va adonar-se de seguida l'Alba, li agradava que li parlés com li parlava. Als seus anys, i amb l'amor de la noia, el seu món era massa immediat i concret perquè volgués entenebrir-lo.

(7) I amb el pas del temps, el ventre de l'Alba va començar a perdre aquella llisor adolescent i una corba lleu confirmà la maternitat futura. En Dídac se'n va adonar fins i tot abans que ella, un matí que el palpava amb la seva mà fosca i digué:

—Ja es nota, Alba.

La va fer aixecar per mirar-la de perfil i tornà a recórrer aquell espai que coneixia tant o més amb el tacte que amb la vista, i refermà:

—Sí, es nota. Ara deurà anar més de pressa, oi?

—Em penso que sí.

Ell va abraçar-la per les anques, hi reposà el cap, i la noia va amoixar-li la galta.

—Sembla que estàs content...

—Oh, sí! No em pensava pas que em fes tanta il·lusió haver-te prenyat! T'imagines, Alba? Als dotze anys...

—Gairebé tretze, Dídac.

—Però encara no els tenia.

Era com si hi posés un punt d'orgull.

(8) I l'Alba, que ja havia seleccionat prèviament uns quants textos, va posar-se a estudiar ginecologia i obstetrícia per tal d'estar ben preparada al moment del part, que seria cap a darreries de primavera. També en Dídac va decidir que n'estudiaria i, si bé de bon començament ho feia més que res per un sentit del deure, després s'hi va anar afeccionant, fascinat, sobretot, pels processos de germinació, de transformació i de creixença del fetus. Quedava meravellat quan llegia que fins al cap de cinc o sis setmanes de la impregnació no es decideix el sexe de les criatures, el qual fins llavors sempre és femení. De fil en agulla, va anar preocupant-se per qüestions de genètica i,

amb gran divertiment de l'Alba, aviat va començar a especular sobre gens dominants i gens recessius. Un dia va dir-li:

—Jo voldria que fos d'un color com el que tens tu a l'estiu, quan ens toca tant el sol; d'un bru ben fosc, sense arribar a negre. Però les probabilitats són que sigui blanca; al capdavall, jo només tinc una meitat d'herència negra, i qui sap si ja no era barrejada! ¿No en saps res, tu, del meu pare?

—No. La Margarida en devia haver parlat als de casa, vull dir a la mare, però jo era massa joveneta perquè me'n diguessin res.

—Llàstima.

I va tornar a submergir-se en l'estudi de les lleis de Mendel.

(9) I al cap de tres mesos, quan la panxa ja se li arrodonia francament, l'Alba, que fins aleshores s'havia trobat sempre bé, començà a tenir nàusees i vòmits, sobretot de bon matí, quan es llevava, però ni l'un ni l'altre no es van enquimerar, perquè era una cosa prevista i, segons els textos, força generalitzada.

No la privava això, d'altra banda, de dur una vida activa, recomanada pels tractats que llegien, i continuava sortint, per tant, amb en Dídac i ajudant-lo en la tasca de recollir llibres, si bé ara s'ho prenia amb més calma, per no fatigar-se indegudament. De tota manera, ell mirava de substituir-la en moltes coses que fins llavors sempre havia fet la noia, com era el menjar, puix que algunes olors li repugnaven. Com ella deia:

—M'estic tornant llepafils.

(10) I després va passar per una etapa de melangia i de llàgrimes. Sense causa aparent, els ulls se li humitejaven i, si bé procurava contenir-se, de vegades tenia les grans ploraneres. En Dídac assistia a aquests trasbalsos indefens, sense saber què fer ni com distreure-la. I més el desconcertava, encara, que evoqués, com feia a cops, la seva mare, la qual, somiquejava, li hauria fet companyia i donat consell. Estava tan desemparada...

—Em tens a mi, Alba.

En aquells moments, però, la presència del noi no li era de cap consol i ell, que se sentia rebutjat, s'entristia prou perquè les paraules li faltessin. Mut, havia d'esperar que es desfogués.

(11) I hi havia d'altres dies, en canvi, que es despertava tota llango-rosa i tendra, devorada per una sensualitat absorbent, com si tota ella fos una zona erògena sense solucions de continuïtat que vibrava amb una febre sostinguda i voluptuosa. Llavors, l'abraçava i l'omplia de besades.

En Dídac s'enquimerava una mica davant d'aquells ulls que brillaven com enlluernats per una claror interior i d'aquell desfici que, a la fi, se li encomanava perquè l'Alba, amb un fill i tot al ventre, era cada dia més i més bella, i ell l'estimava. I en aquells moments l'amor es convertia en una flama roent que l'Alba, sense proposar-s'ho, per una necessitat instintiva d'expressar-se, alimentava amb els seus xiuxiueigs, amb els seus sospirs de femella que es realitza en una vocació de la carn.

(12) I també hi havia dies que es llevava d'allò més malhumorada i ho trobava tot malament i li feia crits i el mirava amb una expressió hostil, com si fos culpable d'alguna cosa, i només ho fos ell. Era capaç de quedarse hores senceres en un racó de la *roulotte*, irritada i alhora tan quieta que en Dídac, temerós d'una explosió, preferia desaparèixer discretament.

Era com si en la seva persona hi hagués tres Albes diferents que s'anaven succeint sense ordre i d'una manera tan imprevisible que el capteniment de la vetlla no era cap garantia del capteniment de l'endemà.

Però ell ho acceptava sense fer-li recriminacions, com si una saviesa que no venia d'ell, sinó de la raça, l'hagués preparat a tots aquells canvis. Ella tornaria a ésser la que havia estat i aquella era, simplement, la penyora que pagaven pel fill que mentrestant anava madurant.

(13) I va anar passant l'hivern i va venir la primavera. Ara l'Alba ja estava de sis mesos i cada dia es mirava les cames per si se li inflaven. Sabia que en un món normal s'hauria hagut de fer analitzar l'orina i,

ara, ella mateixa ho hauria fet si hagués trobat un llibre amb una descripció suficient de la tècnica que calia emprar, però els textos de què disposaven només hi al·ludien sense detalls. Per sort, només se li inflava el ventre; els pits encara no havien sofert cap canvi, la qual cosa no deixava de preocupar-la una mica, perquè li semblava que, a hores d'ara, ja els hauria hagut de tenir més grossos. Algun cop, doncs, es queixava:

—A veure si em faltarà la llet...

(14) I a tall de previsió, per si es confirmaven aquells mals averanys, en Dídac va dedicar moltes hores i molts esforços a la recerca de biberons i de pots de llet que no s'haguessin bufat, senyal, aquest, que el producte s'havia fet malbé.

No va cometre l'error d'acudir a Barcelona, sinó que se les va emprendre pels pobles dels encontorns on, gràcies a la modèstia d'una bona part dels edificis, era més fàcil de trobar botigues poc enrunades, si bé els anys transcorreguts havien fet que s'enfonsessin sostres i parets que, de primer, devien haver resistit.

Cercava en establiments de queviures i en farmàcies i al cap de prop d'un mes ja havia reunit una cinquantena de pots, la concentració dels quals caldria rebaixar, i mitja dotzena de biberons, un nombre més que suficient, va decidir l'Alba, per cobrir tot el període de lactància.

(15) I, alhora, també cercava espèculums i curetes per si el part presentava alguna complicació i calia intervenir. Alguns llibres d'obstetrícia advertien de la possibilitat que, de vegades, restés un fragment de placenta a l'interior i de la necessitat de netejar-la de seguida per tal d'evitar hemorràgies que podien ésser fatals. Tot això, encara que semblés prou senzill, preocupava força en Dídac; no veia com, sense cap mena de pràctica, se'n podia sortir sense lesionar algun òrgan de la noia. Comentava:

—És tan delicat, tot això...

Ella el tranquil·litzava:

—Ho sembla més que no ho és, ja ho veuràs. O no ho veuràs, perquè de segur que tot anirà bé. Per a les dones, parir és una cosa natural.

Però el noi no n'estava tan convençut. És a dir, podia ésser natural, però els llibres enumeraven una quantitat tan grossa de possibles pegues que n'hi havia per esfereir-se de debò.

(16) I ara l'Alba ja no l'acompanyava en les seves sortides per por de perjudicar la criatura amb el trontolleig continuat del vehicle, atès que, un cop als pobles, sempre circulaven sobre runes i no hi havia, com qui diu, un pam de terreny pla. Es quedava a casa, on per entretenir-se, si estava animada, recomençà una vegada més el conreu de l'hort. Sabia, de tota manera, que difícilment hi esqueraria cap verdura. Els insectes i les aus eren massa abundants perquè servís de res perseguir els primers i posar espantaocells per tal de foragitar les segones. I, al cap d'unes quantes provatures, també es va convèncer que era inútil de combatre-les amb l'esfera mortífera; ben cert que queien a dotzenes, però al cap de dos minuts els arbres tornaven a estar-ne plens. No hi havia dubte que, de moment, havien heretat la terra.

(17) I un bon dia van adonar-se que des de feia mesos, de fet des que sabien que estava prenyada, que no parlaven gairebé de res més que de la criatura i de tot allò que es relacionava amb la seva propera naixença. I és que per a ells, com va dir l'Alba, era un esdeveniment històric a nivell personal i a nivell col·lectiu. I, sobretot, hi havia allò, que estaven sols, mancats de tota assistència professional; era natural que se'n fessin un castell tot i haver volgut aquell embaràs i aquell fill. I reflexionava:

—Amb els altres que vindran després, serà diferent; ja ens hi haurem acostumat.

D'altra banda, estava contenta d'haver quedat prenyada al moment que hi quedà, perquè ara la criatura naixeria de cara a l'estiu, amb cinc o sis mesos de bon temps al seu davant. En les condicions en què vivien, això era important.

(18) I, de seguida que els dies foren una mica càlids, van baixar a la platja, on un matí en Dídac va dur la barqueta amb el Benaura, si bé

el remolcador el tornà seguidament al moll, on durant tot l'hivern havia acudit de tant en tant per tal de mantenir-lo en bon estat; un dia o altre tornarien a navegar.

Va escollir un racó relativament abrigat i, com havia fet llavors de la tempesta, quan costejaven la península italiana, va clavar unes quantes estaques en la sorra, aquest cop ben profundes i sòlides, perquè les marees no s'emportessin la menuda embarcació.

Li agradava de remar una estona, sense allunyar-se gaire, però l'Alba, en el seu estat, més s'estimava de quedar-se a la platja i només en dies particularment tranquils, quan quasi no hi havia onades o eren molt manses, entrava a l'aigua, que allí era poc profunda.

Nua, sense ni un simple bikini, a ella mateixa li era difícil de reconèixer-se en aquella massa de carn que, bo i conservant un tors delicat i gràcil, s'escampava, a l'abdomen, en un embalum que, segons ella, li donava un aspecte grotesc.

Però en Dídac, que no era del mateix parer, li deia:

—A mi m'agrades.

I li ho provava.

(19) I va ser no gaire després de començar a fer aquelles sortides a la platja que tots dos observaren com els pits se li omplien; va ser una transformació que tingué lloc quasi d'un dia a l'altre i que de seguida s'accentuà. Aviat els va tenir tan inflats que li feien mal i un dia, en tocar-se'ls, fins se'n va desprendre una gota de llet. En Dídac reia en pensar en aquell acaparament tan laboriós de pots i de biberons, i digué:

—En tindrà per donar i per vendre, el petit!

I ella, que tant havia patit, ara es lamentava:

—Em quedaré com una dida...

(20) I durant aquests darrers temps no tan sols li havien passat totes les molèsties físiques de mesos enrera, sinó que ja no tenia, tampoc, aquells canvis bruscos d'humor que la duien del plor a la ira. Confessava, una mica estranyada, que mai no s'havia trobat tan bé, i un dia afegí gairebé seriosament que estar prenyada li provava.

—I que és una bona sort, perquè m'hi passaré tota la vida.

—Tota la vida potser no, Alba. Només en podràs tenir fins als quaranta i tants, segons he llegit.

—I et sembla poc? Ara compta... A fill, diguem cada any i mig, en podem tenir una vintena. Què hi dius?

En Dídac va riure.

—Doncs dic que quan tinguem els darrers, els primers ja hauran començat pel seu compte...

(21) I quan va entrar al darrer mes, van fer un repàs de les coses que necessitaven i els va semblar que no els faltava res. Durant les seves correries, en Dídac s'havia procurat també, i ben espontàniament, sense que la noia li ho hagués de dir, un bressol i tot de peces de roba infantils que, de tota manera, de moment, no serien gaire aprofitables; d'una farmàcia havia portat un gran carregament de gases i de cotó fluix en paquets on deia «esterilitzat» i d'un magatzem de ferreteria recollí un cossi i un cubell que l'Alba qualificà de relíquies, perquè eren de zenc.

Va ser gairebé a darrera hora que van caure en un oblit: no tenien pols de talc! Però no va ser problema; ara en Dídac estava tan familiaritzat amb una extensa geografia de farmàcies que, al cap d'una hora d'haver-se'n anat, ja tornava amb un caixó ple de pots. Divertits, van dir que en tindrien ben bé per als cinc primers fills.

(22) I tot just amb sis dies de retard sobre la data prevista per la noia, un capvespre se li van presentar els primers dolors. Sabien que podien durar hores, però en Dídac, que des de feia una setmana conservava una foguera encesa de nit i de dia no gaire lluny de la *roulotte*, hi afegí un gran manat de llenya seca i hi posà a bullir olla darrera olla d'aigua que després vessava al cubell i, quan va tenir-lo ple, al cossi. Va treure fora la farmaciola on guardaven els instruments mèdics i, subjectant-los amb unes tenalles pels extrems, els esterilitzà directament al foc abans de deixar-los en un atuell d'alumini en el qual cremà un quart d'ampolla d'alcohol.

Quan ho va tenir tot llest, va estendre un llençol net, sense estrenar, entre dues pedres escollides amb anterioritat i tot seguit hi atansà el bressol. Va obrir un paquet de gases i un altre de cotó fluix, i se'l veia tan enfeinat que l'Alba, dreta i nua al costat de la *roulotte*, perquè no se sabia estar asseguda, va tenir encara prou humor per fer-li observar que només li faltava una bata blanca per semblar un metge a punt d'obrir algú.

(23) I com que ara ja era totalment fosc, el noi va treure el quinqué de la *roulotte* i el va col·locar prop de les pedres, car el foc era massa lluny i la seva resplendor massa capritxosa per il·luminar aquell indret com ell volia.

Llavors va tornar al costat de l'Alba, la qual, tot i que no duia ni un fil de roba, estava suada de dalt a baix; feia una nit d'allò més calorosa, sense ni un bri d'aire, i a això s'afegia el seu malestar, puix que, encara que ella fes el valent, se la veia patir i, de tant en tant, es contorsionava sota el dolor que li lacerava el ventre.

El noi va agafar-li la mà, la hi premé i va besar-la a la galta.

—Et sembla que tardarà gaire?

(24) I encara va tardar gairebé una hora abans que, havent ja trencat les aigües, li demanés d'acompanyar-la fins a les pedres, entre les quals es va culivar, sostinguda per ell. Havia llegit en un text escrit per un tocòleg que la posició més natural per a parir era ajupida, amb les cuixes ben obertes, i que així solien parir les dones fins al segle XVI, quan, per comoditat dels metges, van començar a fer-ho ajagudes de sobines. I aleshores, una mica romànticament, havia pensat de tenir-lo fora, sobre la terra, com un fruit més d'ella, que els nodria.

Però ara va resultar que les pedres en les quals pensava repenjar-se més aviat li feien nosa, de manera que en Dídac va haver d'apartar-les i ella s'eixancarrà més, gairebé agenollada i amb les mans planes a terra, al seu davant.

(25) I gairebé de seguida, va fer un gemec i digué:

—Ara!

En Dídac, fascinat i amb el cor tan desbocat que li feia mal, assistí a les convulsions i va veure com la vulva es dilatava com si fos de goma i s'obria en un arc salvatge per donar pas al cap d'una criatura que lliscava fàcilment entre les parets que l'expulsaven.

Va allargar les mans, de pressa, mentre ella tornava a gemegar, i va recollir-la abans que tingués temps de tocar el terra. Era una cosa gelatinosa i repugnant, enganxada pel cordó umbilical a la placenta invisible, retinguda a l'interior.

L'Alba gemegà encara, amb les cames que li tremolaven, i el noi, sense deixar l'infant, amb l'altra mà, oberta, va pressionar a tots dos costats del pubis; la massa fosca, com sanguinolenta, es va desprendre amb un plof i la noia, exhausta, va caure sobre els genolls.

(26) I en Dídac, que suava tant com ella i gairebé estava marejat d'angúnia, va apoderar-se de les tisores, tallà el cordó per fer-li el nus del llombrígol i, redreçant-se, capgirà la criatura i va donar-li uns copets a les natges; l'infant plorà. Era un nen.

En Dídac, com si li tingués enveja, esclafí també el plor.

(27) I l'Alba, que li havia dit que no s'ocupés d'ella fins després d'haver rentat i empolvorat el petit, va continuar una estona de quatre grapes, respirant fort i amb la vista alçada cap al noi i el seu fill, però gairebé no els veia, impressionada encara per allò que acabava d'esdevenir-li i que ni sospitava que fos possible. Ara sabia una cosa que mai no li havia dit ningú, que mai no havia llegit en cap text especialitzat: que, al moment de ser mare, una dona pot conèixer un gran èxtasi voluptuós. Estava atordida i, alhora, era intensament feliç.

(28) I quan ell digué, encara amb la veu ennuegada, que era un mascle, la noia somrigué, sense contestar, i va anar estirant-se sobre el llençol, on restà fins que en Dídac va ajudar-la a incorporar-se i la dugué a la *roulotte*. Ara les cames li feien figa, però se sentia terriblement bé en aquell cos seu que ja no pesava i que s'estirà amb un gest llangorós quan el noi va haver-la rentada superficialment, només amb aigua. Aleshores va dir:

—Porta-me'l.

En Dídac va sortir a buscar-lo i, quan tornà amb bressol i tot, l'Alba s'havia adormit.

(29) I l'infant, que semblava robust i tenia una cara d'allò més arrugada, era del color exacte que el noi havia desitjat, ni blanc ni negre, sinó d'una brunor de sol que enamorava.

Va orientar-se molt de pressa cap al pit de l'Alba i, sense haver de morrejar gaire, encertà el mugró que va rajar-li quasi tot sol, tan plena de llet estava la noia.

En Dídac, assegut als peus del llit, contemplava la mare i el fill, units en una abraçada, car el menut també havia alçat feblement les mans cap a la sina, i ara li semblava més increïble que de primer que ja fossin tres.

(30) I l'endemà, quan l'Alba ja volgué llevar-se i reprendre la vida normal perquè, com deia ella, allò no li havia costat gens i havia parit amb una senzillesa d'animal, va agafar un quadern que ja tenia preparat, hi va escriure el nom d'en Dídac i el seu, seguits de la data de naixença segons el calendari sota el qual havien viscut fins al dia del cataclisme, va traçar una ratlla i, una mica més avall, va posar «Mar», i llavors s'aturà en sentir que en Dídac deia:

—Posa-li el teu nom.

I quan ella va mirar-lo, estranyada, car mai no se li havia acudit d'alterar una norma que li semblava natural, per no haver-ne conegut cap més, el noi va explicar-li:

—Aquesta nit hi he pensat molt, en això. Els fills haurien de portar el nom de la mare.

—Ho dius perquè tu portes els de la teva? No és el mateix.

—No, no és per això. És perquè ets tu qui l'ha dut nou mesos i qui l'ha parit.

Ella va objectar-li:

—Però és de tots dos!

—És clar. Posa-li el teu nom i després el meu.

A continuació de Mar, doncs, va escriure «Clarés i Ciuró». I aleshores, per primer cop, posà la data del nou calendari: TT/5.

(31) I el ventre de l'Alba, que s'havia quedat flàccid, com si li sobrés pell per tots costats, va anar reprenent la llisor d'abans de l'embaràs i, al cap de poc temps, el cos tornava a ésser tan harmoniós que ningú no hauria dit que havia infantat. Ho delataven només els pits, més amples i d'un balanceig reposat i contingut quan es desplaçava d'una banda a l'altra. En Dídac deia:

—I pensar que jo, abans, veia totes les mares velles!

—Eres petit, aleshores.

—Deu ser això. I tampoc no les veia despullades.

I tot d'una preguntà:

—¿Et sembla que ens haurem de vestir, quan sigui més grandet?

—Per què? Més val fer com ara, que ens vestim quan tenim fred, i prou.

—I, per estimar-nos, ens n'amagarem?

L'Alba reflexionà uns segons, mirant cap al nen.

—No sé què dir-te, Dídac. Ja que tenim ocasió de començar de nou, més valdria fer-ho sense hipocresies; és un acte natural, oi? Però... però em penso que em sentiria cohibida. I tu?

—Sí, jo també.

(32) I ara van substituir altre cop les lectures, i dels llibres de ginecologia i d'obstetrícia van passar als de puericultura, però, és clar, va resultar que eren escrits per a gent que vivien en una civilització ara desapareguda i moltes de les coses que deien no els servien i quasi feien riure. Van acabar per centrar-se únicament en les parts o els capítols que es referien a malalties infantils, sobre les quals, de tota manera, l'Alba ja tenia una preparació. Confiava, però, que no li caldria posar a contribució la seva ciència en res de greu, atès que duien una vida sana, a l'aire lliure, i el perill dels miasmes infecciosos procedents de la putrefacció de tants cadàvers ja feia temps que havia passat, i el menut no assistiria mai a cap escola ni jugaria amb d'altres nens. Era així, llegia, com abans es transmetien molts gèrmens i s'escampaven algunes epidèmies. El perill d'un contagi de persona a persona quedava, doncs, pràcticament anul·lat.

(33) I, de seguida que els va semblar que ho podien fer, als quinze dies de la naixença del petit, van tornar a baixar a la platja, desitjosos de no perdre's ni gens ni mica d'aquell estiu que ara començava. D'un xalet, en Dídac va recollir un magnífic para-sol amb unes perllongacions de tela pels costats que permetien de tancar-lo gairebé com una caseta i el va plantar a frec d'aigua, però després va passar que l'utilitzaven poc, ja que quan els abellia una mica d'ombra s'estimaven més posar-se entre els pins, on també en Mar semblava més content, potser perquè es distreia quan no dormia, que se'n feia molts tips, amb el moviment lleu de les branques que li feien de cobricel.

L'Alba es passava quasi tota l'estona prop seu, vigilant que una escletxa entre el brancam no fes incidir massa sol en els seus ulls, o jugant-hi i donant-li el pit a hores regulars, com recomanaven els textos, però de tant en tant emergia d'aquella penombra i travessava la sorra drapada amb aquell bikini que ara es tornava a posar, coquetament, i ell, que l'esperava arran d'onades, l'arrossegava cap al mar o l'abraçava i la feia caure per rodolar amb ella i, algun cop, arrencar-li aquella peça blanca que la noia es deixava arrabassar rient abans de besar-lo amb una embriaguesa que els feia recordar els dies de Capri, de Taormina...

(34) I com que s'hi sentien tan bé, en aquell indret, al cap d'uns quants dies van decidir d'instal·lar-s'hi fins a la tardor. Van escollir un xalet a peu pla, que era el més ben conservat, ja que tot just tenia unes quantes goteres, com van veure el primer dia que va ploure, van netejar-lo, sense oblidar els dos cadàvers que hi havia, perquè fos més habitable i, dos cops cada setmana, en Dídac tornava al campament a buscar aigua, car allí no en tenien de potable.

En una de les seves sortides pel veïnat va descobrir, a peu de carretera, un supermercat que els proveí de moltes coses durant aquell temps, però ara cada vegada trobaven més pots bufats o que en obrir-los feien mala olor. S'adonaven que, per abundants que fossin encara els productes alimentaris a llur abast, aquella font de proveïments acabaria per esgotar-se i els caldria, per tant, fer un esforç més seriós que fins aleshores de cara al conreu de la terra.

De moment, però, com que al capdavall els sobrava fruita, ho ajornaven fins a l'altra estació.

(35) I va ser precisament en aquell temps, quan feia poc que s'havien instal·lat a prop de la platja, que en Dídac es convertí en caçador. Sovint, ara i adés, hi havien pensat, en la caça, però mai no havien sabut trobar cap escopeta, ja que de cases d'armer n'hi havia poques i, dues que n'havien vist a Barcelona, eren massa enrunades per intentar d'entrar-hi.

I ara, sense buscar-la, el noi en va descobrir una a l'antiga vila de Gavà, on li fou possible d'apoderar-se no tan sols d'un parell d'armes d'aquella mena, sinó d'una bona quantitat de cartutxos de perdigons amb els quals començà per entrenar-se contra les gavines que s'atansaven a la platja i els ocells que poblaven el bosc de la urbanització.

Ell i l'Alba, al capdavall criats en un llogarret de terra endins, pensaven en perdius i guatlles, que era la mena de caça que allí abundava, però a la costa no n'hi havia i sabien, doncs, que si volien caçar-ne els caldria fer expedicions cap a l'interior. També ho van deixar per la tardor.

(36) I ara, en dies d'una bonança particular, feien també alguna sortida mar enfora, sense allunyar-se gaire. En aquestes ocasions es traslladaven amb el *jeep* a Barcelona, embarcaven al remolcador i acabaven per fer cap en alguna cala particularment atractiva, on restaven fins a mitja tarda. Al petit li devia agradar de navegar, ja que, quan eren a la mar, mai no plorava. En Dídac trobava que era d'allò més bonic veure l'Alba allí asseguda, a la popa, amb el fill en braços, sobretot quan la criatura se li penjava als mugrons. Més de quatre cops els fotografiava entre aire i aigua per tal de fer duradora la imatge d'aquella mare tan jove, ben just sortida de l'adolescència, greument inclinada sobre el nadó que mamava sense deixar-se distreure pel clic de la màquina.

(37) I el noi aprofitava aquestes sortides per visitar els pobles prop dels quals desembarcaven, si n'hi havia algun, que gairebé sempre hi era en aquella costa on les viles quasi es tocaven, i va ser així que una tarda va fer cap a la platja amb una gallina. No n'havien tornat a veure cap des que deixaren la comarca nadiua, però en d'altres llocs en devien haver quedat alguns exemplars, i ara en tenia la prova.

L'havia sentida escatainar abans de veure-la i va estar a punt d'escapar-se-li, o potser se li escapà, de fet, perquè la bestiola, en fugir, el va dur a un altre indret on n'hi havia potser una dotzena; va poder acorralar-ne una, aquella o una altra, en un petit terreny mal tancat per una paret que devia haver estat un hort, al costat mateix d'una casa baixa, en la qual l'aviram devia dormir perquè era ple de cagarades. L'Alba li preguntà:

—No has vist cap gall?

No s'hi havia fixat, però calia suposar que sí, que hi era; sense galls, a hores d'ara no hi hauria gallines. La que ells en van dir la generació de la catàstrofe no podia haver viscut tants anys.

(38) I al cap de dos dies, després d'haver preparat una mena de gàbia provisional, van tornar al poblet amb una xarxa de pescador i tots tres, perquè no podien pas deixar el nen, van fer cap a l'hortet. Aquest cop, però, les gallines, que estaven escampades, no es van deixar agafar i, per no acabar d'espantar-les, van decidir d'enretirar-se i d'esperar a la nit, quan elles serien a jóc.

Pràcticament a les fosques, van aconseguir d'enredar-ne tres amb la xarxa i, quan les van tenir segures, es lliuraren a un escorcoll que els proporcionà vuit ous.

Després van veure que eren animals joves, i que no tots tres eren gallines; entre elles hi havia un gall agressiu i indignat que els plantava cara com un pinxo.

(39) I van tenir-les a la gàbia provisional mentre n'anaven a buscar una de més gran que temps enrera havien vist en una masia de prop del campament. Era de fustes llistades, i devia haver estat de coloms, però hi cabien ben bé una dotzena de gallines. Oblidats momentàniament de la platja, van reclavar els llistons que fluixejaven o s'havien desprès i, a mitja altura, van fixar unes altres fustes perquè l'aviram s'hi pogués enfilar.

Mentrestant, el gall, nerviós, no parava de muntar les gallines i, com que elles ponien, es van prometre ja una niuada de pollets, si és que l'una o l'altra decidien de posar-se lloques.

(40) I ara van tornar a quedar-se al campament per tal de tenir-ne bona cura i salvar tots els ous, que recollien. Però al cap d'una setmana, l'Alba va pensar que, si fins aleshores havien anat naixent pollets sense l'ajut de ningú, potser valia més no tocar-los i deixar-ho tot a l'instint de les gallines.

I ho va encertar, puix que gairebé de seguida, quan l'aviram va estar una mica aclimatat a la gàbia, una d'elles començà a mostrar-se una mica estranya, com neguitosa, i al cap de tres dies ja covava quatre ous. La noia, com qui no fa res, va esmunyir-li'n tres més sota el cul. Estava tan enfebrada, la pobra bestiola, que ara ni es va moure.

Com que no podrien tenir tants animals a la gàbia aquella, on estarien massa estrets ni que fos gran, en Dídac, renunciant gairebé definitivament a la platja, va acudir a la ferreteria que ja coneixia, en va treure uns quants rotlles de filferro i, després d'haver escollit el lloc, a continuació de l'hort, van clavar estaques per tal de fer un tancat.

Amb la intenció que les gallines tinguessin un indret on aixoplugar-se, van decidir que la gàbia de coloms la posarien dins, car era una gàbia amb sostre.

(41) I tots aquests treballs, que per a ells no eren senzills, se'ls van endur tants dies que, poc després d'haver acabat, ja van néixer els pollets. Només va fallar-los un ou, que potser no estava fecundat. I ara va començar la feina de debò.

L'Alba sabia que, al poble, els donaven segonet pastat, però ells no en tenien i els va caldre, doncs, trinxar blat de moro amb unes pedres i barrejar-lo, amb aigua, amb sèmoles de les que havien recollit temps enrera.

I en veure que s'ho menjaven i després començaven a donar petits cops de bec en el terra, van voler fer una prova i, un dia, van deixar la porta del tancat oberta.

Tot va anar tal com s'ho imaginaven; la lloca va sortir, amb els pollets desplegats al seu darrera i, fos per això, fos perquè els animals adults ja s'havien avesat a aquell ambient, cap d'ells no intentà de fugir. El gall ni arribà a separar-se més de dos metres del corral; aparentment, havia descobert un niu de cucs del qual seguidament va haver d'expulsar l'altra gallina, que els hi disputava.

(42) I ara cada matinada els despertava el cant del gall, que era molt escandalós. El primer dia que això s'esdevingué es van redreçar en el llit amb la impressió, de seguida dissipada, que sortien d'un malson i que eren al poble, al llit de casa. Feia tants anys que no en sentien cap, de gall! Potser per això, al cap d'una estona, van posar-se a parlar de la vida d'abans, a Benaura; o en parlà, més aviat, la noia, però en Dídac es va quedar aviat silenciós i després, quan ella va fer-li-ho remarcar, digué:

—Pensava que si no hagués passat tot això, no series la meva dona. És clar que aleshores suposo que no m'hauria importat, però ara, en pensar-hi...

—No tornaries enrera, doncs, si podies?

—No ho sé, Alba, no ho sé. Ja sé que és molt gros, això que dic, però... no, no hi tornaria.

Va mirar-se-la gairebé tímidament.

—Et deu semblar que sóc un monstre, oi?

—No, Dídac... O, si de cas, ho som tots dos.

(43) I va ser l'endemà passat d'aquest primer despertar-se al cant del gall que en Dídac va descobrir i va poder entrar en una casa on havien venut eines agrícoles lleugeres, sobretot d'hortolà i de jardineria, i va trobar-hi una gran quantitat de sobres amb llavors de flors, de llegums i d'espècies. Els va anar recollint tots i després tornà a les *roulottes* amb el *jeep* tan carregat que fins en duia entre les cames.

L'Alba es quedà meravellada i durant una colla de dies no van fer més que classificar-les i llegir les instruccions, impreses a cada bosseta. Deia quan s'havien de plantar, si volien sol o no en volien, si s'havien de regar gaire i quins adobs els eren convenients. I encara que de llavors, a cada sobre, n'hi havia poques, entre tots en tenien prou per plantar dues vegades l'extensió d'aquella peça que anomenaven hort. Ara només faltava que no haguessin perdut el poder de germinar, velles com eren.

(44) I van començar a plantar-ne de seguida d'aquelles que s'adeien més amb l'estació o que eren de tot temps, i ara, encara que no hi

confiessin gaire, perquè estaven escarmentats, van estendre de cap a cap de l'hort una autèntica xarxa de cordills i hi penjaren, a intervals més o menys regulars, tot de cassigalls de roba que l'aire feia moure. Van procurar també de fer una neteja d'ocells a base de perdigonades i, a molts d'ells, els penjaren a tall d'advertència, si en volien fer cas, als sobrevivents. Van fer així mateix una bona quantitat de boïcs tot a l'entorn amb la intenció d'encendre'ls quan les plantes sortissin; confiaven que la fumera ajudaria a foragitar els intrusos.

(45) I quan ho van tenir tot enllestit, com que l'estiu ja s'acabava, van voler aprofitar que el cel continuava net i clar per baixar altre cop a la platja, on els esperava una sorpresa. A més de llur barca, ben varada, n'hi havia una altra d'encallada a la sorra. Tot i que no s'hi veia ningú, van amagar-se immediatament de nou entre els pins, on van passar-se unes quantes hores espiant i escoltant. No se sentia cap remor suspecta ni es notaven senyals de persones estranyes, però la barca abans no hi era i costava de creure que hagués fet cap allí per casualitat.

Quan a la fi es decidiren a examinar-la de més a prop, va sortir només en Dídac i l'Alba va quedar-se oculta, amb una metralleta a les mans i l'esfera mortífera entre la pell i la camisa que s'havia posat. Però ningú no interceptà el pas del noi ni el privà de mirar-se l'embarcació per tots costats. Era vella i dins no hi havia res, llevat d'un rem; es veia clarament que feia aigua i el més admirable era que hagués pogut arribar a la platja.

Tot amb tot, per tenir-ne el cor net, van quedar-se fins que ja era fosc; ningú no es deixà veure.

(46) I l'endemà la barca continuava on era, com si la marea no hagués estat capaç d'arrencar-la de la sorra on s'havia incrustat, de manera que ara ja no se'n van preocupar més, i tampoc no els amoïnà que, al cap de quatre dies, ja no hi fos; aquella nit havia fet vent i les aigües, agitades, devien haver-se-la enduta mar endins, o potser a una platja com la d'on abans l'havien treta.

Avui fresquejava una mica, com si en algun indret hi hagués hagut temporal, i només van quedar-s'hi fins després de migdia, sense saber, quan se n'anaven, que aquell estiu ja no hi tornarien, car a la nit plovisquejà i el dia següent, encara que fes sol, era pàl·lid i de tant en tant els núvols el cobrien.

La pluja es va repetir a la matinada de l'endemà, va espesseir-se, tornà a minvar, i llavors, mandrosa i persistent, els va tenir dos dies aïllats al campament.

(47) I en Dídac i l'Alba, que recordaven la inundació anterior i tenien por que podia repetir-se, no van voler que aquest cop els agafés d'imprevist i van preocuparse, doncs, de carregar al *jeep* tot de coses que necessitarien si els calia fugir. No volien quedar-se sense foc, sense llum i pràcticament sense menjar com l'altra vegada; ara hi havia el menut que, si bé creixia fort i robust, no estava acostumat a passar-ne de verdes i de madures, com ells.

Durant aquells dos dies i, encara, els dos dies que succeïren el temporal, sempre n'hi havia un d'ells que vigilava de nit la possible pujada de les aigües, però ara no van pujar; tot just hi va haver un discret augment del cabal que circulava per la sèquia. L'hort, però, estava tan xop que, de moment, ni s'hi podia entrar.

(48) I poc després, com que la terra s'escrostonava i això, segons l'Alba, podia privar les plantes de sortir, van posar-se tots dos a entrecavar les taules i cavallons, vigilats per les gallines i els galls, puix que en la pollada també hi havia un gallet d'allò més eixerit que de seguida, prou que es veia, faria la competència al seu pare. L'Alba va dir:

—D'aquí a uns quants mesos, els haurem de separar.

—Per què?

—Sempre havia sentit dir que dos galls no hi podien estar, en un galliner.

En Dídac es va asseure, amb el caveguet entre les cames, i es mirà l'aviram com si els veiés per primer cop. A l'Alba li va fer gràcia la seva expressió, i preguntà:

—Què et passa, ara?

El noi desvià els ulls cap a ella, li somrigué:

—Res... Pensava que també a mi m'agrada ser l'únic gall.

(49) I aquell vespre, quan en agafar un llibre li va caure entre les mans aquell *Manual del pilot*, que temps enrera els havia fet córrer al Prat, va obrir-lo, el tancà i ja anava a desar-lo quan l'obrí de nou, com si alguna cosa li hagués cridat l'atenció. Digué:

—Escolta, Alba... Oi que amb un motor podríem fer-nos electricitat?

—Ah, no ho sé, jo! Per què?

—Vaig dir que ho estudiaria, però... És que ara se m'ha acudit que, si se'n podia fer, potser ens servirien els motors dels avions; són més potents que els dels cotxes.

—Sí, suposo... Però abans d'anar a treure'ls més val que llegeixis una mica com van, aquestes coses.

—De seguida que acabem d'entrecavar, aniré a buscar llibres; sé que n'hi ha entre els que vam trobar a aquella llibreria tècnica. No et sembla que val la pena?

—Sí, sempre estaria més bé que això del gas. Per cert, que n'hauràs de portar, que ja se'ns acaben les bombones.

En Dídac assentí.

—Aprofitaré el viatge; ho faré de tornada.

(50) I enllestides ja aquelles feines de l'hort, que encara se'ls van emportar dos dies, perquè eren cansades per a ells que no estaven acostumats a treballar ajupits, en Dídac, havent esmorzat, va agafar el *jeep* i s'allunyà cap a Barcelona, d'on es pensava que tornaria a l'hora de dinar, si bé l'Alba en dubtava, ja que tenia la impressió que els llibres aquells d'electricitat estaven molt enterrats sota d'altres volums.

Per això no es va estranyar gens quan a primeres hores de la tarda encara no era a casa. S'havia passat el matí jugant amb el nen, contenta perquè tot entrecavant, el dia abans, havien vist que algunes plantes ja estaven a punt de brotar a l'exterior; si tot anava bé, aviat haurien de fer una altra esbandida d'ocells i encendre els boïcs per tal de protegir-les mentre eren més tendres. Fins i tot estava disposada a perdre hores vigilant-les.

Va dinar sola, doncs, donà el pit a en Mar i després es va asseure amb un llibre a les mans fins que sentí un lleu doloret a la part de baix de l'abdomen i, de seguida, alguna cosa càlida i humida a l'entrecuix. Era la regla; sempre se li presentava així, ara, des que havia tingut la criatura.

No va estranyar-se'n, tampoc, atès que ja sabia que les probabilitats de tornar a quedar embarassada durant els primers mesos que succeeixen un part són escasses, sobretot quan la dona alleta el fill; confiava, de tota manera, quedar-hi abans de l'hivern.

Va aixecar-se, escalfà una mica d'aigua, va rentar-se, es col·locà un apòsit i, sobre, es va posar el bikini; només en haver acabat va pensar que, tanmateix, en Dídac s'entretenia força.

(51) I al cap de dues hores més, quan la llum ja estava molt baixa, allò que havia estat un pensament tot passant va convertir-se en inquietud, puix que el noi continuava absent. Tenia temps de sobres d'haver fet el que volia fer i, d'altra banda, sempre que se n'havia d'anar tornava abans de la nit; per experiència sabien que no era còmode circular per un món enrunat a les fosques.

Però encara s'hi veia, és clar, de manera que tampoc no era per enquimerar-se; d'un minut a l'altre, n'estava segura, sentiria la remor del *jeep*... Sempre se sentia de lluny.

Va sortir a fora, amb el nen que s'havia despertat d'una llarga dormida i es va asseure en una pedra, sota l'eucaliptus. Però estava massa neguitosa per quedar-s'hi gaire estona i, al cap d'uns minuts, va travessar cap a darrera la *roulotte* i féu unes passes pel costat del rec; ara ja gairebé no s'hi veia.

(52) I quan ja no s'hi va veure gens, va retrocedir altre cop cap a la *roulotte*, va deixar el nen al bressol i va encendre el quinqué. El va treure fora i, asseguda al costat del llum, continuà esperant.

El petit l'obligà a aixecar-se i a acudir de nou a la *roulotte*; estava ben apeixat i ben dormit, però ara plorava. Li va semblar un senyal de mal auguri i li va caldre fer un esforç per dominar els nervis. Que en Dídac encara no fos allí, no volia dir res. Podia haver tingut una avaria, com d'altres n'havien tingut, i de vegades prou greus per endur-se'ls hores.

I si no l'havia poguda reparar a les fosques, potser venia a peu...

(53) I si venia caminant, l'avaria devia haver-la tinguda molt lluny, perquè a mitjanit el noi continuava absent. Com que el nen no s'havia tornat a adormir i no s'arriscava, doncs, a espantar-lo, se li acudí d'agafar un màuser i fer uns quants dispars. Potser ell, que també anava armat, com sempre, no havia tingut aquesta idea...

Disparà dues vegades i escoltà. En no sentir cap resposta, va disparar per segon cop, féu una pausa, i ho repetí. La nit, després de cada dispar, semblava més silenciosa, com si fins i tot les fulles dels arbres s'immobilitzessin porugament. Només el seu cor martellejava.

(54) I tot just hi havia una sospita de claror quan l'Alba va assegurar-se que no quedaven cap foc ni cap llum encès i, deixant el nen, que ara tornava a dormir, tancat a la *roulotte*, engegà el tractor i, ben armada, va emprendre la ruta que ordinàriament seguien per anar a ciutat. Però no hi va arribar. Abans, com sobtada per una premonició, va desviar-se cap a l'indret d'on ara, des que havien esgotat les del camió, es proveïen de bombones de butà.

De seguida va veure el *jeep*, aturat davant del magatzem i amb la portella oberta, tal com en Dídac devia haver-la deixada en saltar del vehicle. Ell, però, no hi era. Tampoc no havia carregat, perquè dins únicament va veure mitja dotzena de llibres sobre electricitat, deixats al seient de davant.

Va girar-se i es posà a cridar-lo.

(55) I en Dídac no contestava ni va trobar-lo al magatzem on va penetrar aleshores. Va tornar a sortir, doncs, i, esmaperduda i angoixada, mirà al seu entorn. Ara, la llum ja era més intensa, però ella estava massa desconcertada per identificar com una cama aquella extremitat on reposà els ulls i que sobresortia d'un amuntegament de pedres, potser a quaranta o cinquanta metres d'on s'havia aturat.

Quan a la fi el cervell captà el missatge de la vista, la noia va fer un salt, disparada pels nervis, i arrencà a córrer cap al munt d'enderrocs, al qual ja va arribar plorant.

Era en Dídac, colgat fins als genolls. Al moment d'entrar en uns baixos, per unes raons que ella mai no sabria, el sostre li havia caigut damunt.

(56) I frenèticament, amb les mans, va començar a treure runa bo i sanglotant i cridant-lo. N'hi havia una gran quantitat i al cap d'una estona les mans ja li sagnaven. Però ella no es va permetre ni un sol minut de repòs fins que, al cap d'una hora o dues, o potser més, perquè havia perdut la noció del temps, van emergir el tronc i el cap. En aquell moment ja sabia que era mort, perquè el cos s'havia enfredorit i s'encarcarava, de manera que no va tenir cap sorpresa, però sí que augmentà el seu desconsol en veure que tenia tot el pit enfonsat i la closca badada sota els cabells blancs de guix.

Va abaixar la cara fins a la seva, gens desfigurada, car només la solcava una ferida prima i llarga, des de l'orella a la base del nas, i descansà al seu damunt sense paraules, però amoixant-lo amb els dits encetats i que havien perdut el tacte.

(57) I ja era quasi migdia quan va redreçar-se i, amb un esforç que la feia tentinejar, va carregar-se'l a l'espatlla i va portar-lo al *jeep*, on el va asseure sobre els llibres, repenjat contra la portella tancada.

Va engegar com un autòmat i, a poc a poc, perquè li costava d'enfocar la vista, va menar el vehicle més enllà dels enrunaments, cap al camí que duia al campament, però abans d'arribar-hi li va caldre aturar-se un parell de vegades, perquè hi havia moments que no distingia res, com si fos cega.

(58) I, en ser a casa, el plor del nen, que devia tenir gana, l'ajudà a asserenar-se una mica. Però no va voler donar-li de mamar, car estava convençuda que, amb el disgust, la llet se li devia haver fet agra. Va alimentar-lo amb una culleradeta de sucre que posà dins d'un mocador humit i entortolligat, perquè ell xuclés, i sortí altre cop a fora.

Va estendre el cadàver d'en Dídac sobre un llençol, el despullà i va rentar-lo de dalt a baix amb una esponja, fins que quedà net del tot, sense ni rastre de sang ni de guix. Va cobrir-lo aleshores amb un altre llençol per tal de defensar-lo dels insectes i va escollir un indret entre els dos sàlzers.

Tot seguit, va posar-se a cavar.

(59) I cap a mitja tarda, va asseure's a terra, al costat del noi, i va agafar-li una mà entre les seves. Durant dues hores va restar quieta, únicament amb els llavis que es movien silenciosament a mesura que anava recordant-se, i recordant-li, una història comuna d'esforç i d'amor.

No es va moure fins prop de la posta, quan s'agenollà i, abocada al seu damunt, va besar-li els llavis freds i li escalfà la pell amb les seves darreres llàgrimes.

(60) I, amb els darrers raigs de sol, va carregar-se'l altra vegada en braços i, ara sense que les cames li vacil·lessin, va portar-lo cap als sàlzers i el baixà a la tomba.

L'ànim li defallí un segon al moment d'agafar la pala, però es va refer i el va anar cobrint fins que va estar ben colgat. Amb les mans, va anivellar la terra, que quedava una mica més alta i on l'endemà plantaria flors.

Ja era fosc quan va deixar-lo i tornà a la *roulotte*.

(61) I jo, l'Alba, una mare de divuit anys, em vaig mirar en Mar, que plorava al bressol, i vaig pensar que tot just seria una dona de trenta quan ell en fes dotze. I en el fons del meu cor vaig desitjar ferventment que fos tan precoç com en Dídac, el seu pare; si ho era, encara podria tenir uns quants fills del meu fill...

ÉS L'ALBA LA MARE
DE LA HUMANITAT ACTUAL?

Com alguns lectors ja saben i d'altres ignoren, el primer exemplar del *Mecanoscrit del segon origen* fou descobert ara fa quatre mil doscents divuit anys per un erudit avui pràcticament oblidat, Eli Raures, el qual va retenir-lo, sense publicar-lo, fins que al cap de trentaquatre anys una segona còpia de l'obra va caure en mans d'Olguen Dalmasas, un marxant d'antiguitats que, poc abans, l'havia adquirit d'un fons d'objectes procedent de la liquidació dels béns d'una família pagesa. Contra el parer general, va voler veure-hi una crònica, diari o memòries d'un dels escassos sobrevivents de la gran catàstrofe que, per motius aleshores desconeguts, havia estat a punt d'anihilar totalment la vida humana del nostre planeta.

Raures, que en fer-se aquesta segona troballa ja devia tenir cap als vuitanta anys, sostenia que es tractava d'una de tantes obres d'allò que els antics en deien ciència-ficció, amb l'única particularitat que aquesta ens arribava en forma mecanoscrita; l'autor, argüia, havia intentat de ressuscitar un gènere que en aquells moments ja no tenia acceptació. Segons ell, el procediment Brau/Sorfa, de datació, al qual havia sotmès el mecanoscrit (paper, tinta, tipus de lletra) demostrava que el text no era anterior a TT/1200.

En el curs de la controvèrsia entre els dos homes, Dalmasas va sostenir: *a*) que la divisió del mecanoscrit en quaderns feia pensar que es tractava de la transposició d'una obra anterior, probablement manuscrita; en aquest cas, les dades que proporcionava la datació Brau/Sorfa no afectaven l'antiguitat del text; *b*) que el text pretenia fundar d'una manera prou específica la denominació cronològica que ara és la nostra; *c*) que l'escriptura era massa ingènua a tots els nivells per pertànyer a un professional; i *d*) que s'hi recollien, en forma actual històrica, tot de fets que, més o menys desnaturalitzats, la nostra civilització conserva en forma de llegendes o mites.

Eli Raures, que va deixar caure l'argument de la datació, potser perquè també va semblar-li lògic que aquella divisió dels capítols fes esment a un text més vell, escrit a mà en diferents quaderns, va ser capaç de citar tot un reguitzell d'obres de ciència-ficció tan ingènues, o més, i s'arronsà d'espatlles davant dels altres dos arguments; l'autor, deia, no tenia cap mèrit de «fundar» una datació que ja existia, i de la qual només pretenia de donar una explicació fantasiosa, ni de cercar un origen arbitrari a aquells mites i llegendes sobre l'origen que nodrien el nostre folklore.

Aquest criteri, potser perquè el text ofenia alguns tabús de la nostra societat que encara avui tenen la seva força, va prevaler. I és així com, sota l'etiqueta de «novel·la de ciència-ficció», el *Mecanoscrit del segon origen* ha passat als nostres manuals i s'ha editat, a intervals espaiats, onze vegades més.

Però ara, en TT/7138, estem més ben informats. Ho estem, concretament, des de l'any darrer, quan els galaxonautes del nostre darrer programa Alfa 3 van descobrir un planeta, ara batejat Vòlvia, totalment desert i en el qual encara queden rastres d'una civilització de tipus humanoide altament evolucionada. Els nostres científics hi han trobat fragments de màquines que podrien correspondre perfectament als platets voladors o avions esmentats en el mecanoscrit; i, més important i decisiu, hi han recollit unes plaques d'un metall pràcticament indestructible idèntiques a les que trobem en el nostre text. Igualment important és l'existència, a Vòlvia, d'extensos arxius conservats en fulls del mateix metall, escrits segons un diguem-ne alfabet que només coneixia diverses formes de ratlles i de punts. Tot això és del domini públic.

En canvi, no ho és que els primers resultats, encara parcials i subjectes a revisió, del treball de desxiframent a què es lliuren els nostres homes de ciència sembla que assenyalin, entre altres coses, dos punts que ens interessen particularment en relació al mecanoscrit: una malura epidèmica d'origen desconegut, que els metges de Vòlvia no podien controlar, s'anava estenent uns 8.000 anys enrera pel planeta i amenaçava d'exterminar tots els seus habitants, els quals, i aquest és el segon punt a remarcar, van emprendre una exploració ultragalàctica amb vistes a localitzar un altre planeta que reunís unes condicions ambientals semblants al d'ells per tal d'emigrar-hi i, si podien, salvar la raça. I sempre segons aquesta interpretació, que no és definitiva, ho repetim, en van trobar tres; un d'ells, no hi ha dubte, era la Terra. Però aquests planetes, si més no el nostre, eren habitats i els calia, doncs, netejar-los abans d'instal·lar-s'hi.

El procediment, que confirma les dades del nostre text, ens és prou familiar des del conflicte bèl·lic de TT/6028-30, quan per primera vegada un dels contendents descobrí i utilitzà el sistema Grac/D, des d'aleshores prohibit, gràcies al qual anihilà simultàniament dues ciutats, Romana i Nuclis. És clar que els habitants de Vòlvia el posseïen ja uns quants milers d'anys abans, si bé no el devien tenir tan perfeccionat, atès que les vibracions microestructurals que utilitzaren no eren prou potents per destruir els edificis de socarel; ho eren, en canvi, per provocar el conegut col·lapse cardíac que, a Romana i a Nuclis, no va deixar ni una persona en vida. D'altra banda, és sabut que aquestes vibracions únicament poden propagar-se en un medi d'una densitat més o menys homogènia i, per tant, que no poden comunicar-se, per exemple, de l'aire a l'aigua.

Els volvians, hem dit, volien instal·lar-se a la Terra. Però no s'hi van instal·lar. Per què? Ara entrem en el terreny de les conjectures. Una de dues: o bé l'epidèmia progressà més de pressa que no havien previst, o bé van preferir, fet i debatut, d'emigrar a un altre dels planetes que tenien en perspectiva. Si és això darrer, un dia ho sabrem; és inevitable que, més tard o més d'hora, els nostres galaxonautes els trobin.

Totes aquestes dades, ignorades, naturalment, quan l'erudit i el marxant d'antiguitats discutien, tendeixen a donar al *Mecanoscrit del segon origen* la projecció històrica que, amb una intuïció tan encertada, pretenia Olguen Dalmasas. Ben cert, mai no s'han trobat ni els suposats quaderns originals ni l'arma mortífera arrabassada a una criatura aliena a la Terra, però això no ens pot estranyar; no és un argument contra l'autenticitat del mecanoscrit. Com tampoc no és una prova a favor que actualment perduri, encara, el cognom de Clarés.

L'obra, doncs, probablement va ésser escrita per un dels pocs sobrevivents de l'atac dels habitants de Vòlvia, per aquesta Alba que, amb el seu company, va pensar de seguida a salvar els arxius del saber humà, els llibres, i a assegurar la continuïtat de la nostra espècie. És hora, ens sembla, de preguntar-se seriosament si l'Alba no és la mare de la humanitat actual. Nosaltres ens inclinem per l'afirmativa. Calia que fos algú d'aquest tremp.

L'EDITOR

En aquest treball sempre s'han ressenyat les edicions prínceps. També és cert que hi ha alguns contes o poesies apareguts en publicacions periòdiques, quaderns o qualsevol altre format però s'ha considerat l'edició en volum. Per tant, tampoc s'han ressenyat les múltiples antologies on figura obra de l'escriptor ni les obres completes, a excepció de quan recollia algun llibre inèdit fins al moment. Ha estat classificat per ordre cronològic segons data d'escriptura —que apareix entre parèntesis immediatament després del títol. Mentre que l'apartat de traduccions ho ha estat per ordre alfabètic d'autor. És una lògica que s'imposa al caprici del mercat editorial i a la desraó de la censura.

XAVIER GARCIA

NOVEL·LA

Elena de segona mà (2 de juny-3 de juliol de 1949), ed. Selecta, «Biblioteca Selecta», núm. 396, Barcelona, 1967, 246 pàgs.

Doble o res (17 de juny-15 de juliol de 1950), Edicions 62, «El Balancí», núm. 298, Barcelona, 1997, 280 pàgs.

Es vessa un sang fàcil (1952), Albertí ed., «Nova Col·lecció Lletres», núm. 2, Barcelona, 1954, 142 pàgs.

Cendra per Martina (1952), Proa, «A Tot Vent», núm. 113, Barcelona, 1965, 406 pàgs.

Balanç fins a la matinada (3 d'abril-6 de juny de 1953), ed. Selecta, «Biblioteca Selecta», núm. 345, Barcelona, 1963, 316 pàgs.

Avui es parla de mi (octubre-novembre de 1953), Edicions 62, «El Balancí», núm. 21, Barcelona, 1966, 238 pàgs.

Mr. Chase, podeu sortir (9-19 de novembre de 1953), Albertí ed., «Nova Col·lecció Lletres», núm. 10, Barcelona, 1955, 144 pàgs.

L'inspector arriba tard (novembre-desembre de 1953), Moll editorial, «Raixa», núm. 44, Palma de Mallorca, 1960, 139 pàgs.

Estrictament personal (20 de març-23 d'abril de 1954), ed. Selecta, «Biblioteca Selecta», núm. 176, Barcelona, 1955, 345 pàgs.

Una selva com la teva (abril-maig de 1955), Destino, «Àncora i Dofí», Barcelona, 1960, 239 pàgs.

Nou pams de terra (16-25 de juny de 1955), Pòrtic «Llibre de Butxaca», núm. 45, Barcelona, 1971, 128 pàgs.

Les finestres s'obren de nit (25 de desembre de 1955-3 de gener de 1956), Moll editorial, «Raixa», núm. 18, Palma de Mallorca, 1957, 203 pàgs.

Introducció a l'ombra (29 de març-4 d'abril de 1956), Proa, «A Tot Vent», núm. 160, Barcelona, 1972, 190 pàgs.

Cops de bec a Pasadena (18 d'agost-2 de setembre de 1956), Nova Terra, Barcelona, 1972, 227 pàgs.

La mà contra l'horitzó (25 de desembre de 1956-5 de gener de 1957), Nova Terra, Barcelona, 1961, 127 pàgs.

Les portes del passat. La terra prohibida: 1 [En endavant TP[(7-31 de maig de 1957), Laia, «Les Eines», núm. 31, Barcelona, 1977, 337 pàgs.

La paraula dels botxins. TP: 2, (5-29 de juny de 1957), Laia, «Les Eines», núm. 32, Barcelona, 1977, 262 pàgs.

Les fronteres interiors. TP: 3, (9-29 de juliol de 1957), Laia, «Les Eines», núm. 40, Barcelona, 1978, 311 pàgs.

La nit horitzontal. TP: 4, (5-31 d'agost de 1957), Laia, «Les Eines», núm. 42, Barcelona, 1979, 343 pàgs.

Entrada en blanc (18-24 de juliol de 1958), Cadí, «Novel·la», núm. 2, Barcelona, 1968, 115 pàgs.

Perquè ha mort una noia (juny-juliol de 1958), Galba, «Narrativa», núm. 7, Barcelona, 1976, 268 pàgs.

Pas de ratlla (Nadal de 1958-Reis de 1959), Proa, «A Tot Vent», núm. 161, Barcelona, 1972, 167 pàgs.

Un amor fora ciutat (juliol de 1959), Aymà, «Tròpics», Barcelona, 1970, 217 pàgs.

Tocat pel foc (2a desena de setembre de 1959), Edicions 62, «El Cangur», núm. 29, Barcelona, 1976, 140 pàgs.

Solució de continuïtat (Nadal de 1959-Reis de 1960), Moll, «Raixa», núm. 71, Palma de Mallorca, 1968, 214 pàgs.

Tants interlocutors a Bassera (aprox. 1960), Edicions 62, «El Balancí», núm. 250, Barcelona, 1992

Si són roses, floriran (primavera de 1961), Nova Terra, «J.M.»., núm. 2, Barcelona, 1971, 243 pàgs.

Acte de violència (maig-juny de 1961), Edicions 62, El Cangur», núm. 71, Barcelona, 1975, 266 pàgs.

Viure a la intempèrie (novembre de 1961-maig de 1962), Nova Terra, «J.M.»., núm. 16-17, Barcelona, 1974, 528 pàgs.

M'enterro en els fonaments (2 de juliol-21 d'agost de 1962), Proa, «A Tot Vent», núm. 135, Barcelona, 1967, 330 pàgs.

Elements d'una desfeta (abril de 1962), Moll, «Raixa», núm. 71, Palma de Mallorca, 1968.

Un camí amb Eva. Temps obert: 1 [en endavant TO[(1963), Llibres de Sinera, «El Temps Obert», núm. 2, Barcelona, 1968, 228 pàgs.

Se'n va un estrany. TO: 2 (1963), Llibres de Sinera, «El Temps Obert», núm. 2, Barcelona, 1968, 234 pàgs.

Falgueras informa. TO: 3 (gener-març de 1964), Llibres de Sinera, «El Temps Obert», núm. 2, Barcelona, 1968, 307 pàgs.

Situació analítica. TO: 4 (23 de juliol-8 d'agost de 1964), Edicions 62, «El Balancí», núm. 67, Barcelona, 1971, 238 pàgs.

Des d'uns ulls de dona. TO: 5 (abril-maig de 1965), Edicions 62, «El Balancí», núm. 73, Barcelona, 1971, 238 pàgs.

Joc brut (9 de gener de 1965), Edicions 62, «La Cua de Palla», núm. 32, Barcelona, 1965, 107 pàgs.

Totes les bèsties de càrrega (20 de juny-3 d'agost de 1965), Edicions 62, «El Balancí», núm. 29, Barcelona, 1967, 320 pàgs.

A cavall de dos cavalls (novembre de 1966), Alfaguara, «Novel·la Popular», núm. 13, Barcelona, 1967, 93 pàgs.

Unes mans plenes de sol. TO: 6 (2 d'abril-2 de juny de 1966), Edicions 62, «El Balancí», núm. 78, Barcelona, 1972, 253 pàgs.

L'ordenació dels maons. TO: 7 (27 de juliol-6 de setembre de 1966), Edicions 62, «El Balancí», núm. 87, Barcelona, 1974, 254 pàgs.

Mossegar-se la cua (gener de 1967), Edicions 62, «La Cua de Palla», núm. 58, Barcelona, 1968, 91 pàgs.

S'alcen veus del soterrani. TO: 8 (abril-juny de 1967), Edicions 62, «El Balancí», núm. 101, Barcelona, 1976, 282 pàgs.

Pols nova de runes velles. TO: 9 (agost-setembre de 1967), Edicions 62, «El Balancí», núm. 106, Barcelona, 1977, 279 pàgs.

Milions d'ampolles buides (1968), Laia, «Les Eines», núm. 18, Barcelona, 1975, 287 pàgs.

Cartes a Jones Street. TO: 10 (juliol-agost de 1968), Edicions 62, «El Balancí», núm. 111, Barcelona, 1978, 265 pàgs.

«Conjectures» de Daniel Bastida. TO: 11 (maig-juliol de 1969), Edicions 62, «El Balancí», núm. 117, Barcelona, 1980, 276 pàgs.

Hem posat les mans a la crònica (gener-març de 1969), Edicions 62, «El Balancí», núm. 103, Barcelona, 1977, 107 pàgs.

Anònim I (febrer-abril de 1970), Proa, «A Tot Vent», núm. 181, Barcelona, 1978, 415 pàgs.

Anònim II (1970), Edicions 62, «El Balancí», núm. 131, Barcelona, 1981, 323 pàgs.

Anònim III (febrer-abril de 1971), Edicions 62, «El Balancí», núm. 139, Barcelona, 1981, 314 pàgs.

Obres púbiques (aprox. 1971), Edicions 62, «El Balancí», núm. 240, Barcelona, 1991, 175 pàgs.

Algú que no hi havia de ser (març de 1972), Proa, «A Tot Vent», núm. 169, Barcelona, 1974, 198 pàgs.

Espais de fecunditat irregular/s (estiu de 1972), Proa, «A Tot Vent», núm. 164, Barcelona, 1973, 215 pàgs.

Text/càncer (primavera de 1973), Dopesa, «Pinya de Rosa», núm. 19, Barcelona, 1974, 205 pàgs.

Mecanoscrit del segon origen (tardor de 1973), Edicions 62, «El Cangur», núm. 23, Barcelona, 1974, 183 pàgs.

Sòlids en suspensió (març-maig de 1974), Nova Terra, «J.M.»., núm. 23, Barcelona, 1975, 216 pàgs.

Lectura a banda i banda de paret (gener-febrer de 1975), Proa, «A Tot Vent», núm. 179, Barcelona, 1977, 199 pàgs.

Procés de contradicció suficient (abril-juny de 1975), Edicions 62, «El Balancí», núm. 99, Barcelona, 1976, 249 pàgs.

Detall d'una acció rutinària (Setembre de 1975), Galba, «Narrativa», núm. 1, Barcelona, 1975, 204 pàgs.

Aquesta matinada i potser per sempre (gener-març de 1976), Galba, «Narrativa», núm. 10, Barcelona, 1979, 293 pàgs.

D'esquerra a dreta, respectivament (maig-juliol de 1976), Edicions 62, «El Balancí», núm. 109, Barcelona, 1978, 210 pàgs.

Baixeu a recules i amb les mans alçades (primavera-estiu de 1977), La Magrana, «Les Ales Esteses», núm. 1, Barcelona, 1979, 293 pàgs.

S'han deixat les claus sota l'estora (febrer de 1974-gener de 1977), Edicions 62, «El Cangur», núm. 42, Barcelona, 1978, 142 pàgs.

Apòcrif u: Oriol (gener-març de 1978), Edicions 62, «El Balancí», núm. 141, Barcelona, 1982, 334 pàgs.

Exemplar d'arxiu (estiu-tardor de 1978), La Magrana, «Les Ales Esteses», núm. 11, Barcelona, 1982, 246 pàgs.

Apòcrif dos: Tina (primavera-estiu de 1979), Edicions 62, «EL Balancí», núm. 153, Barcelona, 1983, 330 pàgs.

Succéssimultani (novembre-desembre de 1979), Laia, «Les Eines», núm. 67, Barcelona, 1980, 227 pàgs.

No hi fa res si el comte-duc no va caure del cavall a Tàrrega (abril-juny de 1980), Laia, «El Mirall i el Temps», núm. 51, Barcelona, 1984, 169 pàgs.

Apòcrif tres: Verònica (hivern de 1980-1981), Edicions 62, «El Balancí», núm. 159, Barcelona, 1984, 311 pàgs.

Crucifeminació (hivern de 1981), Edicions 62, «El Balancí», núm. 189, Barcelona, 1986, 155 pàgs.

Domicili permanent (1982), La Magrana, «Les Ales Esteses», núm. 21, Barcelona, 1984, 125 pàgs.

Apòcrif quatre: Tilly (1983), Edicions 62, «El Balancí», núm. 172, Barcelona, 1985, 311 pàgs.

Joc tapat (1984), Tres i Quatre, «La Unitat», núm. 94, València, 1985, 212 pàgs.

La creació de la realitat, punt i seguit (1984), Edicions 62, «El Balancí», núm. 201, Barcelona, 1987, 167 pàgs.

Tot o nul (1985), Edicions 62, «El Balancí», núm. 211, Barcelona, 1988, 228 pàgs.

CONTES I NARRACIONS

El premi literari i més coses (1938-1951),[1] Selecta, «Biblioteca Selecta», núm. 121, Barcelona, 1953, 252 pàgs.

L'interior és el final (1953),[2] Edicions 62, «Clàssics Catalans del segle xx», O.C.; *Contes i narracions I, 1938-1954*, Barcelona, 1974, 107 pàgs.

Domicili provisional (1953),[3] Moll, «Raixa», núm. 9, Palma de Mallorca, 1956, 159 pàgs.

El temps a les venes (1953-1954),[4] Edicions 62, «Clàssics Catalans del segle xx», O.C.; *Contes i narracions I, 1938-1954*, Barcelona, 1974, 126 pàgs.

1. Inclou: «El premi literari», «La pipa», «El passat», «El diumenge dels casats de nous», «Nocturn ciutadà», «Impunitat», «La insòlita aventura», «Ma desconeguda esposa», «Anna, sí o no», «Transformació de la ciutat», «Engany» i «L'agència». L'edició de les obres completes d'Edicions 62, «Clàssics Catalans del segle xx», *Contes i Narracions 1 (1953-1954)*, Barcelona, 1974, afegeix dos contes: «Diners» i «El bosc». Una edició especial per a La Caixa d'Estalvis i Mont de Pietat, de la mateixa editorial, titulada Històries i ficcions recull els mateixos llibres que el primer volum assenyalats menys *El temps a les venes*.

2. Inclou: «Història de qualsevol», «La vida a les dents» i «Interior».

3. A més del conte que dóna títol al volum, inclou la narració «Diàlegs d'un fugitiu».

4. Inclou: «L'específic», «Dèdal», «L'escala», «La mina», «L'estació definitiva», «Vides paral·leles de Marta Rius», «Joc de temps», «Els anys mil», «La interpretació de somnis», «Orientacions», «La realitat», «El millor novel·lista del món» i «Mongetes per dinar».

Un món per a tothom (1954),[5] Albertí editor, «Nova Col·lecció Lletres», núm. 21, Barcelona, 1956, 143 pàgs.

Cinc cordes (1954),[6] Edicions 62, «Clàssics Catalans del segle xx», *O.C.; Contes i narracions 2, 1954-1955,* Barcelona, 1974, 102 pàgs.

Violació de límits (1955),[7] Albertí editor, «Nova Col·lecció Lletres», núm. 27, Barcelona, 1957, 131 pàgs.

International Setting (1955),[8] Edicions 62, «Clàssics Catalans del segle xx», *O.C.; Contes i narracions 2, 1954-1955,* Barcelona, 1974, 219 pàgs.

Crèdits humans (estiu de 1956),[9] Selecta, «Biblioteca Selecta», núm. 228, Barcelona, 1957, 301 pàgs.

Trajecte final (1974),[10] Edicions 62, «Clàssics Catalans del segle xx», *O.C.; Contes i narracions 3, 1956-1974,* Barcelona, 1975, 134 pàgs.

Contes fora recull (1959-1974),[11] Edicions 62, «Clàssics Catalans del segle xx», *O.C.; Contes i narracions 3, 1956-1974,* Barcelona, 1975, 73 pàgs.

La iniciació de Cèlia,[12] Edicions 62, «Clàssics Catalans del segle xx», *O.C.; Contes i narracions 5, 1985-1990,* Barcelona, 1997, 20 pàgs.

Patologies diversament obscures (1981-1985),[13] La Magrana, «Les Ales Esteses», núm. 31, Barcelona, 1986, 125 pàgs.

5. Inclou: «Temps simultanis», «Cent històries», «Jock» I «Els vius i els morts».

6. Inclou: «Estructures», «Un plat per a Monel», «Sang cremada», «Lleuger de les cinc» i «Identitats»

7. Inclou: «Paperam», «El camí», «La barberia», «El funcionari», «Pedres a la meva teulada», «El límit», «El principi de tot», «El bevedor», «L'impost» i «L'home que va tenir la desgràcia de no néixer a Vilagran».

8. Inclou: «L'home que preguntava per míster Crafman», «Un vigilant a cada fàbrica», «Un escriptor al tren», «Carretera número nou», «La missió i l'escamot», «La carnisseria del doctor Fèdor Kovinkho», «Piazza Barberini, tota la nit», «El segon accident», «Procés interior», «Negocis a Clay Town», «Pàgines viscudes», «Massa enllà», «Vacances a Sicília», «L'origen de les coses», «Weiss per la finestra», «Una mica de plom», «Coincidències», «Vint anys d'amistat», «Els veïns», «On deu ser el cafè París», «Biografia», «Anuncis matrimonials», «Àngels al bar», «La conquista», «Incidents a Formosa», «Massa boira» i «Tota una vida en comú».

9. Inclou: «Reunió nocturna a Bervely Hills», «La lliçó», «La còmplice», «Gairebé ningú», «Qui parla», «Una vida feliç», «Cadascú a casa seva», «L'altre», «Les solucions finals», «Les civilitzacions són mortals», «Algú més autèntic», «L'endevinadora», «Els treballs i els dies», «La terra promesa», «Liquidació» i «La primera il·lusió».

10. Inclou: «El cens total», «Un món distant i veí», «Servei oficial», «Cadàvers», «Urn, de Djlnl», «La noia que venia del futur» i «El regressiu».

11. Inclou: «Li direm què ha de fer, i la dona que la tregui d'on vulgui», «Contribució al domini de la realitat», «Elements d'una desfeta», «Darrer comunicat de la terra» i «Canvi d'impressions».

12. Es tracta d'un conte recuperat que l'autor no havia publicat en vida.

13. Inclou: «Transgressió ritual», «Asèl·lia», «La doble plaça de les Doncelles», «Les cartes d'en Gaspar Estivell», «Genal», «El problema de l'ordre», «Canvis històrics», «L'estat actual de la qüestió», «Dades inèdites sobre el possible motiu d'una exclaustració», «De les notes reservades que mossèn Esteve no es dignà comentar», «Santa Fusca amenaça», «Kleist?», «Delphine», «Una encaixada, company?», «Li ha caigut el llibre de les mans», «Tot està bé si acaba bé» i «Tants cops com hem sortit de casa».

Disset contes i un excepció (aprox. 1989),[14] Edicions 62, «El Balancí», núm. 232, Barcelona, 1990, 156 pàgs.

POESIA

Ésser en el món (1948), Torrell de Reus, Barcelona, 1949, 83 pàgs.
Simplement sobre la terra (1950), Taller Picasso, «Poemes i Dibuixos», núm. 7, Barcelona, 1983, 110 pàgs.
Anna (1949-1952), Miquel Plana (edició de bibliòfil), Olot, 1982, 35 pàgs.
Arreu on valguin les paraules, els homes (1966), Proa, «Óssa Menor», núm. 85, Barcelona, 1975, 70 pàgs.
Sobres (aprox. 1971-1989),[15] Diputació de Lleida, 1993, 140 pàgs.
Obra poètica completa (2 vol.), Pagès editors, «Biblioteca de la Suda», núms. 19 i 20, Lleida, 1996, 770 pàgs.
Us convida a l'acte (aprox. 1971-1989), Pagès editors, «Biblioteca de la Suda: Transvària», núm. 9, 2000, 118 pàgs.
Tàctil, Ramon Salvo, «Poesia experimental», núm. 6, 1994, 15 pàgs.

TEATRE

Els hereus de la cadira (1954), Biblioteca Teatral Millà, «Catalunya Teatral», núm. 166, Barcelona, 1980, 32 pàgs.
La nostra mort de cada dia (19-24 de març de 1956), Mollr, «Raixa», núm. 33, Palma de Mallorca, 1958, 112 pàgs.
Cruma (1957), Nereida, «Gresol», núm. 29, Barcelona, 1958, 23 pàgs.
Pell vella al fons del pou (1957), Moll, «Raixa», núm. 101, Palma de Mallorca, 1975, 31 pàgs.
Homes i No (1957), Horta editor, «Quaderns de Teatre ADB», núm. 2, Barcelona, 1959, 18 pàgs.
Situació bis (1958), Occitània, «El Barret de Danton», núm. 3, Barcelona, 1965, 52 pàgs.

---

14. Inclou: «La vida oficial», «El bon ciutadà (versió A)», «El bon ciutadà (versió B)», «Els infractors», «L'Ernest renuncia a la versió dramàtica», «Quin amor és amor», «Públicament indiscret», «Marianna, ara o mai», «Precisions sobre dues espècies», «Necrològica», «La substituta», «El ventre», «Can Sorme», «Els divorciats», «La criada», «L'aiguat», «El gos» i «La sentència». Aquest últim és una brevíssima peça teatral.

15. És una antologia que recull 62 obres de poesia visual de les més de 300 que va deixar l'autor.

Algú a l'altre cap de peça (1958), Moll, «Raixa», núm. 101, Palma de Mallorca, 1975, 65 pàgs.

Darrera versió, per ara (1958), Edicions 62, «El Galliner», núm. 8, Barcelona, 1971, 92 pàgs.

Tècnica de cambra (1959), Moll, «Raixa», núm. 67, Palma de Mallorca, 1964, 122 pàgs.

Sóc el defecte (1959), Moll, «Raixa», núm. 101, Palma de Mallorca, 1975, 58 pàgs.

Acompanyo qualsevol cos (1962), Biblioteca Teatral Millà, «Catalunya Teatral», núm. 151, Barcelona, 1979, 34 pàgs.

Bones notícies del Sister (1962), Biblioteca Teatral Millà, «Catalunya Teatral», núm. 152, Barcelona, 1979, 36 pàgs.

L'ús de la matèria (1963), Edicions 62, «El Galliner», núm. 35, Barcelona, 1977, 108 pàgs.

Aquesta nit tanquem (11-17 de juny de 1973), Edicions 62, «El Galliner», núm. 46, Barcelona, 1978, 65 pàgs.

D'ara a demà (setembre-octubre de 1977), Biblioteca Teatral Millà, «Catalunya Teatral», núm. 184, Barcelona, 1982, 70 pàgs.

COL·LECCIONS D'ARTICLES

Els elefants són contagiosos (1962-1970), Edicions 62, «Llibres a l'Abast», núm. 116, Barcelona, 1974, 188 pàgs.

A casa amb paper falsos (1976-1978), Edicions 62, «Llibres a l'Abast», núm. 168, Barcelona, 1981, 252 pàgs.

Algú sota l'altre (1979), Edicions 62, «Llibres a l'Abast», núm. 231, Barcelona, 1987, 204 pàgs.

Cròniques colonials (1981-1982), El Llamp, «La Rella», Barcelona, 1982, 54 pàgs.

Cròniques d'una ocupació (1988), Llar del Llibre, «Nova Terra», núm. 98, Barcelona, 1989, 146 pàgs.

Cal protestar fins i tot quan no serveix de res,[16] El Jonc, «Muixeranga», núm. 3, Barcelona, 2000, 271 pàgs.

ENTREVISTES

Si em pregunten, responc (1962-1973), Aymà, Barcelona, 1974, 235 pàgs.

16. Es tracta d'una miscel·lània de premsa: articles d'opinió, entrevistes amb l'autor, etc.

ALTRES GÈNERES

PROSES GRÀFIQUES
Reserva d'inquisidors (1978), Laia, «Les Eines», núm. 53, Barcelona, 1979, 195 pàgs.
Caus a cada cantonada (juliol de 1980), Edicions 62, «Cara i Creu», núm. 43, Barcelona, 1985, 174 pàgs.

EXÈGESI
Múltiples notícies de l'Edèn (estiu de 1984), Edicions 62, «El Cangur», núm. 86, Barcelona, 1985, 137 pàgs.

DIETARI
Darrers diaris inèdits. Blocs 1988-1991, Edicions 62, «Biografies i Memòries», núm. 14, Barcelona, 1991, 342 pàgs.
Diari 1986, Edicions 62, «El Balancí», núm. 317, Barcelona, 1998, 390 pàgs.
Diari 1987, Edicions 62, «El Balancí», núm. 339, Barcelona, 1999, 390 pàgs.

ASSAIG
El llegir no fa perdre l'escriure (1951-1978)[17], Pagès editors, «Argent viu», núm. 12, Lleida, 1994

TRADUCCIONS

ABRAHAMS, Peter: *Cridem llibertat!*, La llar del llibre, «Nova Terra», núm. 55, Barcelona, 1966
CAIN, James M.: *El carter sempre truca dues vegades*, Edicions 62, «La Cua de Palla», núm. 12, Barcelona, 1964
CALDWELL, Erskine: *El petit camp de Déu*, Edicions 62, «El Balancí», núm. 34, Barcelona, 1967
CALDWELL, Erskine: *La ruta del tabac*, Edicions 62, «El Balancí», núm. 3, Barcelona, 1965
MACDONALD, Ross: *La mort t'assenyala*, Edicions 62, «La Cua de Palla», núm. 9, Barcelona, 1964

17. Recull tots els assaigs citats al meu anterior treball «Vers una bibliografia...» dins GARCIA, Xavier: *Rellegir Pedrolo*, Edicions 62, «Llibres a l'Abast», núm. 266, Barcelona, 1992.

DOS PASSOS, John: *Parallel 42*, Edicions 62, «El Balancí», núm. 24, Barcelona, 1966

DOS PASSOS, John: *Diner llarg*, Edicions 62, «El Balancí», núm. 35, Barcelona, 1967

DOS PASSOS, John: *L'any 1919*, Edicions 62, «El Balancí», núm. 30, Barcelona, 1967

DOS PASSOS, John: *Manhattan Transfer*, Proa, «A Tot Vent», núm. 111, Barcelona, 1965

DUCASSE, Isidore: *El cants de Maldoror I i II*, Robrenyo, «Sèrie Nova de Narrativa», núms. 2 i 4, Barcelona, 1978

DURRELL, Lawrence: *Justine*, Aymà, «Tròpics», Barcelona, 1969

DURRELL, Lawrence: *Balthazar*, Proa, «A Tot Vent», núm. 204, Barcelona, 1983

DURRELL, Lawrence: *Mountolive*, Proa, «A Tot Vent», núm. 205, Barcelona, 1983

DURRELL, Lawrence: *Tunc*, Edicions 62, «El Balancí», núm. 62, Barcelona, 1970

DURRELL, Lawrence: *Nunquam*, Edions 62, «El Balancí», núm. 173, Barcelona, 1985

FAST, Howard: *Espàrtac*, Edicions 62, «El Trapezi», núm. 3, Barcelona, 1965

FAST, Howard: *El cas Winston*, Edicions 62, «El Trapezi», núm. 5, arcelona, 1965

FAULKNER, William: *Llum d'agost*, Edicions 62, «El Balancí», núm. 4, Barcelona, 1965

FAULKNER, William: *Intrús en la pols*, Edicions 62, «El Balancí», núm. 51, Barcelona, 1969

FAULKNER, William: *Santuari*, Proa, «A Tot Vent», núm. 149, Barcelona, 1970

GARNER, Alan: *Elider*, Laia, «El Nus», núm. 12, Barcelona, 1980

GOLDING, William: *El senyor de les mosques*, Edicions 62, «El Balancí», núm. 16, Barcelona, 1966

JAPRISOT, Sébastien: *Parany per a una noia*, Edicions 62, «La Cua de Palla», núm. 1, Barcelona, 1963

KEROUACK, Jack: *Els pòtols místics*, Proa, «A Tot Vent», núm. 129, Barcelona, 1967

LOWRY, Malcom: *Sota el volcà*, Edicions 62, «El Balancí», núm. 83, Barcelona, 1973

MAILER, Norman: *Fets de cultura*, Edicions 62, «L'Escropí Idees», núm. 29, Barcelona, 1971

MICHAUX, Henri: *La nit es mou*, Roca ed., «Beatriu de Dia», núm. 4, Barcelona, 1966

MILLAR, Margaret: *Un estrany en la meva tomba*, Edicions 62, «La Cua de Palla», núm. 5, Barcelona, 1963

MILLER, Henry: *Un diable al paradís*, Edicions 62, «El Balancí», núm. 22, Barcelona, 1966

MILLER, Henry: *La meva vida i el meu temps*, Aymà, Barcelona, 1972

PINTER, Harold: *L'habitació. El muntaplats*, Edicions 62, «El Galliner», núm. 139, Barcelona, 1994

ROBBE-GRILLET, Alain: *Dins del laberint*, Edicions 62, «El Balancí», núm. 45, Barcelona, 1968

SALINGER, J. D.: *Seymur: una introducció*, Edicions 62, «El Balancí», núm. 66, Barcelona, 1971

SARTRE, Jean-Paul: *A porta tancada, Les mosques, Les mans brutes, Morts sense sepultura i Les troianes*, Aymà, Barcelona, 1969

SCOT KING, Coretta: *La meva vida amb Martin L. King*, Aymà, Barcelona, 1974

SPILLANE, Mickey: *Qui mana*, Edicions 62, «La Cua de Palla», núm. 22, Barcelona, 1964

SPARK, Muriel: *El punt dolç de la senyoreta Brodie*, Edicions 62, «El Balancí», núm. 38, Barcelona, 1967

STEINBECK, John: *Homes i ratolins*, Proa, «A Tto Vent», núm. 99, Perpinyà, 1964

TILLARD, Paul: *El pa dels temps maleïts*

VANCE, Marshall: *La caminada*, Edicions 62, «El Trapezi», núm. 6, Barcelona, 1966

WESKER, Arnold: *Sopa de pollastre amb ordi*, Institut del Teatre/Mall, «Biblioteca Teatral», núm. 53, Barcelona, 1986

OBRES TRADUÏDES

Joc brut
Península, Barcelona, 1972. Traduïda al castellà per J. Fuster
Institut d'Estudis Occitans, 1975. Traduïda a l'occità per Pèire Lagarda
Galaxia, Vigo, 1992. Traduïda al gallec per Leandro García Bugarin

Mossegar-se la cua
Asenet, València, 1975. Traduïda al castellà per José Batlló

M'enterro en els fonaments
Aymà, «Grandes Novelas», Barcelona, 1970. Traduïda al castellà per Jaume Pomar

Un amor fora ciutat
Aymà, Barcelona, 1972. Traduïda al castellà per Francisco Gironella

Trajecte final
Hogar del libro, «Narrativa», núm. 80, Barcelona, 1984. traduïda al castellà per Esteve Riambau Saurí
Carlton Press Inc, Nova York, 1982. Traduïda a l'anglès per Shelley Quinn i Albert M. Forcadas
Galaxia, Vigo, 1996. Traduïda al gallec per Leandro García Bugarin

Cruma
Modern International Drama (en endavant, MID), vol. 6, núm. 2, Nova York, 1973. Traduïda a l'anglès per George E. Wellwarth

Situació bis
MID, vol. 4, núm. 1, Nova York, 1970. Traduïda a l'anglès per Brian D. Steel

Tècnica de cambra
MID, vol. 5, núm. 2, Nova York, 1972. Traduïda a l'anglès per Jill B. Webster
Guftogoo, Aligarth, 1975. Traduïda a l'urdu per Zahida Zaidi.

Bones notícies del Síster
MID, vol. 25, núm. 2, Nova York, 1992. Traduïda a l'anglès per Albert M. Forcadas i Sehelley Quinn

Totes les bèsties de càrrega
Grijalbo, «Narrativas», núm. 80, Barcelona, 1985. Traduïda al castellà per Basilio Losada

Anònim I
Plaza y Janés, Barcelona, 1980. traduïda al castellà per Nuria Lago

Anònim II
Plaza y Janés, Barcelona, 1984. Traduïda al castellà per Carolina Roses

Sóc el defecte
MID, vol. 23, núm. 2, Nova York, 1990. Traduïda a l'anglès per George E. Wellwarth

L'ús de la matèria
MID, vol. 20, núm. 1, Nova York, 1986. Traduïda a l'anglès per George E. Wellwarth

Homes i No
Aymà, Barcelona, 1966. Traduïda al castellà per José Corredor Matheos
MID, vol. 10, núm. 1, Nova York, 1976. traduïda a l'anglès per Herbert Gilliand

Acte de violència
Edicions Barcelona, Barcelona, 1987. Traduïda al castellà per Enrique Sordo

Mecanoscrit del segon origen
Argos Vergara, «Cuarto Mayor», núm. 173, Barcelona, 1984. Traduïda al castellà per Domingo Santos
Galaxia, Vigo, 1989. traduïda al gallec per M. Victoria Moreno
Elkar, Donostia, 1989. Traduïda a l'euskera per Jokin Lasa
Hachette Jeunesse, París, 1993. Traduïda al francès per Marie José Lamortelte
Lemniscaat, 1986. Traduïda a l'holandès per Antonie Helvesteijn

Es vessa una sang fàcil
Edicions B, Barcelona, 1988. Traduïda al castellà per Ascensión Cuesta

L'inspector fa tard
Vidorama, «La Negra», núm. 2. Traduïda al castellà per Manuel Quinto

Les finestres s'obren de nit
Polígrafa, «La Senda», núm. X, Barcelona, 1970. Traduïda al castellà per Núria Clara
Pet Katalánskych novel, Odeon. Traducció al txec.

VERSIONS DE L'OBRA

CÒMIC
Mecanoscrit el segon origen
Il·lustracions: Isidre Monés Pous
Adaptació: Josep M. Guerra i Cabra
Atzar, «Tires de Còmic», núms. 3 i 4, Barcelona, 1984

Set relats d'intriga i de ficció[18]
Il·lustracions: Josep M. Beà
Atzar, «Lectures de l'Estudiant», núm. 1, Barcelona, 1982

Les civilitzacions són mortals
Il·lustracions: Agustí Feliu
Adpatació: Agustí Feliu
Atzar, «Tires de Còmic», núm. 2, Barcelona, 1984

Joc brut
Il·lustracions: Sebastià Martín
Guió: Javier López
Cercles Culturals dels Països Catalans, Barcelona, 1985

PEL·LÍCULES

La resposta
Director: Josep M. Forn
Guió: J. M. Font basat en la novel·la *M'enterro en els fonaments*
Intèrprets: Francisco Viader, Jordi Torras...
Any 1969. Dur.: 88 minuts. Castellà i català. Color

El poder del deseo
Director: Juan Antonio Bardem
Guió: J. A. Bardem i Rafael Azcona, basat en la novel·la *Joc brut*
Intèrprets: Pepa Flores, Murray Hend...
Any 1976. Dur.: 108 minuts. Castellà. Color

Garum
Director: Tomàs Muñoz
Guió: T. Muñoz basat en la novel·la *Procés de contradicció diferent*
Intèrprets: Toni Isbert, Núria Hosta...
Any 1988. Dur.: 110 minuts. Castellà. Color

---

18. Inclou els contes: «L'origen de les coses», «Àngels al bar», «Impunitat», «Transformació de la ciutat», «Les civilitzacions són mortals», «Pedres a la meva teulada» i «El cens total».

Mecanoscrit del segon origen
Director: Ricard Reguant
Guió: Xesc Barceló
Intèrprets: Àgueda Font, Guillem d'Efack...
1985. Dur.: 7 capítols de 30 minuts. Català. Color. TVE

Solució de continuïtat
Director: Ricard Reguant
Guió: M. Antònia Oliver basat en la narració homònima
Sèrie: 13 x 13. Any 1987. Dur.: 60 minuts. Català. Color. TV3

RÀDIO

Mecanoscrit del segon origen
Guió: Albert Rubió
Any 1985. Dur.: 18 capítols de 15 minuts. Català. Catalunya Ràdio

TAULA